# ¿HAY ALGO MAS ALLÀ DE LA VIDA...
# QUE LO QUE SABEMOS?

Una Jornada Espiritual y un Despertar
al Encuentro de Dios

Healing the Mind * Body & Soul *

Joseph LoBrutto III
Serie de Nuestra Jornada de Vida
Estados Unidos de América 2011
Libro Uno

# ¿HAY ALGO MAS ALLÀ DE LA VIDA...
# QUE LO QUE SABEMOS?
## Una Jornada Espiritual y un Despertar al Encuentro de Dios

Copyright © 2011 by Joseph LoBrutto III
www.OurJourneyOfLife.com

Todos los derechos reservados. Ninguna parte de este libro puede ser usado o reproducido por ningún medio, gráfico, electrónico o mecánico, incluyendo fotocopia, grabación o el uso de sistemas de almacenamiento sin el permiso escrito del autor; excepto en el caso de citas textuales para artículos y reseñas críticas.

Debido a la naturaleza dinámica del internet las direcciones web o enlaces contenidos en este libro pueden haber cambiado desde su publicación y pueden ya no ser válidas. Las opiniones expresadas en este libro son responsabilidad exclusiva del autor y no necesariamente reflejan las opiniones del editor, por tanto el editor se deslinda de cualquier responsabilidad.

ISBN: 978-1512225679 (PaperBack)

## Serie de Nuestra Jornada de Vida
### Estados Unidos de América 2011

# TESTIMONIOS

El mundo está cambiando y la historia de este libro nos dice cómo prepararnos lo mejor posible para los eventos tanto espirituales como terrenales que se aproximan. Estos guías (mi favorito es el que tiene un gran sentido del humor, el espíritu Celta que se llama Patrick, quien enseña que la risa eleva nuestra vibración) nos dan su conocimiento acerca del cielo, de la vida después de la muerte, de los ángeles, de los extraterrestres y de Jesús. No hay duda de que LoBrutto tiene acceso a un sistema de orientación superior a sí mismo y nos muestra realmente los altibajos de haberlo encontrado. Este libro ofrece una lectura muy agradable...es como ir en el coche con un amigo mientras éste nos cuenta historias de lugares donde nunca hemos estado y que no podemos esperar a ver.

*~Rick Wood~ Metafísico*

'¿Hay algo más allá de la vida que lo que sabemos?' es una mezcla intrigante de filosofía Nueva Era, judaísmo y cristianismo. Es una recolección personal de las bendiciones que conlleva la mezcla de una firme creencia en un poder superior y un conocimiento poderoso. Obviamente esto no es una típica autobiografía; LoBrutto es abierto, valiente y honesto al compartir los asombrosos eventos que ha vivido. A pesar de la incredulidad y el sentimiento hasta siniestro que existe en relación a las habilidades psíquicas, el enfoque realista que usa LoBrutto para explicar las diferentes partes de la ciencia metafísica hace que sea muy fácil de entender. El principal mensaje de Joseph es el amor y la hermandad, que son la base del cristianismo. -**Melissa Levine / Crítico**

# CONTENIDO

**Agradecimientos** ........................11

**Introducción**.................................13
     '¿Hay algo más allá de la vida que lo que sabemos?' es más que una guía práctica a pesar de que tiene excelentes consejos y ejercicios para mejorar la intuición. Es una plataforma para que mis guías den mensajes de esperanza y paz de manera fácil de entender. Durante mi jornada personal voy a compartir mis encuentros espirituales y voy a enseñar técnicas para ayudarlos con su desarrollo intuitivo. El mundo está cambiando y la historia de este libro les ayudará a prepararse para los eventos espirituales y terrenales que se aproximan.

**Jornada de Vida**.............. **Capítulo Uno**............19
     El cuarto estaba oscuro, pero podía ver luz por debajo de la puerta y de alguna manera también veía luz salir por el marco de la puerta. La puerta se empezó a abrir y sentí una paz, un amor y un éxtasis al mismo tiempo que los rayos de luz pasaban a través de mi cuerpo. ¿Qué era éste ser de luz?

**La Hermandad de Espíritus... Capítulo Dos**...........31
     El cuarto estaba oscuro, pero podía ver luz por debajo de la puerta y de alguna manera también veía luz salir por el marco de la puerta. La puerta se empezó a abrir y sentí una paz, un amor y un éxtasis al mismo tiempo que los rayos de luz pasaban a través de mi cuerpo. ¿Qué era éste ser de luz?

**El Gran Espíritu**............. **Capítulo Tres**.................. 51
     El anciano vivía Solo, lejos de su tribu. Cuando viajaba de regreso a su casa en la montaña, un hombre de su tribu se le acercó, tratándolo con el respeto con que se trata al líder. Le rogó al anciano que regresara porque su gente sabía que él era un chamán. La tribu necesitaba un líder espiritual, alguien que pudiera hablar con el Gran Espíritu.

### El Cielo Está Sobre Nosotros.. Capítulo Cuatro............61
"¿Cómo puedes ser tú Rose? Han pasado veinte años desde que te vi por última vez. Te ves tan joven, tan bella, como el día que nos casamos." "Si John, soy yo Rose, y estamos en el cielo. Puedes crear lo que quieras aquí. Sólo piensa en lo que quieres y ve cómo sucede. Siente el amor de todas las almas aquí. John, tu alma está viva y vivirá por siempre y sí, el cielo es nuestra casa."

### El Círculo Sagrado de Fuego....... Capítulo Cinco............. 69
Sentía el calor del fuego y el sonido de los tambores estremecer mi cuerpo. El jefe de la tribu saltó sobre una pila de rocas que rodeaban al fuego, levantó su brazo derecho al cielo mientras sostenía el palo de rezo y gritó **'Wakantanka'**, que quiere decir Gran Espíritu

### El Código Secreto.................. Capítulo Seis......................... 79
Había abierto los ojos, dándome cuenta de que no estamos Solos en el universo. Me preguntaba si lo que me había contado Deborah me había influenciado y por eso me sentía confundido. De la nada había salido un ser con todas las características de un extraterrestre. Casi no podía creer lo que acababa de ver.

### Enfrentando mis Verdades y mis Miedos... Capítulo Siete…95
Cuando Dios hizo la Tierra, la hizo de belleza. La Tierra es conocida como el modelo en el universo para que todas las almas aprendan y crezcan espiritualmente. Todas las sustancias físicas de la Tierra son una ilusión; tu cuerpo es parte de esa ilusión. Tus pensamientos y tu ser espiritual son reales. Cuando dejamos esta Tierra, dejarás la piel que guarda a tu ser espiritual y regresarás a un estado de pensamiento puro y de energía.

### Promotor de Dios... Capítulo Ocho............. 103
"Joseph, has sido un seguidor fiel y un amigo de mi hermano Jesús. Has tenido un corazón bondadoso y has hecho lo que has podido para ayudar a la gente a entender quién era. Eras un mensajero de Cristo, y, ahora Joseph, vas a ser el promotor de Dios. Tus guías te van a ayudar a prepararte para cuando el Maestro canalice a través de ti. ¡Un promotor de Dios! Sí Joseph, este es tu título en la Tierra."

### La Fuerza de Vida Universal....... Capítulo Nueve............ 111

El universo está hecho de energía pura, es una vibración. El movimiento de los electrones y los protones de cada átomo, de cada molécula, de cada sustancia crean una vibración. Dios creó todo con esta vibración. Cuando elevamos nuestra vibración, elevamos la vibración de los electrones y protones. Al elevarse las vibraciones, éstas se elevan a un reino superior de existencia; mientras más alto vibramos nos vamos volviendo más iluminados. Si podemos aprender a acceder a esta energía nos daremos cuenta de que la energía sanadora existe en abundancia.

### ¿Hay Alguien Allá Afuera?.......Capítulo Diez...................... 125

En un instante pude ver un destello cegador, mientras aparecía un hombre de barba blanca sentado frente a una enorme mesa de madera, donde estaba escribiendo en una especie de placa. Cuando me acerqué a la mesa, el hombre se levantó a darme la bienvenida y entonces lo reconocí. Cuando empezó a hablar, su vibración se volvió muy poderosa.

## Mi Ángel de la Guarda....Capítulo Once................ 137

Si necesitas una descripción de cómo somos, debes eliminar las alas y el halo de luz. Somos seres no físicos de una vibración de amor y armonía. Un aura de luz pura rodea nuestro cuerpo astral. Nuestro objetivo es servir al único Dios y repartir Su amor a todos. Hay quien dice que tu alma gemela es el yin para tu yang, es la contraparte de tu vida, la otra mitad de tu alma; y que el encontrarla en esta vida no es usual. A decir verdad, tu contraparte, es tu flama gemela y es tan raro que se encuentren en una vida como lo es encontrar una aguja en un pajar.

### Contacto con los Difuntos.......Capítulo Doce....................... 151

Dios me dio el regalo de poderme comunicar con las personas que han fallecido y me llena de alegría poder ayudar en el proceso de sanación a los que han perdido a sus seres queridos. Cuando fallece alguien de nuestra familia o un amigo cercano, a veces quisiéramos poder hablar con ellos otra vez. Y algunas veces esos seres queridos nos dan alguna señal, poco después de su partida, no para asustarnos sino para que sepamos que están bien y que siguen conectados con nosotros.

### Mi Madre siempre dijo que yo era Psíquico.. Capítulo Trece........ 159

Como psíquico, no tengo necesidad de usar cartas de tarot, ni fotos, ni astrología; yo recibo la información que me dan mis guías de manera telepática. Cuando estoy en sesión, puedo ver los obstáculos y las oportunidades en el pasado, presente o futuro; cuando el cliente me hace una pregunta, el Colectivo me lleva al punto en el que empezó su problema.

## Ángeles y Guías Espirituales.......Capítulo Catorce.......... 175

Mi ángel de la guarda le cuenta al mundo la historia de Lucifer y la legión de ángeles caídos. Los ángeles tienen una jerarquía que supervisa todo, a éstos ángeles se les conoce como arcángeles y Dios les dio esa jerarquía para mantener el equilibrio en el universo. El propósito de vida de los ángeles y los Guías Espirituales es traer la sabiduría de Dios a través de mensajeros como yo.

## La Promesa..................Capítulo Quince..................... 183

"Los hombres me llaman Cristo, pero Cristo no es un hombre; El Cristo es el amor universal y el amor es lo importante. No vean su carne pues eso no es lo importante, vean hacia adentro, al Cristo que será formado en ustedes como ha sido formado en mí. Regresaré en espíritu, no en carne sino con cuerpo de luz, entonces serán testigos de la promesa de vida eterna que Dios nos dio, en que el alma vivirá por siempre con el Padre."

## La Nueva Era.............Capítulo Dieciséis................... 224

Durante muchos años los seres de la Tierra vivieron sin estar en armonía. Gastaron su vida por el dinero y por el poder invadiendo y matándose unos a otros. Debe terminar este ego, pues está destruyendo la verdadera esencia de su ser y lo que los rodea. ¡Y que así sea! Pues así fue escrito, que al final de esta era llegará la Nueva Era. Si queridos míos, los hemos estado preparando para este momento, para este tiempo en el que su ser será fusionado con su ser superior y serán uno, ahora serán Yo Soy.

## Diferentes Personas, Diferentes Lugares.Capítulo Diecisiete.. 234

Cuanto más se acerca el momento en que la Tierra va a cambiar, habrá muchos avistamientos de objetos voladores no identificados (OVNI). Habrá extraterrestres con forma humana que se empezarán a dar a conocer, les pedimos que les den la bienvenida, están en la Tierra para ayudar al despertar de conciencia. No son invasores, han venido para ayudar y enseñar a los habitantes de la Tierra las nuevas leyes del universo.

## El Anciano.........Capítulo Dieciocho...................... 248

El Yo Soy, es lo que Yo Soy. Todos los cuerpos de luz son el Yo Soy, y todo lo que existe es Yo Soy. El Yo Soy es amor y armonía, es poder y pensamiento. El Yo Soy es de ti, de mí y de todo lo creado. El universo es del uno, y el uno es el creador del todo. El Yo Soy es lo que Yo Soy. Si Joseph, Yo Soy que Yo Soy. Recuerda estas palabras y no temas usarlas. ¡Yo Soy Dios!

## Glosario ...............................................259

# RECONOCIMIENTOS

Quiero agradecer a Dios y al Colectivo por el regalo que han depositado en mí. La sabiduría del Colectivo ha tenido una maravillosa influencia en mi vida, pues me ha dado la habilidad de ayudar a que la gente se conecte con sus seres queridos y así poder saber que están bien; también he podido ayudar a los que han perdido el camino para que regresen a él. También quiero agradecer a mis padres Joe y Carmen y a mis hijos por su amor y su apoyo.

A todos los que han sido maestros en mi camino también les quiero agradecer su tiempo y la devoción reflejada en el compartir su sabiduría con los demás, devolviendo así el regalo que Dios les ha dado. De igual manera espero que las lecciones que he aprendido de ustedes sean expresadas claramente en este libro. Les deseo que todo lo que hagan en la vida les traiga dicha y felicidad.

A mis alumnos les agradezco su apoyo y atención, y, aunque yo era el maestro, siento que aprendí mucho de ustedes. Quiero agradecer en especial a mis alumnas, Mary Collins por el arduo trabajo periodístico que ayudó a que este sea un libro fascinante; y a Maria Wheeler por los maravillosos dibujos de mis guías, fue muy divertido ver cómo cobraban vida a través de tu creatividad, justo como los veía en mi mente. También me gustaría agradecer a Alexandra del Villar McNab por su amor y paciencia al traducir este libro al español. Gracias a eso, puedo llevar este libro a la comunidad hispanoparlante del mundo.

# INTRODUCCIÓN

**Trabajamos** para ganar dinero, criamos a nuestros hijos, tratamos de hacer tiempo para poder disfrutar de la vida, pero, ¿cuánto tiempo nos tomamos para preguntarnos si hay algo más allá de la vida que lo que sabemos? Nos tomamos muy poco tiempo para preguntarnos, ¿por qué estamos aquí en la Tierra? ¿Por qué la vida es tan difícil, no hay una manera más fácil?

Todos tenemos nuestro camino de vida; la gente que conocemos y los lugares que visitamos, son parte de un plan para ayudarnos a crecer espiritualmente. La lección de vida es que todos los días aprendemos de muchas maneras, estamos aprendiendo nuevas maneras para acercarnos a Dios, a nuestros seres queridos, a los que siguen con nosotros aquí en la Tierra y a los que ya fallecieron. ¿Cuál es la lección que estamos aprendiendo?

## SER UNO CON DIOS

Al vivir cada día de nuestra vida, estamos aprendiendo nuevas maneras de acercarnos a Dios. Los que estamos en un camino de iluminación veremos un cambio. La sabiduría llega con la edad, si miramos unos años atrás en nuestra vida, podemos ver cómo hemos crecido, cosas que para nosotros eran importantes entonces, ahora ya no lo son; la busca espiritual es ahora una de nuestras prioridades.

Había un programa cómico en la televisión que se llamaba 'Mi nombre es Earl', está basado en el karma pero de una manera cómica. Este programa me recuerda lo que aprendí en el catecismo acerca de la Regla de Oro: "no hagas a otros lo que no te gusta que te hagan a ti". Al preguntarme si la Regla de Oro tenía algo que ver con el karma, busqué en el diccionario y encontré que en el hinduismo y en el budismo la palabra karma quiere decir el efecto de las acciones y conductas de una persona durante las fases sucesivas de su existencia. Otra manera de ver el karma es como causa y efecto, recibes lo que das; si vives de acuerdo a la Regla de Oro entonces tendrás buen karma.

Desde que era niño me interesaba lo desconocido, me sentaba horas viendo el cielo estrellado preguntándome si nosotros éramos los únicos seres a quienes Dios había creado o si había más como nosotros. Es difícil imaginar que la Tierra es la única creación de Dios cuando el universo es inmenso. A través de los años, me he vuelto un fanático de la ciencia ficción y disfruto mucho de programas como 'Star Trek, Stargate' y muchos otros. ¿Alguna vez se han preguntado acerca de los extraterrestres y los ovnis? Antes de desechar esta idea piensen en el tamaño del universo, es difícil imaginar que la Tierra es la única creación de Dios. ¿Alguna vez han visitado la Tierra los extraterrestres? Los dibujos encontrados en Perú datan de miles de años atrás. Uno de los dibujos, que Solo se pueden ver desde el aire, representa lo que parece ser un astronauta. ¿Por qué fueron hechos estos dibujos? ¿Puede ser que los peruanos tenían contacto con los extraterrestres?

## ¿Hay Algo Más Allá de la Vida Que lo Que Sabemos?

Ahora más que nunca los temas sobrenaturales están de moda, todo el mundo tiene curiosidad acerca de lo desconocido y los medios de comunicación también los difunden bastante. Programas como 'Almas Perdidas' (Ghost Whisperer), 'Medium' y "Cruzando al más Allá" con John Edwards se transmiten por muchos canales. En el programa 'Almas Perdidas', la actriz Jennifer Love Hewitt interpreta a Melinda Gordon, quien se comunica con espíritus que tienen cosas sin resolver y por lo tanto no pueden trascender a otro plano de conciencia. Ella les ayuda a resolver dichos asuntos y entonces entran a la luz y siguen adelante. Ahí es donde ella termina su trabajo y empiezo yo el mío, igual que John Edwards en 'Cruzando al Más Allá' yo puedo comunicarme con los espíritus que ya han entrado a la luz. Nos llaman psíquicos-médium y nuestro objetivo es proporcionar evidencia de que hay vida después de la muerte.

¡Sinceramente pienso que poder ver espíritus es genial! Cuando era niño tenía el don de ver espíritus y seres de luz, pero me daban miedo. Mis padres pensaban que lo que tenía era una imaginación muy activa. Hubiera deseado que alguien de mi familia me hubiera explicado que los espíritus eran reales y que no les tuviera miedo, a lo mejor no hubiera pensado que me estaba volviendo loco.

Lo mejor de tener este don es que me puedo conectar con seres de luz, que son maestros, que ayudan a la gente en su camino espiritual y a encontrar a Dios. Es una gran satisfacción poder ayudar a las personas con mi lado psíquico y un gran privilegio el poder canalizar la sabiduría, inspiración, lecciones y energías sanadoras de Dios. Cuando trabajo con una persona, la ayudo a tener un entendimiento más profundo de lo que ha sucedido en su vida dándoles también consejos prácticos para mejorarla.

La historia que van a leer es real, es acerca de mi viaje de vida. Este viaje comenzó cuando era niño, con el don de poder ver a los espíritus y continúa hasta hoy día canalizando también a un grupo de Guías Espirituales que yo llamo El Colectivo. '¿Hay algo más allá de la vida que lo que sabemos?'     , es más que una guía práctica, aunque tiene consejos y ejercicios para ayudar a mejorar la intuición; es una plataforma para que mis guías transmitan mensajes de esperanza y paz de una manera hermosa y fácil de entender. Compartiré también mis encuentros espirituales y enseñaré técnicas para su desarrollo intuitivo.

El mundo está cambiando y la historia de este libro les ayudará a prepararse para los eventos espirituales y terrenales que se aproximan. El Colectivo nos dará información acerca del cielo, de la vida después de la muerte, de los ángeles, de los extraterrestres, de Jesús y de Dios. Mientras leen podrán sentir la presencia de El Colectivo y en algunas partes sentirán que las lecciones que me enseñan tienen alguna relación con su vida personal. La mayor parte de este libro ha sido canalizada, y para cuando terminen el primer capítulo tendrán un mayor entendimiento de lo que este don conlleva. Recuerden tener abierta su mente y preguntarse si, a lo mejor, todo esto puede ser verdad; escuchen su voz interior y es posible que escuchen un sí.

# ¿Hay Algo Más Allá de la Vida Que lo Que Sabemos? 17

Welcome to Our Journey in Life
BIENVENIDO A NUESTRA JORNADA DE VIDA

# JORNADA DE VIDA

## CAPÍTULO UNO

**Cuando** veo mi vida en retrospectiva, puedo ver cómo se formaron los cimientos de la vida que iba a tener. Todo comenzó cuando era niño, tenía el don de ver espíritus y, muy frecuentemente, visiones también.

Uno de los espíritus que veía era un indio americano, primero escuchaba unos tambores a distancia que se acercaban cuando ponía atención y de la nada aparecía la figura del indio americano. Era un hombre alto con cabello largo, fuerte como diez osos, con orgullo de guerrero.

Cuando lo veía, también veía lo que estaba a su alrededor, como unos oseznos jugando en el río o una manada de lobos cazando. Algunas veces nos materializábamos en la cima de una montaña y hablábamos mientras podíamos ver la belleza de la Tierra. Lo veía mientras tocaba su tambor y cantaba y apuntaba con su dedo al cielo y de éste salía un aro de humo que flotaba y me rodeaba, ahora entiendo que ese aro representaba el círculo de la vida.

Había otros espíritus que también me visitaban, me acuerdo claramente de un irlandés que aparecía como en un sueño flotando en el aire rodeado de un paisaje de una ciudad rústica. Parecía como un personaje de 'Oliver Twist' de Charles Dickens. El irlandés medía como 1.50 cm., con cabello chino que le salía de algo que se veía como un sombrero de copa desgastado. Traía una camisa de manga larga y tirantes que se cruzaban por delante y una pequeña bolsa para billetes bajo el brazo. Me daba cuenta de que era un bromista por la manera en que se reía e inclinaba su sombrero hacia mí. Era un tipo alegre que siempre trataba de divertirme, yo lo veía mientras trataba de hacer malabares con lo que parecían ser papas pero se le caían por todas partes. ¡Me sorprende que mis padres no lo hubieran escuchado, ni a mí, que me reía tan fuerte!

Había también un hombre que se veía como alguien que vivió en los tiempos bíblicos. Estaba vestido con una túnica gris antigua y llevaba algo que se veía como un manuscrito. Era viejo y con barba blanca, parecía como si hubiera tenido una vida muy dura pero gratificante porque tenía un brillo místico alrededor de su cuerpo. Cada vez que venía parecía que llevaba prisa, sin embargo se daba cuenta de que yo estaba ahí porque al pasar me sonreía y desaparecía.

La mayor parte de los espectros que veía tenían forma humana, excepto por el gigante. Sucedió una noche mientras dormía y me despertó una cara que no era humana mirándome directamente. Había un brillo morado alrededor de su cuerpo y parecía que medía más de seis metros; todavía puedo ver a mi padre subiendo las escaleras corriendo mientras yo gritaba y me escondía debajo de las cobijas. Mi padre trató de consolarme diciéndome que todo había sido un sueño. Cuando le contaba lo que me pasaba, él pensaba que yo tenía una imaginación muy activa. Él les llamaba sueños pero incluso yo siendo niño sabía que no lo eran. Finalmente después de un par de años de dormir con la luz prendida mis visiones de seres se detuvieron. Desde luego que ahora que soy adulto y espiritual me doy cuenta de que estos seres de luz jugaron un papel muy importante en mi vida.

## HISTORIA FAMILIAR

En 1973 mis padres, Joe y Carmen decidieron mudar a la familia, compuesta por ellos, mi abuela Jenny, madre de mi padre, mi hermano Robert y yo de Long Island, Nueva York al condado de Palm Beach, Florida. El cambio de la gran ciudad a lo que yo consideraba un paraíso a mis diez años, me convirtió en un niño sureño. Nuestra casa estaba a orillas del lago y la pesca era buena. Me encantaba, sobre todo cuando nos sorprendieron a mi hermano y a mí con un bote de remos. Mis padres eran los padres perfectos, mi padre era un italiano de Nueva York y siempre trabajaba muy duro para que mi hermano y yo tuviéramos lo que sus padres, inmigrados de Italia, no le pudieron dar. Mi padre es un hombre muy amoroso y estoy muy orgulloso de haber heredado eso de él. Mi madre era muy generosa, tal vez por haber sido la penúltima de trece hermanos que tenían que compartir todo y hacer que les rindiera el dinero. Ella es de la isla de Puerto Rico y se mudaron a la ciudad de Nueva York cuando tenía veintitantos años para empezar una nueva vida en Estados Unidos. La historia de mis padres era un poco como la película 'West Side Story', en donde los italianos y los puertorriqueños se juntaron en Nueva York, pero sin el baile, sin embargo conociendo a mi padre, sí hubo canciones.

Por parte de mi madre hay una fuerte herencia de psíquicos y médiums, yo soy la cuarta generación. Mi bisabuela, Francisca, era muy conocida en Puerto Rico por sus dones psíquicos y era también maestra de espiritualismo, la mejor de su época. Su nieto José, mi tío, tenía el don también; cuando yo era niño mi tío le dijo a mi mamá que yo también tenía el don, mi mamá deseaba tener el don pero se la saltó, al menos eso es lo que ella me dice. Por otro lado, mi padre es completamente escéptico a todo lo metafísico, yo sólo espero que algún día entienda porqué hago este trabajo de médium y que mi propósito es ayudar a la gente. Puede ser que como hay mucha publicidad negativa de psíquicos falsos, le da miedo que la gente me vea como un estafador en lugar de que me vean como la persona honesta que realmente soy.

El último recuerdo que tengo de visiones de fantasmas es la de mi abuela Jenny, que vivió con nosotros un par de años antes de su muerte. Ella era el típico prototipo de la mujer italiana, de pequeña estatura vestida siempre de negro y le encantaba cocinar; cómo me hubiera encantado aprender a cocinar aquellos platos italianos. Siempre molesto a mi madre diciéndole que debió aprender a cocinar como mi abuela Jenny, aunque para ser sincero mi madre probablemente hubiera cambiado las recetas italianas de mi abuela por recetas puertorriqueñas.

Cuando falleció mi abuela, mi padre me pasó al cuarto de ella, pues no aguantaba el vacío que había dejado. A mí no me importó porque era un cuarto más grande y estaba separado de los demás cuartos de la casa. Pero una noche que iba entrando al cuarto, mi abuela Jenny estaba sentada a la orilla de mi cama, me sonrió y me preguntó cómo estaba antes de desaparecer en el aire. Ahora en retrospectiva me doy cuenta de que se vino a despedir de mí porque no volvió más.

## LA VIDA SIGUE

Al ir creciendo, mi vida fue muy normal, por alguna razón, los fantasmas no fueron parte de mi vida en la adolescencia. Yo hacía deporte, tocaba la batería en la preparatoria, incluso traté de cantar en el coro, pero mi maestra me ponía más a tocar la batería que a cantar. Está bien, entendía lo que me quería decir, no estaba destinado a ser cantante. Los fines de semana practicaba con mi banda de rock y mi padre se aseguraba de que no me metiera en problemas. Cuando me gradué de preparatoria, no tenía claro qué quería hacer en la vida y mi padre me desalentó por completo cuando quise realizar mi sueño de ser baterista en una banda de rock, así que entré al negocio familiar de tintorerías.

Me casé cuando tenía veintidós años con una mujer mucho mayor que yo. Ella tenía tres hermosos hijos, Todd, Adam y Ashley y un año después tuvimos una preciosa niña a la que llamamos Jessica. Después del nacimiento de Jessica, decidí adoptar a sus medios hermanos porque yo quería que supieran que los quería igual que si fueran mis hijos. Ser padre de cuatro niños a tan temprana edad era una gran responsabilidad, pero yo pensaba que el hacerme cargo de ellos y mantenerlos lo mejor que pudiera era mi responsabilidad kármica. Tristemente mi matrimonio terminó después de doce años, sin embargo tener a mis hijos en mi vida me ha dado mucha alegría.

## ENTRANDO A LA METAFÍSICA

Sucedió que mi ex esposa fue la que me introdujo a la ciencia metafísica en 1985. Ciencia metafísica es el estudio de la Fuerza Universal de Dios, que quiere decir un Dios para todos. Y el estudio de lo sobrenatural como ángeles, Guías Espirituales, fantasmas, extraterrestres y fenómenos psíquicos. La palabra metafísica, tradicionalmente, se refiere a la rama filosófica que trata de entender la naturaleza fundamental de toda la realidad, ya sea visible o invisible.

Ese mismo año, vi una película en la televisión llamada 'Out on a Limb' (Lo que sé de mí), que está basada en el libro escrito por una famosa artista, Shirley MacLaine, que trata de su vida metafísica, de su experiencia. En la película se muestra cómo el alma de Shirley deja su cuerpo, que está acostado sobre la cama y da vueltas alrededor de él. Después se ve cómo su alma sale disparada como cohete a través del techo y vuela sobre la ciudad como un pájaro en un vuelo sin fin; el alma sigue subiendo más y más alto hasta que llega al espacio, mucho más allá de la luna, sin embargo, se puede ver cómo el alma sigue anclada a la Tierra por un largo cordón de plata. Me sentía fascinado viendo todo lo que pasaba en la película.

Después de haber visto la película, quería aprender más. Mi ex esposa me contó entonces, que había tenido una experiencia muy parecida, una vez su cuerpo estaba inerte en el suelo y su alma estaba flotando alrededor del cuarto. Cuando cerraba los ojos podía ver imágenes y me dijo que su experiencia fue como ver hacia afuera a través de una ventana y que podía ver diferentes culturas, lugares y personas. Hizo el dibujo de una de las personas que vio para que yo pudiera entender, era un hombre barbado que vestía algo que se veía como una vieja gorra de marinero que tapaba su largo cabello negro grisáceo. Su cara tenía arrugas y tenía una cicatriz debajo de su ojo izquierdo, el cual estaba tapado por un parche; parecía ser un viejo pirata. Estaba sentado frente a una mesa en lo que parecía ser una biblioteca, los libros en los estantes se veían igual de viejos que el hombre.

Al acercarse a ver los libros, ella se dio cuenta de que los títulos de cada uno eran el nombre de una persona. El hombre barbado le señaló un libro abierto sobre la mesa y le pidió que leyera el título de la página. El libro se llamaba Mis Muchas Vidas; cuando empezó a leer el primer párrafo del libro sintió cómo algo la jalaba hacia atrás alejándola del libro y después se vio flotando a través de un pasillo que salía del edificio para regresar a su cuerpo físico.

Después de haber visto la película de Shirley MacLaine y de haber escuchado la historia de mi ex esposa, quería aprender más acerca de la ciencia metafísica. Y a través de la Iglesia de Unidad local me enteré de una mujer que enseñaba ciencia metafísica .Se llamaba Carole Lynn Grant, sin saber qué esperar, arreglé todo para conocerla y pensé que vería gente vestida como hechiceros. Debido a mi ignorancia, mi mente se volvió loca antes de estar ahí. Quién sabe si había ahí una mujer con una bola de cristal para predecir mi futuro.

Cuando entré en el edificio, me llevaron a un cuarto donde había como veinte personas aproximadamente. Estaba sorprendido al ver que todos se veían normales, Carole le pidió a cada persona que se presentara ante todos y me di cuenta de que muchos de ellos eran profesionistas y gente que tenía su propio negocio.

Me sentí un poco avergonzado por haber esperado ver al mago Merlín o a Harry Potter. Carole no era Solo psíquica sino también un canal médium. Un canal médium es como un intérprete, escucha el mensaje del espíritu y luego lo transmite a la persona interesada. La sabiduría y la información espiritual que canalizaba de sus guías era asombrosa.

**Guías Espirituales** son entidades que están en los reinos espirituales. Son individuos o grupos de individuos que han pactado ser guía o guardián de una persona del plano terrestre. Normalmente hacemos este pacto antes de entrar en un cuerpo físico y tenemos por lo menos un guía primario, llamado el control .No es raro que tengamos dos o más guías ayudándonos en todo momento. Muchos de los guías con los que trabajamos son seres que han vivido en la Tierra en algún momento, o han tenido muchas vidas, pero también los hay que vienen de otros mundos. También muchos de los 'Guías Especiales' que vienen a ayudarnos en situaciones especiales o de aprendizaje parecen ser más evolucionados o 'almas viejas' que quieren compartir su experiencia y sabiduría con los que todavía estamos trabajando en el camino de la iluminación.

En una clase, el Guía Espiritual de Carole nos enseñó acerca de la energía de Dios y de cómo ésta energía está alrededor de nosotros, es ése amor que sentimos; la energía de amor es una vibración. Toda la creación de Dios está hecha de ésta vibración. Todos nosotros somos parte de Dios, el gran Yo Soy. Por eso tenemos que ver hacia nuestro interior para encontrar a Dios.

El Guía Espiritual de Carole también me dijo que yo iba a ser un canal, un médium y un sanador, que un día enseñaría acerca de la Nueva Era. Yo dije "¡Guau, un médium! ¿Quiere decir que la gente que ya murió va a hablar conmigo?" Y después pregunté cosas como: "¿qué es un sanador? ¿Y qué es eso de Nueva Era?

El Guía Espiritual de Carole me explicó que un sanador usa la energía de amor de Dios, que esta energía es canalizada a través del sanador y con pensamientos positivos y amor, la energía ayuda a quien lo necesita. Me dijo que la Nueva Era es un tiempo de despertar, de apertura a la energía de Dios y de creer que Dios es todo lo que existe. Cuando vamos aumentando nuestra vibración, nos vamos alineando a la energía de Dios.

Para mis adentros dije, "esto es grandioso, voy a poder canalizar espíritus. ¿Cuándo empezamos?" Y empezamos en ese momento. En la clase, Carole hizo que cerráramos los ojos para meditar, nos dijo que visualizáramos lugares en los que habíamos estado o lugares imaginarios a los que quisiéramos ir. El cuarto estaba tan callado y quieto que me estaba quedando dormido. De repente unas mujeres del grupo gritaron, "¡ayúdenos!" Esto hizo que el grupo regresara de la meditación con el corazón latiendo fuerte y Carole preguntó "¿qué pasó?"

En el grupo había una mujer con sus hijas, que en la meditación fueron testigos de un ataque indio bastante hostil. Nos dijeron cómo una banda de indios estaba alrededor de sus carretas y que habían masacrado a todos los que venían en la caravana. Carole dijo: "caramba, tuvieron una regresión al mismo tiempo, todas estuvieron juntas en esa vida cuando les pasó eso que vieron, de otra manera no se hubiera manifestado esto en la meditación."

Hubo quienes contaron historias igual de sorprendentes. Una de ellas era de alguien que salió de su cuerpo y salió de la Tierra para encontrarse con sus Guías Espirituales. Otra era de alguien que se regresó en el tiempo y fue testigo de un suceso parecido al de las mujeres. Otros contaban que habían sido recibidos por ángeles y seres queridos que habían fallecido.

Cuando me tocó a mí contar algo, no tuve nada qué decir. Cuando cerré los ojos para meditar todo lo que vi fue el color negro, y si trataba mucho podía ver la parte de adentro de mis párpados. Después de varias semanas de estar tratando empecé a ver el color morado, era oscuro mezclado con azul, era el color azul índigo, esto tendría gran significado para mí más adelante. Tenía partículas flotando, como esas lámparas de lava.

## LOS REGISTROS AKÁSHICOS

Le pedí a Carole que me explicara la experiencia que había tenido mi ex esposa, y me explicó que la habían invitado a los pasillos donde están los registros akáshicos. Nos explicó a los del grupo lo que son éstos registros, son un depósito de información que existe en el reino astral. Son registros completos y profundos de todo lo que ha pasado en todos los tiempos, incluyendo los pensamientos y sentimientos de cada individuo. La palabra 'Akasha' viene del sánscrito que quiere decir sustancia primaria o éter. Típicamente se accede a estos registros por medio de la meditación, viajes astrales o sueños.

Se encuentra ahí un Guía Espiritual, para ayudar a entrar en el pasillo de los registros akáshicos. Una vez que estás ahí y has podido acceder tus registros no es necesario la ayuda de éste guía las siguientes veces que regresas. Es interesante saber que cada persona accede a sus registros de manera diferente. Se pueden presentar como una biblioteca, como un sólo libro, como imágenes en una televisión o en una pantalla de cine o hasta en una pantalla de computadora. La manera de interactuar con los registros es muy personal.

## EL AURA

En clase, Carole abarcó un amplio rango de eventos y ejercicios. Esa primera clase se trató de la lectura de auras, la palabra aura quiere decir atmósfera de luz multicolor que se llama aura.

El aura humana es un campo energético de muchas capas, que es generado por la energía espiritual del centro de los chacras en nuestro cuerpo. La palabra chacra significa rueda y son vórtices giratorios de energía que se localizan en varios lugares en el cuerpo. El aura refleja el estado de ánimo, la personalidad y cualidades, emociones, bienestar general, habilidades espirituales y la evolución; está compuesto de varias capas o cuerpos y reflejan y se relacionan con los siete chacras mayores, es un aspecto importante de nuestra vida espiritual y material.

Para poder practicar ver el aura, Carole puso a una persona parada contra una pared blanca con una luz brillante que se reflejaba en la pared. Después nos dijo que viéramos alrededor de la cabeza de la persona y que desenfocáramos a la persona, para que se viera medio borrosa y así poder percibir el aura.

Cuando me tocó a mí, entrecerré los ojos para desenfocar a la persona; me sentía ridículo tratando de ver algo que no estaba ahí. De repente, vi el aura alrededor se su cabeza. "Pude ver un pequeño halo amarillo", les expliqué. Y Carole dijo: "estupendo, Joe vio un aura". Me sentía muy contento hasta que pasó la siguiente persona, ella ni siquiera tuvo que entrecerrar los ojos, vio el aura muy rápido y describió cómo estaba estirada hacia arriba, hacia el techo, era de color rojo, amarillo y muchos tonos de verde alrededor de la persona. Mi ego se sintió pulverizado, mi pequeño halo amarillo no era nada comparado con lo que ella había visto.

La siguiente noche nos enseñó psicometría, que es la habilidad de leer la historia de ciertos objetos al sostenerlos en la mano o ponerlos en la frente. Los mejores objetos son los personales y pequeños como un reloj, un anillo, una llave, etc. Practicar la psicometría es muy bueno porque ayuda mucho para el desarrollo psíquico.

Carole nos dividió en pares y nos dijo que le diéramos a nuestra pareja algo de joyería que trajéramos y que lo sostuviéramos en las manos. Teníamos que decir lo primero que se nos viniera a la cabeza. Este ejercicio ayudaba a sintonizarnos con nuestra pareja y así intuir cosas como qué había comido, cómo le había ido durante ese día o su color favorito.

## CONVERGENCIA ARMÓNICA

Por casualidad pasó que cuando empecé a explorar la metafísica estábamos acercándonos al advenimiento de la Convergencia Armónica. El 6 de agosto de 1987, las noticias se burlaban de este evento histórico. De acuerdo con la profecía escrita en el calendario maya, éste era el tiempo en el que todos los planetas de nuestro sistema Solar se alinearían. Este evento sólo sucede cada veinticuatro mil años y en este día se daría la bienvenida a la venida de la Nueva Era uniendo a la gente para rezar por la paz y la sanación de la Tierra y para levantar la vibración.

De nuevo aparecía esa palabra en mi camino, vibración. Esa mañana vi el amanecer con mis hijos desde la iglesia de Unidad en Palm Beach, Florida junto con otros cientos de personas. No sabía qué esperar ese día, me preguntaba si a lo mejor la Tierra iba a cambiar, pero, ¿cambiar a qué? Mi expectativa acerca de la Convergencia Armónica iba en aumento y me estaba volviendo loco, tenía muchas preguntas sin respuestas. Pero después de algunas horas de gran expectativa decidí que esto era una pérdida de tiempo y me fui.

En las noticias esa noche, dieron reportes que venían de todo el mundo donde la gente se veía celebrando. Estaban celebrando en Monte Shasta en California, en Stonehenge en Europa, en Sudamérica, en África y Canadá. Mostraban a la gente bailando en las pirámides de Egipto y también en los tejados en la ciudad de Nueva York. En todo el mundo, millones de personas celebraban la Convergencia Armónica. No fue sino hasta un par de años después de la Convergencia Armónica que realmente entendí lo que había pasado. La vibración de la Tierra había cambiado y evidencia de eso empezó cuando el mundo fue testigo de la caída del muro de Berlín y la caída del comunismo. Mi camino, al igual que el de millones de personas, había comenzado.

# LA HERMANDAD DE ESPÍRITUS

## CAPÍTULO DOS

**Habían** pasado años desde la Convergencia Armónica y yo estaba muy ocupado siendo padre de cuatro niños y manteniendo a mi familia; pospuse mis obligaciones espirituales. Sin embargo, todavía tenía un fuerte deseo de aprender más y continuar el camino que había dejado. Años antes, Carole me había dicho que yo iba a ser un canal para los espíritus, y, en la búsqueda de esta promesa, me enteré de un grupo especial que se reunía en la Iglesia de Unidad Pines en West Palm Beach, Florida que asistía a una clase que enseñaba cómo canalizar a tus Guías Espirituales.

Esta era mi primera clase de canalización así que no sabía de qué se trataba. Yo era un estudiante joven en comparación con los demás asistentes y la curiosidad me dominaba. Nuestra maestra se llamaba Marilyn Raphael y era un canal por trance muy famosa, autora del libro 'The Angelic Force' (La Fuerza Angélica).

Un canal por trance es una persona que entra en trance y una entidad o espíritu se fusiona con el cuerpo y alma de esa persona. Sus expresiones y gestos cambian, incluso se puede ver un cambio en su apariencia física.

Como esta era mi primera clase, Marilyn me recomendó sentarme y observar al grupo para darme una idea de lo que era canalizar. El único asiento disponible era el banco junto al piano. Marilyn le pidió a todos que cerraran los ojos y los guio en una meditación. La mayoría de los estudiantes eran canales con mucha experiencia y se pudieron conectar con sus guías rápidamente. Yo estaba tan embelesado escuchando al grupo canalizar a sus guías que perdí el sentido del tiempo y el equilibrio. Estaba escuchando a Rita, una de las médiums, tan embobado que no me di cuenta de que estaba sentado en la orilla del banco y al hacerme hacia adelante para poder escuchar mejor el banco dio una voltereta hacia atrás golpeando el piano y causó un gran estruendo. Rita salió de la meditación sosteniéndose el corazón; yo pensé que íbamos a tener que llamar a una ambulancia, al tiempo que Marilyn me regañaba frente a todos.
Sin embargo después culpó a mi juventud e inexperiencia del incidente. Bueno, por lo menos el gran estruendo hizo que Marilyn se fijara en mí.

Cuando conocí a Marilyn no sabía qué esperar de un canal por trance, el único otro canal que había conocido era Carole y sólo había canalizado información de su guía. Así que yo pensaba que una vez que uno había visto a una persona canalizar las había visto a todas. ¡Vaya que estaba equivocado, muy, muy equivocado!

Cuando Carole canalizaba, escuchaba la voz de su guía, que tenía una gran sabiduría espiritual y tenía la habilidad de darles mensajes a todos. La manera en que Marilyn canalizaba a Gean, su Guía Espiritual, era totalmente nueva para mí.

Cuando ella canalizaba, se sentaba con las piernas cruzadas y los ojos cerrados, mientras meditaba hasta que entraba en trance. Al principio, yo no podía notar los cambios en ella, pero conforme más la veía pude ver cómo sus facciones se transformaban. Sus rasgos faciales se volvían masculinos, su cabeza adquiría una forma como cuadrada, se veía cómo una de sus cejas sobresalía y su mandíbula se tornaba como esculpida. Cuando la transformación terminaba, Marilyn se veía como una persona diferente con características de un hombre.

Cuando el espíritu hablaba a través de Marilyn, su voz se oía muy sombría, la entidad daba la bienvenida a todos pero era distante, como si estuviéramos desperdiciando su tiempo. La mayor parte de las preguntas que hacía el grupo eran de sus profesiones y su vida amorosa, lo que hacía que el espíritu se mostrara aburrido y distraído. Yo esperaba que esta entidad tuviera más empatía y me sorprendía su indiferencia hacia el grupo. Cuando me tocó a mí hacerle una pregunta decidí ser atrevido y directamente le pregunté a Gean cuál era mi propósito en la vida y le pregunté: "¿por qué estoy aquí?"

La actitud de Gean pasó de distraída a muy emocionada y su respuesta fue impactante e inesperada. "¿Cuál es el propósito de Joseph? ¿Y por qué está aquí? Y, ¿deberíamos bañarlo en oro o plata siendo que él es el único privilegiado de la clase? Éste es el verdadero propósito del porqué estás aquí":

*"Para estar alerta, para ser un observador....*
*¡Para ser un maravilloso reportero! Éste es tu propósito.*
*Pues tú serás prueba, y siempre has sido prueba,*
*en el pasado, de El Cristo."*

Me quedé atónito. Estar alerta, ¿qué significaba eso? ¿Un maravilloso reportero? ¡Sí cómo no! Pensé, si ni siquiera soy escritor. ¿Y, prueba en el pasado de El Cristo? ¿Qué estaba pasando? Le pedí al espíritu Gean que por favor me explicara este mensaje, y ésta fue su respuesta:

*"Verás Joseph, tú has vivido muchas vidas antes de ésta, eso es lo que se llama reencarnación. Viviste todas estas vidas para poder cumplir con tu karma. Has escuchado la frase 'lo que se siembra se cosecha', pues Joseph, cada vez que reencarnas estás más cerca de terminar con tu karma. Cuando termines con tu karma es cuando termina tu trabajo en la Tierra; entonces eres bienvenido a quedarte con tus guías. O tal vez escogerás una nueva vida lejos de la Tierra y cumplir un nuevo karma."*

*Joseph, en una de tus vidas pasadas estuviste aquí en la Tierra mientras Jesús estaba aquí también y fuiste testigo de increíbles milagros. Eras un mensajero de El Cristo: un reportero, un maestro y un escriba. Joseph, tú lo protegiste de falsos rumores y amenazas de los no creyentes. Ahora su energía Crística está contigo. Joseph, otra vez, deberás permanecer alerta, para ser un maravilloso reportero y testigo de El Cristo. Ésta fue tu promesa cuando reencarnaste de nuevo en este tiempo."* Gean hizo una pausa. *"¡Joseph se va a sentir bastante santo hoy!"*

¡Me quedé sin habla! ¿Qué podía decir? ¿Creía este mensaje? Por un minuto pensé que nos íbamos a reír de todo esto. Debo decir que Gean fue muy sincero al clarificarme mi propósito en la vida. Me recomendó que confiara en las enseñanzas de Marilyn y también me dijo que estaba a punto de convertirme en un reconocido canal por trance. En el verano de 1994, fui a muchas de las clases de Marilyn para aprender a canalizar a los Guías Espirituales. Ella era muy paciente con todos sus alumnos y se tomaba el tiempo para explicar el arte de canalizar y las técnicas para convertirse en canal.

Para empezar, hizo que me sentara muy derecho en mi silla y me dijo que quitara todos los pensamientos de mi cabeza, que olvidara todo lo que tuviera que hacer en la semana y que me concentrara sólo en lo que ella decía. Debía cerrar los ojos e imaginar un cuarto recluido y con poca luz. Después hizo que visualizara una puerta en el cuarto y me preguntó qué veía. En el ojo de mi mente vi que el cuarto estaba oscuro, pero podía ver luz saliendo por debajo de la puerta y alrededor del marco. La luz que parecía emanar de la puerta era de color como púrpura mezclado con azul, un azul índigo. Imaginé que la puerta se abría y mientras los rayos de luz pasaban por mi cuerpo tenía un sentimiento pacífico, amoroso, un sentimiento de éxtasis. Mientras estaba sumergido en ese amor de la luz, en mis oídos empezó un zumbido como el que se oye cuando está uno en un avión cuando va subiendo.

Entré en un trance más profundo, casi me dormía y el zumbido empezó a desaparecer. Y finalmente sucedió. ¡Fue increíble! Mientras estaba sentado en la silla empecé a sentir una ola de energía a través de mi cuerpo. Y entre más profundo entraba en trance, mis brazos empezaron a levantarse como si estuvieran flotando en agua, estaban estirados hacia afuera sin embargo no se cansaron. También mi pecho se expandió y mis hombros se sentían grandes, mi respiración se volvió pesada. ¿Quién era ese espíritu que se fusionó conmigo?

Al canalizar a esta entidad, me senté muy derecho en la silla como si fuera un rey y volteaba a ver a todos orgulloso. Nosotros, sólo puedo describirlo como 'nosotros', la entidad y yo estábamos fusionados como uno, no teníamos voz, sólo una apariencia física imponente. Cuando Marilyn le dio la bienvenida al espíritu, le preguntó su nombre y le pidió que hablara, nada, ninguna voz; sólo estaba la apariencia física. De todas maneras yo estaba muy emocionado, finalmente lo había logrado me había convertido en un canal por trance.

Durante mucho tiempo, cada vez que canalizaba a esta entidad no había voz, era sólo la apariencia física imponente. Aunque mi cuerpo se sentía como si hubiera crecido al doble en tamaño, en realidad me sentía cómodo canalizando este espíritu. Marilyn me dijo que cuando uno canaliza por primera vez a una entidad, es como si nos probáramos un traje nuevo o manejáramos un coche nuevo. La entidad está aprendiendo a mover las extremidades y a usar la voz del canal, está conociendo al canal al compartir su vibración y fusionarse con su cuerpo y alma. Yo sentí como si la entidad fuera un amigo, no me importó compartir mi vibración con ella.

Marilyn trabajó conmigo varias semanas mientras esta entidad se familiarizaba conmigo. Aunque mis habilidades como canal iban mejorando, una tarde sorprendí a Marilyn al dejar el grupo. Ella trató de que me quedara diciéndome que tenía mucho potencial y que iba muy bien. Sin embargo tenía problemas en mi matrimonio y me costaba mantenerme enfocado, por el bien de mi matrimonio abandoné mi búsqueda espiritual.

Traté de arreglar las cosas en mi matrimonio durante dos años pero de todas maneras no funcionó, al final nos divorciamos y por primera vez en mi vida estaba Solo. Eso, y el hecho de que veía a mis hijos menos tiempo me causó una depresión. Mi actitud cambió para mal, me volví negativo hacia la vida, hacia todo, pero a pesar de esto todavía tenía amigos que me apoyaban. La generosidad de mis amigos Denise y Everett, su esposo, fue lo que me ayudó a pasar esos tiempos tan difíciles. Al haber sido mis amigos por muchos años trataban siempre de animarme, Denise también estudiaba metafísica y era sanadora espiritual. Un sanador espiritual canaliza la energía sanadora de su fuente espiritual hacia las personas que la necesitan. Al canal le llamamos sanador y la energía sanadora (energía universal) es transferida al paciente por las manos del sanador. La sanación no proviene del sanador sino que pasa a través de él.

Denise me preguntó si me podía equilibrar el aura, me dijo que a lo mejor eso me podía ayudar a sentirme mejor, menos negativo hacia todo. "Por qué no", le dije, "¿qué puedo perder?" Me sentó en una silla y me pidió que cerrara los ojos. Empezó a mover sus manos por encima de mi cabeza de manera circular. Me dijo, "Joe ésta es una manera de limpiar tu aura". Mientras movía sus manos sobre mi cabeza decía palabras inspiradoras y positivas, entonces se dio cuenta de que tenía una nube de energía negativa alrededor de mi cuerpo, se veía como niebla oscura y la sensación que le daba era igual a la que nos da un día sombrío. Empezó a quitar esta nube oscura mientras repetía las mismas palabras e hizo esto hasta que la nube desapareció. Me explicó que esta energía negativa se me había pegado porque no me había protegido de manera adecuada. La primera vez que me abrí a la canalización en la clase de Marilyn, no sabía que me tenía que cerrar a cualquier energía negativa o que tenía que usar ciertas oraciones para protegerme. Así que aun cuando las entidades que canalicé eran positivas había dejado abierto un vacío que me hacía vulnerable a esas energías. Cuando uno se abre para canalizar, debe protegerse.

Mientras Denise seguía equilibrando mi energía, mi cuerpo se sentía más ligero y mis brazos empezaron a levantarse. Una luz blanca cegadora apareció en mi mente. Era muy extraño porque mis ojos estaban cerrados, pero podía ver claramente una luz brillante. Empecé con una risita y pregunté, ¿qué pasa? Y las risitas se convirtieron en carcajadas hasta que fueron tan fuertes que no podía parar pero se sentía tan bien, estaba como bajo una droga natural. En eso una voz salió de mi boca, tenía un acento irlandés. Denise empezó a decir: "Identifícate.....dime por qué estás aquí". No hubo respuesta, pero la voz irlandesa seguía riendo. Denise le volvió a decir: "Identifícate, dime por qué estás aquí". Y después de algunas carcajadas más la voz irlandesa empezó a hablar.

"Nuestro objetivo es crear un despertar en torno a la energía y vibración de Dios. Estamos aquí para abrir las mentes que están dormidas." Entonces Denise le preguntó, "¿cuál es tu nombre?" Hubo una pausa y la voz contestó: "¿Qué hay en un nombre? Nosotros somos un colectivo, un colectivo de seres que no necesitan un nombre." De nuevo Denise le preguntó, "¿cuál es tu nombre?" Hubo otra pausa y le entidad contestó: " Si necesitas que te diga un nombre ¿qué te parece Patrick? Sí, nos llamamos Patrick. Ahora hay otro ser que va a hablar, por favor dale la bienvenida."

La postura de mi cuerpo empezó a cambiar, mi pecho se ensanchó y mi cabeza se inclinó un poco hacia atrás. Esto me era conocido, pues ya había canalizado a esta entidad antes; yo (nosotros) estábamos sentados en la silla con un aire que parecía el de un rey, mis brazos estirados hacia los lados y mi cabeza inclinada un poco hacia atrás. "¿Quién eres? Identifícate. ¿Cuál es tu nombre?" Volvió a preguntar Denise, pero sólo hubo silencio y salí de mi trance. Esa noche quedé exhausto, sin embargo había sucedido un cambio en mi vida y en mi actitud. Mi energía se sentía muy alta, como de cien metros de altura. Tenía emociones encontradas, le quería decir al mundo entero lo que había pasado, pero por otro lado me preguntaba qué pensaría la gente. ¿Pensarían que estaba loco? ¿Pero, cómo me podía callar algo tan grande? ¿Y qué iba a pensar mi familia?

    Necesitaba encontrar a alguien que me pudiera ayudar a entender lo que me había pasado, necesitaba más información que me explicara más de lo que era canalizar. Un día, estaba en una librería de metafísica llamada El Secreto de Jeanne, en Lantana, Florida; y mientras buscaba un libro acerca de canalización, un hombre mayor se me acercó y me dijo: "Parece que está un poco a la deriva joven. ¿Está buscando respuestas? Me llamo Whitley, a lo mejor yo puedo ayudarle a encontrar las respuestas que busca." Resultó que Whitley llevaba más de treinta años canalizando con ayuda de su guía, Stratford, y que además enseñaba varias materias de ciencia metafísica y me invitó a que fuera a sus clases semanales.

Estaba muy emocionado por haber visto de nuevo a alguien que canalizaba, tenía muchas preguntas acerca de lo que yo había experimentado. La primera clase a la que fui, Whitley nos dijo que nos enfocaríamos en la canalización. Era una clase para principiantes así que no les había enseñado el arte de canalizar. Al empezar Whitley dijo, "la persona que quiera canalizar, lo podrá hacer hoy."

Empezamos a meditar y mis brazos empezaron subir y a bajar, sentía como si fuera salir del salón levitando, de pronto sentí como si algo estuviera moldeando mi cara cambiándola de forma, eso no me había pasado antes. Mi sonrisa se hizo tan grande que la sentía incómoda. Whitley se acercó y me dijo "deja que fluya Joe, no te resistas." Todavía con mi voz le pregunté "¿qué está pasando?" ¡No puedo dejar de sonreír!" Al tiempo que mi cara estaba tan estirada que me he de haber visto bastante ridículo. Y mientras pensaba esto, empecé con unas risitas y después a reírme hasta que la voz irlandesa empezó a hablar.

"¡Buenas tardes!" Dijo. "¡La risa levanta la vibración, así que todos a reír!" La entidad se identificó como Patrick. "¿En qué les podemos ayudar?" Todos en el salón se quedaron en abSoluto silencio, de repente una mujer preguntó:"¿Joseph por qué estás aquí? ¿Cuál es tu propósito?" La entidad se volvió a reír. "¿Estás preguntando acerca del propósito de Joseph o el de Patrick?" La mujer contestó corrigiéndose, " quise decir Patrick, ¿cuál es tu objetivo?"

"El objetivo de Patrick es ayudar a las personas de la Tierra a entender otras dimensiones y vibraciones, despertarlas a la vibración de Dios. Todos los seres de Dios han sido creados con diferentes niveles de vibración. Mi objetivo es ayudar a la gente del plano terrestre a levantar su vibración para que puedan acercarse a Dios."

Cuando terminó la clase, Whitley se acercó y me dijo: "Joe tienes una conexión auténtica, no la estás inventando de verdad estás canalizando. La diferencia entre tú y yo, es que yo soy un canal médium y tú eres un canal por trance; yo escucho la voz de mi guía y transmito el mensaje a la persona que lo necesita, mientras que tú lo que haces es que el espíritu se fusiona contigo y se expresa a través de ti, y se puede ver el cambio de personalidad. Joe, sabes que aquí eres bienvenido, pero como es una clase para principiantes me preocupa que algunos de los estudiantes se asusten. Encuentra un compañero con quien practicar, esa es la única manera de realmente aprender a usar el don que Dios te ha dado." La buena noticia era que estaba en el camino correcto para ser un canal por trance, la mala era que todavía necesitaba a alguien que me ayudara a desarrollar mi don.

Habían pasado algunas semanas desde que había hablado con Whitley y me preocupaba no saber hacia dónde ir o qué hacer con mi don de canalizar; y la idea de que me estaba volviendo loco estaba muy presente en mi mente. Un día iba manejando, cuando escuché un fuerte tronido, se había reventado una llanta de mi camioneta Ford Explorer. Me metí a un estacionamiento para poder cambiar la llanta y cuando terminé me di cuenta que estaba cerca de una tienda llamada Crystal Gardens que era una librería de metafísica y me pregunté "¿qué tan irónico es esto?" Entré a la tienda y le pregunté a la chica del mostrador dónde podía encontrar libros de canalización. Se presentó, su nombre era Vicki, y me dijo: "justo acaba de llegar el libro que necesita. Se llama 'Opening Up to Channeling' (Abrirse a la Canalización) escrito por Sanaya Roman, apenas estaba desempacando la caja." Llegué en el momento preciso.

    Estuvimos hablando un rato y me contó que estudiaba a los Indios Americanos. Me preguntó si yo era un canal y le conté mi experiencia en la clase de Whitley pero le dije que todavía dudaba de mí mismo. Entonces me dijo que si quería practicar que ella se hacía voluntaria para ayudarme y pensé: "guau, ya encontré una compañera y ni siquiera la estaba buscando."

Organizamos las cosas y quedamos de vernos en casa de Vicki la siguiente semana. Era 28 de Septiembre de 1996, me acuerdo claramente de la fecha porque fue la primera vez que intentaba canalizar por mi cuenta, siempre lo había hecho estando con un grupo meditando y ahora lo iba a hacer Solo. En mi mente repasaba paso a paso cómo iba a hacer la canalización. Primero debía vaciar mi mente usando el ejercicio que aprendí en la clase de Marilyn de imaginar un cuarto recluido con una puerta. Le expliqué a Vicki que cuando mis brazos comenzaran a levantarse y empezara con risitas era porque Patrick estaba ahí e iba a hablar. Hice el primer intento y nada, seguí intentando lo que pareció una eternidad pero no pasaba nada. Me disculpé con Vicki mientras pensaba: "por dios ha de estar pensando que soy un idiota." Pero Vicki me dijo: "relájate Joe, deja que fluya no hay prisa. Si pasa pasa, si no, éste no era el momento."

'Está bien Joe', me dije a mi mismo, 'es hora de concentrarte'. Vicki puso un disco de música nativa americana, mientras yo cerraba los ojos y escuchaba el ritmo del tambor y de la flauta mis brazos, finalmente, empezaron a levantarse. Imaginé que la puerta se abría y pude ver un ser de luz pura entrando mi cuarto. Cuando éste ser de luz se puso frente a mí, sentí la necesidad de reírme.

Entonces Vicki preguntó "¿están con nosotros?" "Si, aquí estamos," contestó Patrick. "Necesitamos aumentar nuestra vibración, así que vamos a reírnos muy fuerte. ¿Cómo te podemos ayudar?" Y en seguida Patrick le explicó a Vicki acerca de la energía de Dios y de su propósito de guiar y despertar a la gente. "Entre más practique Joseph, más levantará su vibración y habrá otros que hablarán a través de él; y mientras más vibre más se conectará con todo lo que es."

Vicki estaba tan emocionada por haber visto la canalización, que me pidió que regresara al día siguiente. La música nativa americana estaba sonando en el estéreo y empecé a reír rápidamente. En lugar de que mis brazos se levantaran, mi boca empezó a sonreír de manera radiante, era la misma sensación que había tenido unas semanas antes en la clase de Whitley. Estaba esperando la risa de Patrick mientras pensaba, "¿por qué está cambiando de forma mi cara?"

Vicki preguntó, "¿Patrick estás con nosotros?" Hubo una pausa, la voz quería salir pero titubeó. Luego la entidad aclaró mi garganta y empezó a hablar. No había acento irlandés, esta entidad tenía una voz suave pero mi sonrisa todavía era muy grande cuando empezó a hablar.

*"Somos de un colectivo, la Hermandad del Todo. Somos Profesores y Maestros del Creador. El Colectivo está hecho de muchos seres. Somos tres guías que canalizamos a través de Joseph."*

Y como bromeando se refirieron a sí mismos como 'Los Tres Amigos'. Bueno, ya me había dado cuenta del Guía Espiritual Patrick, que hablaba con un acento irlandés y le gustaba bromear y reírse, también creía que era la misma entidad irlandesa que venía a visitarme cuando era niño. Pero esta entidad era nueva para mí. En ese momento Patrick regresó entre risas y explicaba que la risa levanta la vibración y también el por qué me costaba trabajo canalizar a los otros guías.

"Joseph, no estás acostumbrado a los cambios que pasan en tu cuerpo físico, tienes que relajarte y dejar que fluya la energía. Entre más alto vibres, más te alinearás a la vibración de los guías que llegan a ti. Con el tiempo aprenderás a hacerlo y te será tan fácil como irte a dormir."

Esta nueva entidad cambiaba la forma de mi cara y hacía mi sonrisa muy grande, era como si me estiraran la cara. Controlaba el movimiento de mis manos, las movía hacia adentro como si movieran el aire o la energía de alrededor, juntaba mis manos y formaba un triángulo con mis dedos.

Había estado leyendo el libro 'Opening Up to Channeling' (Abrirse a la Canalización), y me ayudaba a abrirme más rápido a recibir a mis guías, ésta transformación fue rápida y clara. En nuestra siguiente sesión la nueva entidad decía: "veo verde, mucho verde, ¿no es ése el color que estás proyectando? Veo rojo también, sí hay rojo." Entonces Vicki le explicó que había prendido unas velas de esos colores antes de su reunión con Joe. "Juguemos un juego de números", sugirió la entidad, "piensa en un número del uno al cinco", y antes de que Vicki dijera listo la entidad ya había adivinado, era el número dos. Así siguieron jugando una y otra vez y siempre acertaba, llegó un punto en el que acertaba los números que Vicki iba cambiando en su mente. Sin embargo sí se equivocó cuando empezaron con los números del uno la cien.

"Hay una lección en este juego," dijo la entidad, "y es que te estamos confirmando que éste es un canal verídico. Al subir la vibración, la comunicación se comparte de manera mental en lugar de física; entre más sintonizada estés a una vibración, los mensajes mentales son más claros. La vibración de Joseph es baja, es por eso que la comunicación a veces es incorrecta. Si hay interferencia, algunos mensajes no son transmitidos correctamente. Confía en tu interior, pues ésa es la verdad y si lo que tu interior te dice te suena correcto entonces ésa es tú verdad, de nadie más".

Vicki le preguntó a esta nueva entidad si tenía algún nombre. "De niño Joseph percibió nuestra presencia cuando despertó y vio la resplandeciente luz blanca, él siente nuestra energía cuando medita y canaliza. Yo me presento ante él, en su mente, en meditación, como el color índigo.

Joseph piensa que lo que ve son nada más rayos de luz color púrpura pero se equivoca, soy yo, Índigo. Así que ahí está la respuesta a tu pregunta, nos puedes llamar Índigo", respondió la entidad. Índigo es una entidad de color y energía muy intuitiva. Es cierto que había tenido contacto con él cuando yo era niño; me tomó más de treinta años y varias etapas en mi camino espiritual para darme cuenta de que estaba ahí. Índigo nos empezó a molestar diciéndonos del tercer guía: "va a hablar cuando sea el tiempo correcto. ¿No tienen ni tantita curiosidad de saber quién es? Te va a enseñar como es Vicki".

De repente mi pecho se empezó a expandir y me senté muy derecho en la silla y veía todo con una actitud real y orgullosa. La entidad cruzó mis brazos y respiró profundamente. Yo podía sentir una gran fuerza física de esta entidad, no era nuevo para mí pues ésta fue la primera entidad que canalicé. Pero otra vez apareció sólo unos minutos, cuando se retiró, mi cuerpo se desinfló como un globo y me desplomé en mi silla. Me sentía muy mareado y me preguntaba quién era éste tercer guía.

Vicki conocía a una maestra de metafísica llamada Glorianna que enseñaba desarrollo psíquico en la librería y le habló de mi canalización. Me pidió que fuera a canalizar a su clase y le dije que no porque todavía me sentía muy inseguro canalizando, entonces ella me aseguró que todo iba a salir muy bien, que su grupo me iba a apoyar si lo necesitaba. Así que fui al grupo, me presentó y me concedió la palabra. Había como veinte personas en el grupo, ésta era la primera vez que iba a canalizar con el objetivo de que mis guías contestaran preguntas. Estaba muy nervioso, qué tal si no pasaba nada. En ese momento me senté en una silla y le dije al grupo que se sentara en círculo alrededor de mí, que podían hablar entre ellos hasta que vieran que empezaba con risitas, ésa era señal de que mis guías iban a hablar.

Podía sentir las miradas de todos cuando estaba tratando de entrar en trance. No podía concentrarme y me asomaba por mis ojos entrecerrados para ver la reacción de todos. En ese momento pensé, 'esto no va a funcionar.'

Abrí los ojos y en eso tuve una idea, le pedí a Glorianna algo que pudiera usar para vendarme los ojos y me dio una mascada de seda que de casualidad traía en su bolsa. Me vendé los ojos y sentí una gran diferencia, pude sentirme aislado de todos. Por fin me pude concentrar e imaginar mi cuarto, donde recibí a mis guías.

A la hora que mi cara empezó a cambiar por la sonrisa de Índigo, una mujer empezó a reírse, casi corto la conexión. Pensé para mis adentros, '¿se estará burlando de mí? ¡A lo mejor me veo ridículo con esa gran sonrisa!' Lo que hice fue vaciar mi mente de nuevo y escuché a Índigo, él me explicó que siempre iba a haber escépticos que no creyeran, pero que yo tenía que aprender a confiar en mis guías porque yo era un mensajero de paz, sin juicios. La verdad le llegará a aquellos que estén abiertos a recibirla. Al escuchar las alentadoras palabras de Índigo, pude entrar en un trance más profundo, empecé con risitas que se convirtieron en carcajadas y como siempre hizo su entrada Patrick.

"¡Todos, a reír, la risa levanta la vibración! Les doy la bienvenida a todos esta noche, pero antes de empezar necesitamos un poco de agua. Yo preferiría un trago de whisky, pero éste es el cuerpo de Joseph y hay que respetarlo".

Me levanté de la silla, siendo Patrick, y fui al fondo del salón con los ojos vendados. Patrick agarró un vaso de la mesa y lo llenó de agua. "La garganta se siente un poco seca, pero con un poco de agua se Soluciona". Tomó un poco de agua sin derramar ni una gota, "sabe muy bien, llevo mucho tiempo sin haber tenido la sensación de tomar agua". Después de tomar unos tragos más regresó a sentarse en la silla, todavía con los ojos vendados y sin tirar ni una gota. "¿En qué podemos ayudarles?" Preguntó.

¡Caramba! Por un momento parecía como si todos se hubieran ido, no se escuchaba ni un ruido. Me hubiera gustado ver la cara de todos a través de la mascada. Después de unos segundos una mujer rompió el silencio y le preguntó a Patrick si algún día encontraría el amor verdadero.

"Fíjate en lo que hay en tu interior, tienes una barrera de protección alrededor de tu corazón, has sido lastimada. Debes quitar la barrera para que dejes que alguien te ame. Primero debes amarte a ti misma", respondió Patrick. Después entró Índigo, "tiene razón querida mía, soy Índigo. Nosotros lo que hacemos es sanar con energía y te estamos mandando ésta energía sanadora en este momento. Escoge un número del uno al cinco, ¿es el dos?" Y la mujer confirmó la respuesta. "Ésta es tu confirmación de que éste es un canal verdadero".

La siguiente persona en hacer una pregunta fue la escéptica que se había reído al principio. "¿Cómo podemos ayudarte?" Le preguntó Índigo, "pero primero mi querida, escoge un número del uno al cinco. Es el número cuatro." "¡Sí es correcto! ¿Cómo supo?" Exclamó la mujer sorprendida. A lo que Índigo le contestó, "ésa es tu confirmación de que éste es un canal verídico. ¿Cuál es tu pregunta?"

La mujer era una artista diseñadora de ropa, pintaba figuras geométricas en blusas y les ponía cristales y gemas. Le preguntó a Índigo si la gente se sentía calmada y en paz cuando veían o se ponían su ropa. A lo que Índigo le preguntó "¿Cómo te sientes tú cuando ves tu trabajo?" Ella respondió, "me siento en calma y en paz". "Bueno pues ahí tienes, ésa es tu respuesta. Siempre la has sabido." Le contestó Índigo. "¿De verdad? ¿A qué te refieres?" Volvió a preguntar la mujer. "Verás querida mía, tu arte refleja tu personalidad y tu alma, lo que tú creas con tu arte refleja lo que tú sientes y ése sentimiento llega a cualquiera que esté abierto a recibirlo."

Esa noche se contestaron muchas preguntas. Cuando salí de trance abrí los ojos y todos me estaban viendo, les pregunté, "bueno, qué tal ¿cómo lo hicieron?"

Me contestaron, "increíble, acertaron en todo." Al terminar la sesión un caballero al que le dicen, 'El Tigre de las Llantas', porque es dueño de la cadena más grande de tiendas que venden llantas, me dio las gracias por el regalo que les había dado a todos. Me sentía muy bien conmigo mismo, sin embargo el crédito no era mío si no de Dios que era el que hacía posible que pasaran estas cosas y cada oportunidad que tengo le doy gracias. . Mis canalizaciones habían mejorado muchísimo y me encantaba el poder ayudar a la gente usando mi don. Vicki y yo nos reunimos la semana siguiente, ella estaba ansiosa por ver a mis guías. Gloriannna le había contado lo que había pasado con sus alumnos y Vicki quería saber más acerca de ellos.

## UN MENSAJE DE ÍNDIGO

"Vicki tenemos una información que debes compartir con Joseph. Imagina un triángulo en tu mente, en la parte de arriba del triángulo está el nuevo guía que todavía no se presenta en su totalidad. Del lado derecho está Índigo y del lado izquierdo está Patrick, y en el centro está Joseph. Fíjate cómo las líneas del triángulo conectan a todos los lados. Lo que representan las líneas es la energía que fluye alrededor del triángulo, protegiendo a Joseph de cualquier energía negativa.

Ésta nueva energía es la Nueva Era de la que hablan ustedes los humanos, su vibración está subiendo para que pueda mezclarse con la nuestra. Al canalizar esta nueva energía, la persona que sirve de canal, en este caso Joseph, es parte ya del Colectivo; su vibración y la nuestra ahora son una. Joseph es una parte del canal, se da cuenta de lo que pasa, está en las primeras etapas de canalización y nuestros mensajes se los mandamos a través de su ser superior.

En la Tierra, como humanos, tienen un cuerpo físico y éste cuerpo físico tiene un espíritu, a esto se le llama tu ser inferior. Tu ser superior es una parte de ti es una parte de tu alma y está en una vibración más alta. Imagina un cable de teléfono que conecta a tu ser superior con tu ser inferior.

Nosotros nos comunicamos con tu ser superior y luego a través de ése cable tu ser superior le manda el mensaje a tu ser inferior y así es cómo podemos comunicarnos. Tu ser superior lo sabe todo, conoce la energía de Dios y también tiene el registro de todas las vidas que has vivido.

La personalidad de Joseph va a cambiar, conforme su vibración aumente, se va a sentir menos estresado cuando canalice y habrá veces que cuando hable sonará como los guías del Colectivo. Joseph estará más equilibrado y más en contacto con la naturaleza. En esta Nueva Era se trata de que ustedes levanten su vibración para que lleguen a la nuestra, todos los nuevos canales de esta energía formarán parte de sus guías. La energía vieja era diferente, a la persona que canalizaba se le dejaba del lado mientras el espíritu hablaba. Ésa energía no era tan alta y la conciencia no era tan nítida como la de esta nueva energía."

> **"La Nueva Era les va a enseñar a equilibrar
> su ser superior con su ser inferior.
> Conforme se van fusionando va empezando su iluminación.
> Es entonces cuando se van a volver uno. ¡Se volverán Yo Soy!"**

Hacía un tiempo, en una canalización, me habían dicho que iba a ser un reportero, que estuviera alerta y que iba ser prueba de El Cristo; ése había sido el mensaje que me había dado el guía de Marilyn. Sin embargo antes de este mensaje no tenía idea de qué era lo que iba a reportar, pero ahora todo empezaba a tener sentido, todo se estaba acomodando en su lugar.

# LA RISA AUMENTA LA VIBRACIÓN
## PATRICK

# EL GRAN ESPÍRITU

## CAPÍTULO TRES

**Vicki** y yo nos preguntábamos quién era este tercer guía que iba a venir, por lo que en la siguiente sesión, Vicki le preguntó a Índigo quién era. Índigo le dijo: "Este guía tiene una vibración más alta. Cuando Joseph se abre a sus habilidades, su vibración aumenta por etapas, en la primera se conecta con Patrick que le ayuda a subir su vibración. Esto le permite conectarse con los guías de una vibración más elevada. Ahora Joseph está listo para la siguiente etapa, el nuevo guía está listo para hablar. Cuídense."

Como había pasado antes, mi cuerpo empezó a cambiar. Estaba (estábamos) sentados muy derechos en la silla con el pecho ensanchado, orgulloso y mis brazos cruzados como si fuera un rey. Empecé a respirar de manera pesada mientras aclaraba mi garganta y sin sonreír empecé a hablar con una voz estruendosa y rígida. Esta entidad no era suave como Índigo ni graciosa como Patrick, pero cuando empecé (empezamos) a hablar definitivamente llamamos la atención.

"¡Bienvenidos, yo soy Sparrow Hawk! Soy la ley y el orden de este universo, soy el protector de la Madre Tierra y de la naturaleza y sus criaturas. Soy el protector de todas las creaciones de Dios."

"Joseph aprenderá el lenguaje universal para que pueda comunicarse en todos los niveles de la Tierra y el universo. Aprenderá de la naturaleza y de la Tierra para que pueda formar parte de ella. Así es como se conectan nuestras vibraciones, el universo es como un círculo. Hacia el norte la vibración es mía, yo soy sabiduría y espiritualidad, soy parte del universo. Hacia el este es Índigo, él es energía, poder y un sanador. Hacia el oeste es Patrick, él es más físico y está más conectado a las necesidades y los sentimientos humanos. Hacia el sur está Joseph y simboliza un renacimiento, un despertar a esta nueva energía."

Cuando Sparrow Hawk terminó de hablar, regresó Patrick, "¿qué les pareció Sparrow Hawk, diferente no? Vicki, creo que ya es hora, es la 1:30, dijiste que a esa hora debíamos parar. Cuídate y que Dios los bendiga." Vicki se fijó en su reloj y le dijo: "tienes razón Patrick es justo la 1:30." Y en ese momento Patrick se fue.

Finalmente después de tanto tiempo de canalizar a esta entidad silente y regia, que entre mí pensaba que era el increíble Hulk, se decidió a hablar. Sparrow Hawk había sido la primera entidad que había canalizado aunque sólo se presentaba en apariencia. Cuando venía yo sentía cómo mi cuerpo se expandía al doble de tamaño y empezaba a respirar de forma muy pesada y el poder que sentía era increíble. Para mis adentros pensaba divertido, '¡tengan cuidado luchadores profesionales, Sparrow Hawk ha llegado!' Si él hubiera tenido un cuerpo físico me imaginaba que hubiera sido muy parecido al de Conan el bárbaro.

Vicki y yo estábamos hablando y le comenté que cuando había canalizado a Sparrow Hawk me había sentido muy mareado. Ella me sugirió que le pidiera a Sparrow Hawk que me ayudara y al entrar en meditación le pedí ayuda. Mi cuerpo empezó a expandirse, Vicki le dio la bienvenida y le preguntó qué era lo que nos iba a enseñar hoy.

"Bienvenida, soy Sparrow Hawk, abre tus oídos mi pequeña y escucha el propósito de Sparrow Hawk. La madre Tierra está llorando porque, como ustedes, está viva, es la creación de Dios. Llora por la destrucción de sus bosques, por la contaminación de sus lagos, ríos y océanos que alguna vez fueron azules y puros; ahora enfermos. El propósito de Sparrow Hawk es proteger a la madre Tierra. Los humanos tienen que abrir sus ojos, ellos cuidan los bienes que poseen, pero no cuidan lo que no es suyo, pierden respeto por esas cosas. Ustedes los humanos sólo son invitados viviendo en la madre Tierra. Son sus guardianes, si la tratan con respeto ella los tratará con el mismo respeto. Si la Tierra se destruye ustedes no tienen otro lugar a dónde ir, la Tierra es su casa y la deben tratar como tratan a su propia casa."

Vicki le preguntó cómo podíamos ayudar a la madre Tierra. A lo que él le contestó, "necesitamos muchas voces para ayudar a la madre Tierra. Poco a poco iremos hablando de las diferentes maneras de salvarla." Vicki intuía que Sparrow Hawk había sido un jefe indio en alguna de sus vidas y se lo preguntó. Sparrow Hawk le contestó:

**"¡Lo importante no es lo que fui!**
**¡Lo importante es lo que soy!**
**El universo me conoce como la energía universal,**
**Yo soy la ley y el orden del universo,**
**Yo soy parte del universo."**

**En la Tierra represento el árbol sagrado.** Las naciones representan las ramas y las ramas crecen en todas direcciones, hacia el norte y sur al este y oeste. Esto conecta a todos los humanos en la Tierra. Las ramas que crecen hacia el cielo traen al universo, al Gran Espíritu y a los Hermanos Espirituales más cerca de la Tierra."

**"Las hojas del árbol están llenas de vida.** Con el tiempo envejecerán y morirán. Estas hojas representan a los humanos y así como ellas, ustedes también envejecerán y morirán. Cuando estas hojas se caen fertilizan la Tierra dándole fuerza al árbol para que crezcan hojas nuevas. Esto representa el renacimiento de los humanos."

Vicki le preguntó a Sparrow Hawk acerca de las otras creaciones de Dios como los animales y los minerales; si tenían karma y si reencarnaban o no. Sparrow le contestó: "El cazador es cazado. El lobo se vuelve el conejo y el conejo se vuelve el lobo. Los animales van evolucionando al vivir como diferentes animales, cuando terminan con su karma en el reino animal pueden decidir volverse humanos. La mayoría de los humanos cree que hay un cielo y que cuando mueren su espíritu deja la Tierra. Si eres humano y crees en un cielo, por qué no creer en lo que Sparrow Hawk te va a decir."

La información que se escribe a continuación es la historia, según Sparrow Hawk, del camino de un alma en la Tierra:

"Los humanos viven en una dimensión conocida como plano terrestre, esta dimensión tiene una vibración más baja que la que hay en el plano donde residen los hermanos espirituales, yo soy de un plano llamado por ustedes sexta dimensión. Las entidades que están en otro universo se llaman niños de las estrellas, si una de estas entidades solicita cumplir karma en el plano terrestre y nunca ha vivido en la Tierra, debe entrar como un alma nivel uno.

El primer nivel es el mineral. El alma mineral es pura energía. La Tierra tiene billones de años, está viva, su Tierra y sus minerales están hechos de almas de pura energía. Las almas nuevas en la Tierra son niños de las estrellas, estas almas son de otras galaxias y otros universos y vinieron a la Tierra a aprender. Cuando llegan, estas almas forman parte de la madre Tierra, así como los gusanos aran la Tierra, estas nuevas energías se moverán a través de la Tierra; es el papel de todos los minerales en la Tierra.

Siente la energía de una piedra, es pura energía. ¿Has hablado con una montaña alguna vez? Las montañas tienen un alma. ¿Por qué no aprendemos a hablar con esta baja energía, ellas se comunican entre sí por qué no contigo? Las personas que tienen el don de ver auras pueden ver la energía del alma nivel uno, ven cómo brillan y resplandecen. Están alineados con la vibración de la madre Tierra, así es como aprenden de ella, siendo parte de ella. Cuando esta alma evoluciona se puede quedar en este nivel uno o puede avanzar al siguiente nivel.

El segundo nivel es el vegetal. Esta alma de energía pura puede decidir volverse una planta. El alma poliniza una semilla y cuando está lista germina a una nueva vida, no deja de estar en la madre Tierra pues tiene raíces firmemente ancladas en ella, pero lo que debe aprender ahora es el crecimiento físico. El alma necesita nutrirse para sobrevivir ya que ahora tiene una forma física. Se reproduce por medio de la polinización y las semillas son sus hijos, esta alma tendrá ahora la experiencia de vida y muerte.

El tercer nivel es el de los insectos. Sí, esos molestos insectos tienen un alma. Este tercer nivel es más físico, es la primera etapa de tener un cuerpo con órganos. Tiene ahora el conocimiento para organizarse y colonizar, se vuelve también agresor y tiene la habilidad de reproducirse.

El cuarto nivel es el animal. Los mamíferos, reptiles, peces y pájaros son parte del reino animal el cual tiene un fuerte instinto de supervivencia. Se convierten en cazadores y en cazados. Este nivel ya tiene emociones, cuidan a sus críos y se cuidan unos a otros. Este es el último nivel antes del humano. En este punto muchas almas deciden quedarse en el reino animal y volverse delfines o ballenas en lugar de humanos, pues estas criaturas son las más iluminadas del planeta.

El quinto nivel es el de los humanos. Los humanos son los guardianes de la madre Tierra. Dios los mandó a que la cuidaran, a que cuidaran a los animales y a que mantuvieran limpio el medio ambiente. Deberían vivir en amor y amistad, así era como Dios quería que vivieran en la Tierra. Este nivel es el más alto que se puede alcanzar en esta tercera dimensión. Los humanos tienen la experiencia de la madre Tierra al haber pasado por los otros niveles, sin embargo se les ha olvidado muy rápido. Lo que deben aprender los humanos es a alinearse con la vibración de Dios ya que ellos fueron creados a su imagen y semejanza. Pero Dios no es ni hombre ni mujer, es los dos, es las dos energías, masculina y femenina. Los hombres y mujeres representan las energías de Dios. El género determina la energía que vas a recibir, masculina o femenina, sin embargo, por razones de karma, algunas veces estas energías se cruzan y son dirigidas al sexo opuesto, debemos recordar esto, pues todos somos hijos de Dios y somos iguales.

El universo está hecho de la vibración de Dios. Todo lo que ven y todo lo que vive está hecho de Su energía. Como se han dado cuenta el haber evolucionado hasta llegar a ser humanos no sucedió de la noche a la mañana, pudieron haber pasado millones de años para llegar a donde están hoy y seguirán reencarnando hasta que hayan cumplido todo su karma. Es entonces cuando su vibración aumentará y entrarán a un nivel superior de aprendizaje.

La evolución humana no siempre es como muchos piensan. Por ejemplo, las tribus indígenas del mundo, pareciera que son primitivas porque esta gente no tiene educación universitaria ni títulos ni religiones, sin embargo tienen un cierto nivel espiritual porque están alineados con la energía de Dios. Ellos respetan todos los niveles del alma, toman lo que necesitan agradeciéndoles por su sacrificio. Esta gente primitiva tiene la sabiduría de lo que hay más allá del velo que separa a la gente inconsciente de todo lo que es."

## SPARROW HAWK HABLA DE LAS PIEDRAS SANADORAS

Vicki tenía una pregunta más para Sparrow Hawk. No era una médium feliz, pues últimamente sufría de cambios emocionales bruscos, a veces estaba arriba y a veces abajo. Lo que quería saber era si podía usar alguna piedra sanadora que la pudiera ayudar. Sparrow Hawk le dijo, "yo sé qué piedra debes usar para ayudarte, pero Joseph como es sólo un canal, no tiene ningún conocimiento de piedras; vamos a ayudarle a aprender un poco a ver si encuentra una respuesta para ti. Dime las piedras que tienes en tu casa." "Está bien, tengo un ojo de tigre, un cuarzo rosa, una amatista, una citrina y una turquesa," dijo Vicki.

"A ver detente, dile a Joseph para qué sirven las piedras." Interrumpió Sparrow Hawk. Y Vicki contestó, "las piedras se usan para potenciar la energía y para sanar. Cada piedra tiene una característica y así ayudan a las personas." "Dile para qué sirve la citrina Vicki", le dijo Sparrow. "Las piedras citrinas se usan para equilibrar los chacras. La palabra chacra quiere decir rueda o vórtice, es invisible al ojo humano y el cuerpo humano tiene siete chacras mayores. Cada chacra tiene una función y mantienen nuestra energía en equilibrio," Dijo Vicki. "Ahora dile qué pasa cuando tus chacras están en equilibrio," le pidió Sparrow Hawk. "Pues te sientes equilibrado y cuando estás en equilibrio eres una médium feliz, ¿correcto?" le respondió Vicki. "Sí es correcto. Usa la piedra citrina, te va a equilibrar y te levantará el ánimo," le aconsejó Sparrow Hawk. Contenta, Vicki le agradeció.

Los cristales y piedras preciosas sanadoras son las herramientas más bonitas, místicas y profundas de la medicina energética, las han usado las religiones, las culturas e imperios; durante siglos han aumentado los beneficios de la sanación. Desde hace siglos las personas han venerado a las piedras, gemas y cristales por sus propiedades curativas. Místicos y chamanes han enseñado durante años las propiedades de las piedras para curar diversos problemas físicos y cómo y cuándo usarlas con fines de protección, sanación y guía. Existe una vibración armónica entre las piedras y los humanos; cuando el cuerpo, mente y espíritu necesitan sanación se usan las piedras para equilibrar la energía en el cuerpo. Existen libros que hablan de las propiedades curativas de las piedras que hay en el mundo, es bueno leer estos libros para ver qué piedras funcionan mejor para nuestro caso personal.

## SPARROW HAWK CUENTA UNA HISTORIA

Había una vez un anciano que vivía Solo en las montañas, a varios kilómetros de distancia de cualquier pueblo y lejos de su tribu, porque se rehusaba a vivir en una reserva india. Cuando necesitaba provisiones bajaba al pueblo más cercano. La gente del pueblo pensaba que el anciano estaba loco, senil, se burlaban de él y lo trataban mal. El anciano hablaba Solo como si hubiera alguien con él, se reía sin razón y cuando traía pieles para trueque le preguntaba a una persona imaginaria si el trueque era justo.

Pero no todos pensaban que estaba loco; un día que regresaba a su casa en la montaña, se le acercó un muchacho de su tribu. Le rogó al anciano que regresara a vivir con su tribu y lo trató con todo el respeto con el que se trataba al jefe de la tribu, le dijo al anciano que necesitaban su Guía Espiritual. El anciano accedió y al regresar toda su gente lo aclamaba y lo recibieron con muchos regalos.

El jefe de la tribu lo recibió con todos los honores y lo invitó a compartir el círculo de fuego. La gente sabía que el anciano era un chamán, un Guía Espiritual, una persona que podía hablar con el Gran Espíritu. Una vez que el consejo tribal estaba alrededor del fuego, el jefe le preguntó al anciano qué enseñanzas iban a transmitir los hermanos espirituales. El anciano cerró los ojos e invitó a los hermanos espirituales a transmitir sus enseñanzas y esto fue lo que dijeron:

"Somos los hermanos espirituales que viven con el Gran Espíritu y existen lado a lado con la Tierra. Hay un velo que separa su mundo del nuestro. Este chamán tiene el don de ver más allá de su mundo, ve otros mundos también. Nosotros somos maestros del Gran Poder del universo. La mayor parte de las personas en la Tierra se han olvidado del Gran Poder del universo, es por eso que tanta gente no puede llegar a la iluminación, porque no entienden.

**Cuando estás en la iluminación del Gran Poder,
Entonces eres dueño del universo."**

Esta sesión había sido muy interesante ya que Sparrow Hawk había dicho muchas cosas. Mi vibración era muy alta, sentía como si hubiera podido canalizar todo el día, no me sentía mareado como la primera vez que lo había canalizado. Me había gustado mucho la historia del anciano al que la gente del pueblo creía loco por hablar consigo mismo, pero su gente que todavía estaba conectada con el espíritu sabía que era un líder espiritual, un hombre honorable. Todos los que estamos en este camino hacia la iluminación podemos relacionarnos con esta historia de alguna manera. Habían pasado trece años desde que había entrado al mundo de la ciencia metafísica, pero me había desarrollado más en estos tres meses que en todos esos años. Estaba muy emocionado por saber qué más seguía en mi camino.

## BIENVENIDOS, YO SOY SPARROW HAWK

# EL CIELO ESTÁ SOBRE NOSOTROS

## CAPÍTULO CUATRO

**Marilyn**, mi maestra de canalización me invitó a una sesión espiritista que organizó para Halloween. Habían pasado un par de años desde que nos habíamos visto la última vez, pero cuando llegué le dio mucho gusto volverme a ver. Una vez que estuvimos todos, como dieciséis, Marilyn nos puso a jugar cosas como adivinar un número del uno al cinco y adivinar qué parte del cuerpo estábamos pensando, poco a poco todos nos empezamos a sentir tranquilos y relajados. Entonces Marilyn nos sentó alrededor de una mesa, tomados de las manos y respirando profundamente; nos dijo que íbamos a llamar espíritus sólo para divertirnos, ya que era Halloween.

A los que teníamos la habilidad de canalizar nos pidió que no entráramos en trance pues al hacerlo la sesión no funcionaría, nos explicó que al entrar en trance le quitaríamos energía a los espíritus que quisieran venir. A continuación Marilyn nos dio unas palabras para que repitiéramos tres veces para llamar a los espíritus. Como la sesión tuvo éxito no puedo compartir las palabras con ustedes, pues tendría que poner también una advertencia diciendo, 'favor de no usarlas en casa'.

Habíamos empezado la sesión y se sentía una gran expectativa. Marilyn empezó diciendo, "concéntrense en la vela, vamos a hacer que la flama se mueva. Si hay algún espíritu en este cuarto que se mueva la flama de esta vela." Cuando se empezó a mover, los vellos de mis brazos se erizaron, la llama se movía hacia uno y otro lado. Luego ella dijo, "concéntrense todos, usen su mente para pedirle a la flama que se deje de mover." Y de pronto la flama se quedó quieta. Entonces Marilyn nos dijo que había un espíritu que quería comunicarse a través de uno de nosotros, y al preguntarme a través de quién lo haría empecé a sentir cómo entraba en trance. Yo traté de controlarme, al mismo tiempo ella me preguntó si había alguien conmigo y le contesté que no, que ella nos había pedido no entrar en trance. A lo que me dijo, "no te preocupes Joe, deja que hable el espíritu." En ese momento entré en trance y empezaron las risas y Patrick empezó a hablar.

"Buenas noches, yo soy Patrick. Vamos a reír muy fuerte ya que la risa aumenta la vibración. Así que están divirtiéndose tratando de que algún espíritu dé golpecillos en la mesa. Mi nombre es Patrick y soy guía de Joseph, en efecto hay un espíritu que quiere comunicarse con ustedes, lo sentimos pero no se puede comunicar a través de Joseph pues la vibración de Joseph está alineada con la de nosotros y no podemos permitir que se sintonice con vibraciones de baja frecuencia. El espíritu que está aquí está atrapado entre el plano terrestre y el plano astral, es ahí donde las personas que fallecen van cuando sienten que no han terminado del todo con situaciones en la Tierra. Es un lugar entre la Tierra y el cielo, estas almas están perdidas y necesitan ser llevadas a la luz. Pueden seguir con su juego pero lo sentimos no podemos dejar que éste espíritu hable a través de él, sin embargo sí podemos dejar que hable una entidad de mayor vibración."

Pasaron unos minutos y un espíritu indio empezó a hablar a través de Rita, la dueña de la casa; dijo que pertenecía a la tribu Shoshone y mientras éste espíritu hablaba a través de Rita mi brazos empezaron a levantarse y empecé a sentir una presencia que no conocía. Marilyn se dio cuenta y dijo, "miren atrás del hombro de Joseph se ve la figura de una persona." Se veía como un indio nativo americano, era un hombre joven, y Marilyn le pidió que hablara.

"Bienvenidos, a mí me conocen por el nombre de 'Running Deer' (Venado que Corre). Somos hermanos espirituales del Gran Divino, donde se encuentra el Gran Espíritu. Sparrow Hawk le ha dado permiso a Running Deer para hablar a través de Joseph. Estamos agradecidos por estar aquí y poder compartir con ustedes. El Gran Espíritu es todo lo que es; está en el cielo y en el agua. El Gran Espíritu es nuestro Padre así como la Tierra es nuestra Madre. Vamos a celebrar la luna llena y nos gustaría tocar los tambores y cantar."

Rita le dio un tambor a Running Deer, comenzó a tocar una música muy hermosa mientras cantaba, tocó el tambor hasta que llegó la hora de retirarse. Entonces Marilyn propuso que tomáramos un descanso, al tiempo que yo me preguntaba si Running Deer iba a ser un nuevo guía mío o si sólo había hablado a través de mí en esta ocasión. Cuando terminó el descanso Marilyn quería traer a un espíritu y nos volvió a decir a los canales que por favor no entráramos en trance. Marilyn empezó a cantar y tuve que hacer un esfuerzo para no entrar en trance. Pasaron como quince minutos y Marilyn pidió que si había alguien diera golpecillos en la puerta, hubo una pausa, nada. Después en la cocina escuchamos un rechinido, ¿era un espíritu o era un ruido de la casa? Entonces ella le pidió al espíritu que se mostrara en el pasillo, nosotros nos fijábamos pero no veíamos nada. Cuando le pidió al espíritu que hablara, empezamos a escuchar un gemido amortiguado y muy profundo, como si estuviera muy lejos. Era como si empezara de un lado de la casa y se fuera hacia el otro lado; al irse acercando a donde estábamos sentados se podía escuchar más y más fuerte, todos lo escuchamos y nadie pudo negar que algo sucedio esa noche.

## UNA HISTORIA CONTADA POR PATRICK

Saludos lectores, soy Patrick. ¿Alguna vez se han preguntado a dónde irán cuando se mueran? ¿Si hay un cielo y un infierno? ¿Si los fantasmas son reales? ¿Si el monstruo Frankenstein derrotó al vampiro Drácula? Pues a continuación les vamos a contar una historia, ustedes deciden si creen que es verdadera o no, pues tienen su libre albedrío. La única verdad para ustedes es solamente su verdad.

Había una vez un hombre viudo al que llamaremos John, era un hombre muy noble que siempre trataba de hacer lo correcto y nunca le hacía daño a nadie. John había enviudado hacía veinte años más o menos, su esposa había muerto al dar a luz a su hija Margaret, a la que le decían Maggie. El único recuerdo que Maggie tenía de su madre era el de una foto que sus padres se tomaron el día de su boda. De pronto John cayó enfermo y el doctor no dio esperanzas, le dijo a Maggie, "lo siento mucho, tu padre no está mejorando, lo único que puedo hacer por él es mantenerlo cómodo, en cualquier momento puede fallecer, sería bueno que fueras haciendo los arreglos pertinentes." Al pasar las horas John iba empeorando y Maggie trataba de que estuviera lo más cómodo posible. De pronto su padre empezó a balbucear suavemente, Maggie trataba de escuchar lo que él decía pero lo único que podía escuchar era el nombre de su madre, Rosemary. Escuchemos con quién hablaba John.

JOHN: ¿Cómo puede ser esto posible? Mi Rose, mi dulce Rose, ¿eres realmente tú?

ROSEMARY: Sí mi querido John soy yo, Rosemary, estoy aquí para ayudarte a encontrar la paz.

JOHN: ¿Cómo puedes ser tú Rose? Hace veinte años que no te veo, te ves tan joven y bella como el día en que nos casamos, y yo he envejecido tanto desde que te fuiste…

ROSEMARY: Aquí en el cielo yo escogí verme como el día en que nos casamos. Toma mi mano John y siente el amor que te rodea.

JOHN: ¿Adónde me llevas Rose? ¡Estoy dejando mi cuerpo!

ROSEMARY: Vamos a la luz John, ahí está nuestro hogar. Tu vida en la Tierra ha terminado por ahora, es tiempo de regresar a casa a descansar.

JOHN: ¿Es el cielo?

ROSEMARY: Si lo quieres llamar cielo sí es el cielo John. Aquí puedes crear lo que tú quieras, sólo tienes que pensarlo para que suceda. Siente el amor de todos los seres que hay aquí y absorbe toda la sabiduría. Vas a saber cuál fue tu crecimiento en esta vida que acabas de dejar; John tu alma está viva y vivirá por siempre. La Tierra es sólo un lugar temporal para crecer y aprender, pero pertenecemos a este lugar.

JOHN: ¿Pero qué va a pasar con Maggie? ¿Qué va a hacer sin mí?

ROSEMARY: Maggie va a estar bien John, acércate a ella pues está llorando. Susurra en su oído y dile que va a estar bien, dile que estás en casa con su madre; dile que la amo.

JOHN: Maggie, soy tu padre, por favor no llores….

MAGGIE: Escucho tu voz pero, ¿dónde estás?

JOHN: Estoy contigo Maggie y tu madre también.

MAGGIE: No entiendo, ¿cómo es que estás conmigo?

JOHN: Estoy en tu corazón Maggie, sólo escucha tu interior y escucharás mi voz. Este lugar es hermoso, el amor de todos los seres es incondicional y hay una paz total. Tu madre y yo te amamos mucho, mira nuestro retrato y recuérdanos de esa forma pues así escogimos vernos en el cielo. Adiós mi dulce Maggie, tu madre y yo estamos bien, estamos con Dios. Cuídate mucho, algún día nos volveremos a ver.

## EL CIELO SEGÚN PATRICK

A lo mejor estaban esperando una historia de miedo, de Halloween, pero nosotros somos seres de luz y venimos en amor no en miedo. No somos como las películas de Hollywood que ustedes conocen donde cuentan historias de Frankenstein y otros monstruos inventados que dan miedo para entretener a las personas. Ustedes se preguntaran, '¿pero qué tienen de malo las películas de miedo? Los productores de películas se han desviado de la ficción hacia la realidad, es real el volverse negativo y matar a alguien. Estas películas llamadas de horror enseñan esta energía negativa, el dañar y matar a una persona le da fuerza a esta energía negativa. Puede que la película haya sido una ilusión cuando la hicieron, pero el mensaje negativo se transmite y eso le da fuerza a la energía negativa del mundo.

**Existe la fuerza negativa.** Algunos la llaman el Rayo Obscuro, otros El Ángel Caído o El Demonio. Cuando dejas la Tierra y entras en el plano astral tienes el poder de crear tu propia realidad, si escoges crear un demonio en tu mente, se hará realidad, pues es lo que has creado. Así que recuerden, que como en la Tierra se condena a la gente que hace mal, si esa persona cree que irá al infierno, irá al infierno; la persona creará un infierno porque cree que pertenece a ese lugar. El alma vivirá en ese infierno hasta que se salde el karma, al paso del tiempo aparecerá la luz junto con sus guías para ayudarlos y entonces podrán ir a un plano astral más elevado.

# El Cielo Está Sobre Nosotros 67

**Los que acaban con su vida por medio de alguna adicción o del suicidio, no ven un cielo sino un infierno.** Dejaron la Tierra, tristes, escapando de la realidad que ellos mismos se crearon. Cuando uno se vuelve negativo hacia la vida que tiene en la Tierra y tiene pensamientos que los llevan a darse por vencidos, se llevan estos sentimientos cuando se mueren. La depresión que sienten durante su vida se la llevan, éstas almas han creado un cielo negativo, un infierno. Van a revivir su vida como era en la Tierra una y otra vez y saldrán cuando aprendan la lección.

**Todos somos hijos de Dios.** Dios no nos juzga, todo lo que pide que hagamos es que creamos y confiemos en Él. Si alguno de ustedes conoce a alguien que se quitó la vida, háganle saber por medio de la oración, que Dios los ha perdonado por lo que se hicieron. Esto les va a ayudar a cruzar a la Vida Astral de amor y armonía.

**Los que han cometido los pecados de lastimar y matar a otro ser, vivirán en los reinos inferiores por lo que ellos sentirán que es una eternidad.** Estas personas necesitan lidiar con el odio que tienen hacia los demás y aprender a ser uno con ellos mismos. Cuando aprendan su lección les llegará el tiempo de la iluminación.

**Ahora hablemos de fantasmas,** pues este capítulo se trata de Halloween. ¿Quiénes son estos fantasmas? ¿Son reales? ¿Qué es lo que provoca que algún lugar esté embrujado y que se muevan objetos? Como dice en el Mago de Oz, ¿eres la bruja mala o la buena? ¿Es igual con los fantasmas? Pues agárrense, porque vamos a explorar los reinos que existen entre la Tierra y el plano astral.

**Cuando nos morimos, el alma deja el cuerpo y tiene la necesidad de ir a la luz astral.** En esta luz encontrará a su guía o a un familiar que los lleve a casa. Si su muerte fue violenta o si el alma siente que su tiempo en la Tierra no ha terminado, no podrá seguir adelante. Sienten que todavía están vivos como una persona física, pero están en un estado etéreo y es como un doble del cuerpo físico pero es gris y brumoso. Este estado etéreo es un estado del alma antes de que vaya al estado astral. Éstas almas están perdidas y no pueden encontrar el camino a casa.

**Si se le dirige hacia la luz, es muy probable que el alma regrese a casa.** Aquellas almas que se alejan de la luz se quedan atadas a la Tierra, sienten que pertenecen a la Tierra. Aparecen como fantasmas, tratan de que se note su presencia, tratan de seguir siendo parte de la Tierra. Se pueden mover a través de las paredes o cualquier cosa física porque ya no son físicos. Si un fantasma puede mover objetos físicos, es para sentir que todavía es parte de la Tierra. A esto se le llama poltergeist. Es mejor mantenerse alejados de las almas que le causan dolor físico a alguien o que destruyen cosas materiales, pueden hacerles daño.

**Al cielo se le llama el Plano Astral o también se le conoce como la Tierra de leche y miel.** Es el lugar para aprender. El cielo puede ser lo que ustedes quieran que sea. Si para alguno de ustedes ir a pescar es como el cielo pues eso será para esa persona. Sus pensamientos son los que crean el cielo para ustedes, pueden ser jóvenes o viejos o volver a ser la persona que fueron en alguna vida pasada, depende de ustedes, es como una fantasía hecha realidad. Pueden pensar que el cielo está más allá de las estrellas y del universo, pero no. El cielo está dentro de ustedes, está a un respiro de distancia; cuando ustedes susurran en la Tierra, aquí los podemos escuchar. El tiempo no existe en el plano astral, lo que ha pasado hace miles de años en la Tierra, en este reino ha sucedido apenas hace unos minutos.

**El plano astral es también donde revisan la vida que acaban de dejar y todas las vidas que ha experimentado su alma.** Es ahora cuando aprenderán de sus errores. El cielo es el lugar donde ustedes se vuelven creadores de su propia realidad, como Dios es el Creador de lo que es. Esta es la lección del día de hoy, recuerden que la risa levanta la vibración; el mundo nunca tendrá demasiada risa… Cuídense y que Dios los bendiga.

# EL CÍRCULO DEL FUEGO SAGRADO

## CAPÍTULO CINCO

El primer fin de semana de noviembre de 1996, fui a una reunión espiritual de los indios americanos en el bosque nacional Ocala, en Florida. Necesitaba un poco de tiempo alejado y Solo, ya que estaba pasando por un divorcio e ir a acampar parecía la terapia ideal; aunque el explicarle a mi familia que iba con los indios nativos americanos no fue fácil. Había hecho todos los arreglos con una mujer llamada Margaret Steven Feathers por teléfono, y me dijo que llevara utensilios para acampar y una bolsa de dormir. La finalidad del viaje era tener contacto con la naturaleza y aprender el camino espiritual de los indios americanos. Íbamos a construir una Rueda de la Medicina y hacer contacto con los espíritus de los árboles.

Y bueno, aquí iba yo, saliendo de Palm Beach, Florida hacia el norte para reunirme con gente que nunca había visto antes, en un lugar que no conocía; pero mis guías no me iban a dejar en paz hasta que fuera. Estaba seguro de que Sparrow Hawk estaba detrás de todo esto, pues hacía tiempo que quería que me pusiera en contacto con la naturaleza. Tuve el presentimiento de que este fin de semana iba a ser fuerte para mí, al tener que vivir de la Tierra y aprender las usanzas de los indios americanos. No iba a haber ni televisión, ni teléfono, ni internet, sólo iba a haber Madre Naturaleza. Estaba preparado, llevaba mis utensilios de acampar y mi bolsa de dormir, para dormir bajo las estrellas.

Cuando llegué al bosque me sentí abrumado por la belleza del cielo azul, la abundancia de árboles y de vida animal. Al llegar al estacionamiento del campamento me sorprendí al ver que era totalmente diferente a lo que yo esperaba, parecía un hotel Holiday Inn. Los cuartos tenían aire acondicionado, agua caliente y había una cafetería con aparatos modernos. Cuando llegaron los que serían mis compañeros de campamento me sorprendí aún más, '¿dónde estaban los indios?' preguntaba yo, estas personas eran tan indias como yo. El grupo pertenecía a la Tribu de los Guerreros Angélicos, que se reunían una vez a la semana en la librería Crystal Garden para aprender las usanzas de los indios americanos. Cuando por fin encontré a Margaret Seven Feathers, me di cuenta de que ella tampoco era india americana, sino que era una neoyorquina de ascendencia italiana. Le pregunté dónde podía dejar mis cosas y me dijo que mi cabaña era la número once y que tenía que estar en la cafetería a la hora de la cena.

## EL APRENDIZAJE DE LA RUEDA DE LA MEDICINA

Después de la cena, el primer día, Margaret Seven Feathers nos acomodó a los veinticuatro del grupo en un círculo para poder enseñarnos las cuatro direcciones de la rueda de la medicina que eran el norte, el sur, el este y el oeste. La rueda de la medicina es un símbolo muy antiguo y poderoso del universo. Nuestra vida viaja alrededor de esta rueda, de la misma manera que la Tierra da vuelta alrededor del Sol, de este a oeste. Nos sirve como punto de referencia para medir nuestro aprendizaje y nuestro desarrollo, también para analizar y darnos cuenta de las situaciones en las que debemos trabajar en nuestra siguiente vida.

La rueda de la medicina es una herramienta que nos ayuda a ver la interconexión que existe entre nuestro ser y el resto de la creación. La dirección del este nos muestra dónde empieza nuestra jornada de vida, nos enseña a estar en el aquí y en el ahora. La dirección del sur está llena de juventud, es cuando tenemos la fuerza física y el vigor para poner a prueba al cuerpo físico. Nos enseña el amor entre las personas. La dirección del oeste nos muestra lo desconocido, nos muestra lo que hay en nuestro interior y lo que hay en nuestros sueños. Es donde se nos pone a prueba, llevando nuestra voluntad a los límites máximos. La dirección del norte es el lugar del invierno, es el comienzo de la verdadera sabiduría. Es la dirección de la realización y la plenitud. La rueda de la medicina da vueltas sin fin alrededor de las cuatro direcciones, pues la capacidad de desarrollo humano es infinita.

Cuando Margaret Seven Feathers terminó de explicarnos cómo funciona la rueda de la medicina, nos repartió unas etiquetas en blanco para que en ellas pusiéramos nuestro nombre guerrero. Tuve que pensar rápido pues yo no tenía un nombre guerrero; al principio pensé en Sparrow Hawk porque era el único nombre indio americano que conocía, sin embargo no quería dejar a un lado a Patrick ni a Índigo así que pensé en ponerme 'los tres amigos', pero al final decidí que ese nombre se escuchaba un poco tonto. Así que terminé usando el nombre de Sparrow Hawk, estaba seguro de que a él no le iba a molestar que lo usara.

## AMARRES DE ORACIÓN

Después nos enseñaron a hacer amarres de oración. Se hacen de pedazos cuadrados de tela como de dos por dos y se llenan de tabaco, se tuerce la parte de abajo y quedaban como fantasmitas. Debíamos hacer siete y con un trozo de cuerda ir amarrándolos para que formaran una cadena de fantasmitas. Cada cuadro o fantasmita representaba una oración que queríamos que el Gran Espíritu nos contestara.

Cuando todos terminamos de hacer nuestros amarres, fuimos al lago y nos sentamos alrededor de un círculo de fuego sagrado. La mayor parte de los guerreros tenían o tambores o sonajas; yo sólo miraba a todos cantar y tocar sus instrumentos. Margaret Seven Feathers dijo una oración especial y cuando terminó, todos arrojamos nuestros amarres al fuego. Los guerreros seguían tocando y cantando mientras mirábamos cómo se quemaban nuestros amarres. Le pedí prestado su tambor a uno de los guerreros para unirme a los cantos y como en la secundaria había tocado la batería se me hizo fácil seguir el ritmo.

Mientras tocaba, estaba viendo hacia el fuego y noté que el humo empezaba a formar un pequeño tornado que se movía hacia arriba y hacia abajo. Los demás guerreros también lo notaron y todos sonreían al ver cómo se movía el humo en espiral, siguió haciendo ese espiral durante horas y me dijeron que era porque así era como el humo llevaba nuestras oraciones al cielo. Entonces me senté frente al fuego a meditar acerca de la historia de los guerreros indios americanos.

## LA VISIÓN DEL CÍRCULO DE FUEGO

Yo seguía sentado escuchando los tambores y los cantos y de pronto me acordé de cuando era niño y tuve una visión de un indio americano, al que ahora reconocía como Sparrow Hawk. Cerré mis ojos e imaginé que regresaba en el tiempo para ver una ceremonia espiritual. Y mientras el humo seguía haciendo espirales y el fuego se sentía más caliente, me regresó la visión de Sparrow Hawk junto a sus compañeros guerreros.

Podía ver a Sparrow Hawk con un penacho de plumas multicolores que se movían con el viento; en la mano llevaba lo que llaman un palo de oración, que es un palo de madera forrado con piel de animal y con el cráneo de un zorro en la parte de arriba. Sparrow Hawk guiaba a los guerreros en el círculo alrededor del fuego sagrado y mientras hacían esto decían las palabras 'Mitayuke Oyansin', al tiempo que las mujeres de la tribu se unían al círculo diciendo las mismas palabras.

Mitayuke Oyansin es una oración de la tribu Lakota Sioux, que quiere decir 'todos mis familiares', 'todos estamos relacionados' o 'todas mis relaciones'. Es una oración de unidad y armonía con todas las formas de vida como animales, pájaros, insectos, árboles, plantas, otros seres humanos, incluso piedras, montañas, ríos y valles. Estaba tan inmerso en la visión que me di cuenta que estaba cantando usando las palabras Mitayuke Oyansin; todo parecía tan real. Al bailar, sentía el calor del fuego y el sonido de los tambores estremecer mi cuerpo. Sparrow Hawk saltó sobre una pila de rocas que rodeaban el fuego, levantó su brazo derecho al cielo mientras sostenía el palo de rezo y gritaba 'Wakantanka' (Gran Espíritu), "por favor contesta nuestras plegarias, ¡aho!" (Amén). Cuando abrí los ojos todavía pensaba en la visión que tuve y me pregunté, '¿será que me llevaron al pasado para que pudiera ver la ceremonia del Círculo del Fuego Sagrado?

Al día siguiente mientras caminaba hacia el lago con mis compañeros guerreros, se me acercaron unas muchachas. Laura, que se interesaba mucho por las enseñanzas de los indios americanos y Deborah que había ido al campamento para acompañar a Laura ya que su marido no había podido ir. Querían saber más de mis guías, me preguntaron si les podía contar acerca de los 'tres amigos'.

Empecé por Sparrow Hawk, les dije que era mi guía indio americano y que gracias a él estaba yo ahí, pues llevaba mucho tiempo tratando de convencerme de ir al campamento. Les hablé de Índigo, al que le gustaban los juegos con números y del que todavía estaba aprendiendo muchas cosas. Cuando les hablé de Patrick y les dije que era irlandés, Deborah me contó que ella también era irlandesa y que estaba en Florida porque estaba dando un curso, me pidió que si podía hablar con Patrick y nos pusimos de acuerdo para vernos más tarde.

## PIEDRAS MEDICINALES

El grupo se reunió después del desayuno y formamos un círculo, Margaret Seven Feathers tenía unas cartas verdes y cada una tenía el nombre de una piedra medicinal. Nos dijo que sacáramos una carta y que la que sacáramos iba a ser la correcta para cada quien. Hay treinta y seis piedras medicinales y cada una era un pedazo de la rueda medicinal que íbamos a formar. Pasaron las cartas alrededor del círculo sagrado, saqué la mía del centro de la baraja y, claro como era de esperarse, me salió la piedra de la dirección del norte que también representa a Sparrow Hawk. Tiempo atrás me había contado que él era el norte en la rueda de la medicina, que simboliza la sabiduría, la espiritualidad y una parte del universo.

Margaret Seven Feathers nos puso a ordenar numéricamente las piedras medicinales, no las cartas, y la mía era el número doce. Pusimos las piedras en un círculo grande y en el centro una línea de piedras hacia el norte y hacia el sur y otra del este al oeste. Cuando terminamos de acomodar las treinta y seis piedras notamos que en medio del círculo se veía como una cruz. Nos dijeron que camináramos alrededor de las piedras formando un camino en el pasto; y cuando levantamos las piedras, éstas habían dejado su marca y podíamos ver la impresión de rueda de la medicina.

## CONTACTANDO A LOS ESPÍRITUS DE LOS ÁRBOLES

Esa tarde Margaret Seven Feathers nos llevó a un claro en el bosque y nos sentamos en círculo. Nos puso por parejas y nos dio instrucciones de lo que debíamos hacer, la meta era sintonizarnos con las almas de los árboles. Los espíritus de los árboles son espíritus de la naturaleza, son la parte 'viva' del árbol. Tienen energía sanadora y mucha sabiduría que comparten con todo aquel que quiera recibir estos regalos. Su principal función es ser la fuerza vital y el guardián del árbol; pero también al ser responsables de nutrir y hacer crecer al árbol siempre están dispuestos a compartir su sabiduría acerca del cuidado del planeta y de la fauna que hay en ellos. Estos espíritus no están completamente atados al árbol, pueden moverse cortas distancias.

Los 'árboles madre' son espíritus femeninos mucho más viejos y sabios que los jóvenes espíritus de los árboles, se han convertido en líderes, con un gran conocimiento y sabiduría espiritual. Los árboles madre se encuentran principalmente en árboles muy viejos y maduros que se encuentran en bosques muy antiguos. El aura de estos árboles se siente más madura y sabia que la de los demás árboles. Los árboles más viejos también conocidos como 'árboles antiguos' tienen mucha sabiduría ancestral de la historia del planeta.

Para este ejercicio nos teníamos que vendar los ojos y nuestra pareja nos llevaría por el bosque para no tropezarnos. Teníamos que encontrar un árbol para abrazar y sentir su vibración; también teníamos que estar atentos para escuchar al árbol por si nos hablaba. Después, nuestra pareja nos regresaría a donde estábamos e íbamos a intentar encontrar al árbol ya sin la venda en los ojos. Stacy, mi pareja caminaba conmigo mientras yo buscaba mi árbol, el primero con el que me topé era un árbol pequeño y joven así que seguí buscando. Encontré uno más grande y lo abracé, como nos dijo Margaret, sintiendo su vibración.

Entonces Stacy me regresó a donde estaba el grupo y me quitó la venda de los ojos. Yo tenía que volver a encontrar ese árbol de nuevo, empecé a caminar hacia el norte y como a las veinte metros llegué a un lugar que tenía como cincuenta árboles. No obstante, sentí una fuerte necesidad de doblar hacia la izquierda y entonces vi dos árboles solos, fui a abrazarlos, los sentía conocidos. Stacy confirmó que ésos eran los árboles que yo había abrazado con los ojos vendados, mi intuición me había ayudado a encontrarlos.

## LA REUNIÓN CON PATRICK E ÍNDIGO

Ya en la tarde, Deborah, Laura y yo buscamos un lugar apartado para que pudiera canalizar a Patrick. Encontramos una mesa de picnic con bancas debajo de una carpa y Laura señaló un letrero que había en una de las paredes de la carpa que decía 'lugar para aprender', por lo que todos acordamos que ése era el lugar. Cerré los ojos y entré en meditación, empezaron las risas y Patrick empezó a hablar.

PATRICK: "Buenas tardes, veo que hay aquí una compatriota irlandesa. ¿Cómo está Dublín mi querida niña?"

DEBORAH: "¡De ahí soy precisamente!"

PATRICK: "Pues Patrick es del mismo lugar, mi última vida en la Tierra fue en el siglo diecinueve, antes de graduarme como guía. ¿No nos la estamos pasando bien querida?"

DEBORAH: "No Patrick, me siento fuera de lugar aquí, no puedo comportarme como los indios americanos. Quisiera estar de regreso en Irlanda, realmente no sé por qué vine para acá. Vine porque Laura me pidió que la acompañara."

PATRICK: "Hay un propósito y una razón para todo mi querida niña, nada pasa por accidente. Este es el lugar donde debes estar en este momento, Joseph y tú han sido guiados por alguna razón para estar aquí. Alguien más te quiere saludar, cuídate y que Dios te bendiga.

En ese momento Patrick abandonó mi cuerpo y entonces entró Índigo, por cierto, después Laura me comentó que pudo ver cómo la forma de mi cara cambió cuando empecé a canalizar la energía de Índigo.

ÍNDIGO: "Soy yo, Índigo. Bienvenidas Laura y Deborah, Patrick tiene razón, nada sucede por casualidad. Fíjate en la cara de Joseph, se ve rara ¿no? ¿Tú eres canal igual que Joseph cierto?"

DEBORAH: "Sí, es correcto Índigo."

ÍNDIGO: "Sabemos cuál es el propósito de tus canalizaciones, así como lo sabes tú. Sabemos que la información que canalizas debes guardarla para la persona correcta. Quisiéramos que le preguntes a tus guías, cuando estés sola, si Joseph es la persona correcta. Escoge un número del uno al cinco Deborah; es el número dos."

DEBORAH: "Es correcto Índigo."

ÍNDIGO: "Ésa es tu confirmación de que éste es un canal verdadero."

Salí del trance y enseguida le pregunté a Deborah, "¿qué paso? ¿Eres un canal? ¿A qué se refería Índigo?" "No puedo decirte nada en este momento Joe. Mañana muy temprano voy a canalizar a mis guías, acompañada de Laura, y sabré si me confirman lo que me dijo Índigo. Lo siento Joe pero ahorita no te puedo decir quiénes son mis guías." Me contestó Deborah. Entonces no me quedó más que contestar, "está bien, esperaré. Trataré de ser paciente, hay que esperar y ver qué pasa."

Me costaba trabajo esperar y ser paciente. Traté de preguntarle a Índigo para ver si me decía algo pero me dijo lo mismo, que tenía que esperar y aprender a ser paciente. Me acosté temprano esa noche con la esperanza de que se hiciera de mañana más rápido. Recién amanecía y yo ya me dirigía al lago a esperar a Laura y a Deborah, me senté en el muelle. Laura salió de su cabaña y me dijo que Deborah ya había canalizado a sus guías y le habían confirmado que mis guías eran verdaderos. Los guías de Deborah le dijeron a Laura que yo tenía una misión muy importante y que era imperativo que Deborah me ayudara a mantener el camino correcto para que la pudiera realizar. Le pregunté a qué misión se refería y me dijo que Deborah iba a hablar conmigo de eso en otra ocasión, que quería que nos reuniéramos la semana siguiente en Palm Beach. Eso era todo lo que Laura me podía decir, el resto me lo diría Deborah la siguiente semana. Empaqué y subí mis cosas a mi camioneta, y en el camino de regreso, volvía a recordar lo sucedido el fin de semana. ¿Qué misión era la que yo tenía? ¿Quiénes eran los guías de Deborah? ¿Por qué era tan importante que nos viéramos la siguiente semana? Jamás esperé que me pasara algo así, pero no tenía más opción que esperar al día de nuestra reunión.

# EL CÓDIGO SECRETO

## CAPÍTULO SEIS

**Nos** reunimos la semana siguiente en casa de Laura, el tiempo que Deborah iba a estar en Florida era muy poco, tenía que regresar a Irlanda. Deborah estaba muy emocionada y quería empezar de inmediato. La información que recibí ese día cambió de manera radical mi visión hacia la vida y también hacia mi jornada de vida. Esto fue lo que pasó en la reunión.

Deborah empezó diciendo, "Joe por ahora debes guardarte lo que te voy a contar, yo sé lo que se siente cuando estás aprendiendo a canalizar, se lo quieres decir al mundo entero, pero debes hacer un esfuerzo por controlarte. Sólo canaliza si te lo piden y si te sientes cómodo con esa persona; mucha gente no va a entender lo que haces. Ser un canal es algo serio y va a afectar el resto de tu vida, es muy difícil dejar de canalizar una vez que lo haces constantemente; va a cambiar tu vida y va a cambiar tu punto de vista de muchas cosas."

"Debes tener una mente abierta para aceptar lo que voy a decirte Joe. El material que yo canalizo tiene que ver con la estructura celular del código del ADN. Esa estructura humana que Dios creó, ese ADN, fue alterado, cambiado. Esto sucedió hace miles de años, antes del diluvio que se describe en la Biblia. La Tierra tiene billones de años de vida y ha habido vida en ella desde que Dios la creó. Los humanos de aquella época eran muy inteligentes porque estaban en sintonía con la vibración de Dios, tenían el don de visitar otros mundos coexistentes usando su mente o viajando en naves espaciales. También existían otros humanos, al igual que hoy en día, en dimensiones más altas que las de ustedes; éstos humanos son humanos galácticos. La diferencia entre los dos es que los humanos galácticos conservan su ADN como Dios lo creó y es por eso que ellos viven en una dimensión superior a la de la Tierra. Ellos no pueden interferir en la evolución de la Tierra. Los humanos alteraron su propio ADN espiritual para crear una raza inferior en la Tierra. Estos humanos eran los científicos de la ciudad perdida de Atlantis, sí Joe escuchaste correctamente."

## LA CIUDAD PERDIDA DE ATLANTIS

"Hace más de once mil años había una isla, nación, situada en medio del océano Atlántico, que era gobernado por una raza noble y poderosa. La gente de esta Tierra poseía mucha riqueza, pues la isla tenía muchos recursos naturales y además era el centro del comercio. Los gobernantes de la isla tenían gran influencia no sólo sobre su gente, sino también sobre la gente de África y Europa. Esta isla era Atlantis y tenía muchas ciudades hermosas construidas de piedra. El agua fluía a través de enormes conductos que venían desde las montañas y se distribuía a cada edificio y a las hermosas albercas. Los edificios estaban construidos por niveles alrededor del templo, que estaba en el corazón de la ciudad. Los construían con piedras de colores pulidas y usaban muchas incrustaciones.

En el templo había columnas gigantescas semi- circulares hechas de ónix con incrustaciones de amatista y otras piedras que reflejaban el sol en diferentes ángulos. Los fuegos sagrados se mantenían encendidos continuamente por medio de rayos que irradiaban del cielo. Los atlantes estaban sintonizados con la energía de Dios, y, como ya he mencionado, tenían la habilidad de coexistir con otros mundos y de viajar al espacio.

Entonces los científicos de Atlantis empezaron a experimentar con el ADN y crearon una nueva raza de humanos inferiores a los atlantes. Los mutantes estaban ciegos en cuanto a las energías universales y eran de mente primitiva. Los atlantes mandaron a muchos de estos mutantes a otros continentes y se quedaron con algunos para tenerlos como esclavos. No todos los atlantes estaban de acuerdo con el hecho de que se hubiera alterado el ADN y ahí fue cuando empezó el caos en la ciudad y se destruyó la civilización. Cuando el diluvio cubrió la Tierra, destruyó la ciudad y a la mayoría de los atlantes. Algunos escaparon a las estrellas, trataban de escapar de la furia de Dios. Los mutantes que quedaron en África y Europa, que no eran conscientes y no tenían mayor información, fueron los que poblaron la nueva Tierra. Hay un código especial que sirve para activar la memoria perdida de la raza humana. Mis guías dicen que debo ayudarte a encontrar tu código, cuando lo tengas, llegará ti la sabiduría espiritual en abundancia."

Yo había leído muchas historias acerca de la ciudad perdida de Atlantis, pero nunca le había hecho mucho caso. Sin embargo, por la manera en la que Deborah me había descrito la isla y a su gente, me daba la impresión de que ella era de ahí, era sorprendente que supiera tanto de Atlantis. Pero por otro lado, lo que me dijo después, se me hacía muy difícil de creer.

"A ver Joe, hasta ahora has mantenido una mente abierta, así que por favor, te pido que sigas así; ha llegado el momento de decirte quiénes son mis guías y decirte quién soy yo. El nombre por el cual conozco a mis guías es Bejianes, tú los considerarás extraterrestres. Los Bejianes son una raza de una dimensión superior a la de la Tierra y son parte de la Conciencia Crística. Los seres de la Conciencia Crística están hechos de Energía Crística, que es una energía de muy alta vibración, en sintonía con Dios. En la Tierra, estuvo un hombre llamado Jesús, éste hombre tenía la Energía Crística por eso se le llamaba El Cristo. Los Bejianes son de la misma Conciencia Crística, Vibración Crística; están aquí para ayudar a la raza humana a encontrar el código de su estructura original para que puedan encontrar su verdadero yo y así asegurar su iluminación."

"Los Bejianes se parecen físicamente a la raza humana, la diferencia está en sus ojos, ellos los tienen grandes en forma de almendra, se parecen un poco a los ojos de los venados; su piel es café claro y tienen el pelo largo y muy negro. Joe, yo en mi vida pasada era Bejiane; en esta vida soy una niña de las estrellas, eso quiere decir que no soy de la Tierra. He reencarnado como humana esta vez para cumplir con la misión del despertar del planeta Tierra, estamos aquí para preparar a la gente para los acontecimientos que vienen. Cuando terminemos nuestro trabajo, si confías en lo que te he dicho, estarás en el camino a la iluminación. Joe me gustaría que mis guías se comunicaran con tus guías; cuando se comuniquen con el Colectivo me canalizarán la información, ¿estás de acuerdo?"

Vaya, ¿qué podía decir yo? ¿Creía en lo que me acababa de decir o debía salir corriendo? Nunca había pensado que los guías podían ser extraterrestres; pero en cuanto a la información que me había dado de la Conciencia Crística me había ayudado a tener un mejor entendimiento de lo que significa el Cristo. Yo ya sabía que 'El Cristo' no era un hombre sino una vibración, una energía, muy alta de Dios. Esta vibración formaba parte del hombre llamado Jesús y también ha sido compartida con otras creaciones de Dios. Me sentía un poco abrumado pero, ¿qué podía perder? Así que le di permiso para que hablara con mis guías.

## LA REUNIÓN CON LOS BEJIANES

Deborah se conectó con el Colectivo a través de los Bejianes y ellos le traducían los mensajes. Para hacerlo me acosté en el suelo y me pidió que cerrara los ojos, de esta manera ella iba a poder hacer contacto con mis guías. Mientras ella pasaba sus manos por encima de mi cuerpo, yo podía sentir el intenso calor que salía de ellas, me dijo que estaba conectándose con mi aura. En mi mente empecé a ver una densa neblina blanca, al tiempo que sentía cómo entraba en trance y el calor de las manos de Deborah se hacía más intenso. Empecé a escuchar mi nombre a lo lejos, trataba de ver a través de las tinieblas en mi mente. De pronto apareció la silueta de alguien acercándose, ¿sería posible que yo pudiera ver a los Bejianes o me había influenciado la plática con Deborah y me lo estaba imaginando? En seguida vi cerca de mí, a un ser que se veía igual a los Bejianes que me había descrito ella; se veía como un humano, pero al fijarme bien podía ver todas las características de ellos, el cabello largo y muy negro, y los ojos de forma de almendra, medía como dos metros e iba vestido como si viviera en el medievo, con una tela tejida. Con sus brazos me hizo la señal de que me acercara y cuando empezó a hablar su voz se canalizó a través de la de Deborah.

"**Joseph estás sólo al principio de tu jornada.** Serás un consejero para las personas tanto en grupos como individualmente, también sanarás las heridas de las personas y las reunirás con sus seres queridos que han muerto. Vas a canalizar información para enseñar a la gente que quiera seguir el camino de la iluminación y tendrás el don de profetizar."

**"Cuando tu trabajo con tus guías esté completo, un Maestro Guía de la Conciencia Crística vendrá a ti.** Este guía es el que va a sanar a la gente a través de ti. Tu código espiritual de ADN te va a ayudar a activar tu memoria celular durante las siguientes semanas. Sabes relacionarte bien con las personas, debes usar el talento que tienes para escribir y al hacer videos, combinarlos para informar y enseñar. Hay mucha energía dorada en tu aura, en especial alrededor de tu cabeza, lo que quiere decir que te estás conectando con un poder superior."

**"Joseph estás en el camino correcto.** Camina dando un paso a la vez, necesitas tiempo para integrar todo esto. Eres un niño de las estrellas, no eres terrestre, has reencarnado en humano para experimentar todos los cambios que se avecinan; tú ya estuviste en la Tierra cuando hubo cambios importantes y estás de nuevo aquí para la llegada de la Nueva Era."

**"La dimensión terrestre es el plano más difícil para vivir.** El no ser consciente es tarea ardua, pero en la Tierra tendrás el mayor crecimiento. El Colectivo es parte de la Conciencia Crística y tú también eres parte de esta conciencia, la energía del Cristo está contigo, es por eso que eres un reportero del Cristo."

**"Patrick, tu guía, es un guía nuevo como tú.** Está aprendiendo y está contigo para ayudarte en todo lo que pueda, él es el que se encarga de mantenerte optimista y mantener tu energía bien anclada. Patrick es un alma muy vieja en la dimensión terrestre, tuvo que saldar mucho karma, muy fuerte, antes de pasar a la cuarta dimensión; él ayudará a las personas de la Tierra con sus problemas."

**"Sparrow Hawk no es un indio americano como tú piensas.** Aparece así ante ti porque los indios americanos veneraban la Tierra, pero Sparrow Hawk es una energía de la sexta dimensión universal. Así como la Madre Tierra tiene un alma universal, igual él, tiene un alma universal; él es la ley y el orden de este universo, es parte de este universo. Trata de no canalizarlo muy seguido hasta que fortalezcas tu energía, pues Sparrow Hawk toma mucha energía cuando canaliza a través de ti; él dará información de los cambios climáticos que vienen, es el protector de la Tierra, la conoce muy bien."

**"Tu guía principal es Índigo, es al que llamamos el control.** Ha estado contigo desde que naciste y te quiere mucho. Te hemos dicho que eres un niño de las estrellas, bueno pues Índigo es un extraterrestre; viene de Acturus, que se localiza en la Constelación Boötes, es un ser de la quinta dimensión. Índigo es intuitivo hacia toda la energía transformadora, usa la energía para sanar y equilibrar y él es quien te dará nueva información."

**"Te repetimos de nuevo, Joseph, tú eres un niño de las estrellas.** Estás aquí para los cambios tan importantes que sucederán en la Tierra, recuerda que tanto tú, como tus guías, son parte de la Conciencia Crística. Aunque no detectamos ninguna energía negativa contigo, nos gustaría darte unas oraciones de protección, por favor úsalas cuando canalices. Empieza usando esta oración para protección de tus guías, así les demostrarás que los quieres tanto como ellos te quieren a ti."

**"Joseph, pide que te lleven más allá del plano astral, para que recibas guía y enseñanza.** Llama al Regulador de la Luz para que trabaje en tu cuerpo físico y memoriza las oraciones de protección para que las uses antes de canalizar. Nosotros, los Bejianes, te damos como regalo una técnica para equilibrar tus chacras; Deborah tiene siete cartas para ti, estúdialas y memorízalas. Cuando vuelvas a reunirte con ella, te vamos a traducir lo que significan. Ve en paz y que Dios te bendiga."

## ORACIONES DE PROTECCION

Deborah me dio las cartas y las oraciones de protección. Este día había aprendido tanto acerca del Colectivo y de porqué están conmigo, que ella me dijo que me fuera a mi casa y que pensara bien en todo lo que había sucedido. Éstas son las oraciones que me dieron los Bejianes.

Esta oración era la que debía usar antes de contactarme con mis guías, como protección de cualquier energía negativa:

**Llamo al Arcángel Miguel para que me rodee y me llene con su flama azul de protección y sanación. Te pido, querido, que me cubras, me cubras, me cubras, me cubras. Me cubras por el frente y por detrás, a la derecha y a la izquierda, por arriba y por abajo y por el centro. Te pido que llenes y rodees mi campo áurico con tu gran campo energético de protección y sanación. Nada podrá entrar en mi campo energético a ningún nivel sin tu divino permiso. Gracias, querido mío, gracias Madre Padre Dios. Que así sea y así es. Mi aura está ahora limpia, sana y cerrada a todo excepto a la Vibración Crística.**

Esta oración es para protegerme de cualquier peligro o daño:

**Llamo al Espíritu Santo para que irradie la luz de la verdad hacia todas las formas de pensamiento negativo, hacia vibraciones de baja frecuencia, hacia pensamientos discriminativos, hacia cualquier trauma emocional, hacia todas las limitaciones negativas que tienen influencia sobre mi mente, mis emociones, mi cuerpo físico y todo lo que me rodea. Todos esos pensamientos y vibraciones negativas se llenan en este momento de amor y verdad y se disuelven en la luz divina de la inteligencia. Gracias Madre Padre Dios. Que así sea y así es.**

La última oración es para usarla en caso de que una persona me pase pensamientos negativos o que trate de drenar mi energía. También en caso de que alguien tratara de entrar o romper mi campo energético:

**Llamo al Espíritu Santo para que disuelva cualquier ataque o energía negativa que estoy sintiendo en este momento. En este momento libero cualquier energía, entidad, vibración inferior, influencia astral, persona, lugar, condiciones, pensamientos o situaciones hacia la luz y el amor de su propio ser. En este momento soy liberado hacia la luz y el amor de mi propio ser. Gracias Madre Padre Dios. Que así sea y así es.**

Al día siguiente me volví a reunir con Deborah, me preguntó si ya me había memorizado la oración de protección y si había usado las cartas para equilibrar los chacras, que me habían regalado los Bejianes. Aproveché el momento y le hice varias preguntas de las cartas: ¿para qué servían? ¿De qué país venían? Deborah empezó a reír y me contestó: "está bien Joe, siéntate, te cuento.

Los símbolos de las cartas son símbolos universales que los Bejianes me canalizaron para ti, tienen una cierta vibración. Los seres en el universo se comunican entre ellos a través de la vibración, el sonido y los colores. Los símbolos de las cartas son vibración, se utilizan para equilibrar tus chacras, si pones tu mano izquierda sobre ellas podrás sentir el calor que emiten. Este es el primer paso que debes dar antes de que podamos encontrar tu código de ADN espiritual. Usa las cartas en el orden numérico que muestran."

Así que empecé a usar las cartas, podía sentir el calor en algunas, pero en otras no y Deborah me explicó que eso sucedía porque las cartas que me emitían calor eran las cartas que yo necesitaba en ese día .Decidí que iba a imprimir las cartas ya con el significado.

(1) Este símbolo es para la mente, su color es el turquesa. Se usa para disolver todos los pensamientos negativos y para aclarar la mente.

(2) Esta vibración es para clarificar el torrente sanguíneo, su color es el rojo. Cualquier energía negativa que haya entrado al cuerpo físico, saldrá a través del torrente sanguíneo.

(3) El símbolo representa el bazo. Todas las impurezas que se encuentran en el torrente sanguíneo se irán al bazo para desecharlas. El color es verde.

(4) El color de este símbolo es el magenta, se usa para desarrollar la intuición y el sentido psíquico.

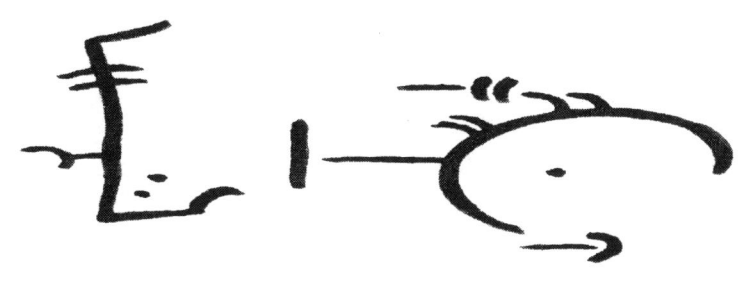

(5) Este es para el corazón, que es el sistema que mantiene al cuerpo, el color es el índigo y ayuda a mantener la pureza y la fuerza.

(6) Esta carta es para la salud y la edad, es para ayudar a mantenerse vigoroso y sano. El color es el azul.

(7) El color es el dorado, este símbolo se usa para las emociones; ayuda con el estado de ánimo, ayuda con la depresión.

**OTRO MENSAJE DEL COLECTIVO**

Deborah me dijo que los Bejianes tenían otro mensaje para mí del Colectivo, así que de nuevo me acosté en el suelo y se volvió a conectar con sus guías. Mientras ella entraba en trance, la palabra 'hermosa' me vino a la mente, lo que pensé fue que mis guías querían que le dijera a Deborah lo hermosa que era, y, cuando salió de su trance, le comenté que por alguna razón yo le tenía que decir que era hermosa. Ella se rio y me dijo que esperara a escuchar la última parte de la canalización que había recibido del Colectivo, que entonces entendería. Esto es lo que me dijeron esta vez:

"**Sabemos que es difícil mantener el balance de todos estos aspectos.** Tu vibración necesita ser equilibrada porque se está dando dentro de ti una fusión de cuerpo, mente, emociones y espíritu. Es muy importante que te des más tiempo para meditar, ya vendrá tu misión Joseph. Cuando nos hagas preguntas más específicas de los pasos que debes seguir, te diremos hacia dónde ir."

"**Todos los seres son energías universales.** Se les ha dado sólo la tercera parte de esta energía universal a los seres de esta tercera dimensión, esa es toda la energía que pueden manejar. Es por eso que tu cuerpo se expande cuando canalizas a Sparrow Hawk, él es una energía universal, no te hará daño porque él sabe cuánta energía puede aguantar tu cuerpo. El porcentaje de energía que recibes es proporcional al cuerpo de luz que tu cuerpo puede soportar. En estos momentos eres capaz de manejar estas energías, sin embargo cuando tengas tu código de ADN espiritual tus cuerpos de luz podrán manejar una cantidad abundante de energía."

"**Deja que tu dulzura traiga armonía.** No permitas que otros alteren tu armonía, recuerda que está dentro de ti. Esto te ayudará en los primeros pasos de tu misión. Joseph serás bastante creativo cuando escribas, aprende fotografía pues tienes talento; usa ese talento haciendo videos para informar y educar a la gente. Hay una nueva técnica con la que puedes realzar formas y colores, los videos que hagas ayudarán para que las personas entiendan los mensajes. También debes estar muy atento a tus sueños, es muy importante, ya que te llegará mucha información a por medio de ellos."

"**Estás aprendiendo mucho, Joseph, lo estás haciendo bien.** Tienes buen ojo para la belleza y para transmitir la belleza. Eres un hermoso ser, estás aquí para personificar el amor, la paz y el no juzgar a nadie. Recuerda que trabajar en equipo es muy importante, nadie vino a salvar a la Tierra por sí Solo Joseph. Trabaja formando un colectivo, cada pieza del colectivo es muy importante, como las piezas de un rompecabezas."

"**Nos gustaría agradecer a los Bejianes y a Deborah por ser los canales del Colectivo.** Ellos nos han ayudado mucho para poder darte los mensajes nuevos. Usamos la palabra 'hermosa' para que tanto Deborah como tú, Joseph, tuvieran la misma confirmación de que este ser es un canal verdadero. Vayan en paz y que Dios los bendiga. El Colectivo."

Ahora ya sabía el porqué de la palabra 'hermosa'. Le pregunté a Deborah como iba a obtener mi código de ADN espiritual y me dijo que usara las siete cartas junto con el símbolo que me iban a canalizar, el que está a continuación.

Este símbolo me ayudaría con la energía de transformación, balance y protección. Deborah me dijo que al día siguiente me lo darían.

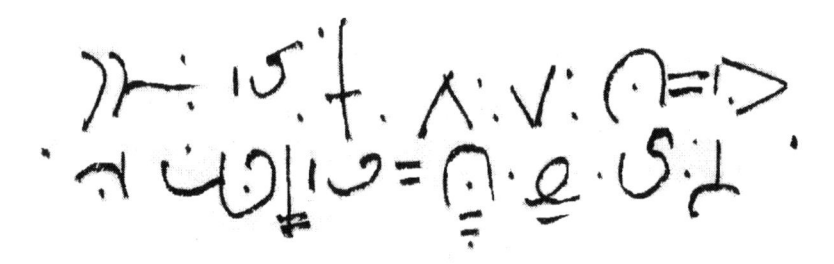

Esto de escribir es muy nuevo para mí, este manuscrito fue escrito como un diario para que no se me olvidara nada de lo que me había sucedido. Fue hasta que escribí este capítulo que me di cuenta que éste era el principio de un libro. Aprendí mucho de Deborah, y les quiero decir que este material que he canalizado no me pertenece; pero aun así van a poder sentir que se relacionan con toda esta información, todos estamos en una jornada de vida.

Los Bejianes canalizaron mi código de ADN espiritual a través de Deborah poco antes de que ella se regresara a Irlanda. Nos habíamos hecho buenos amigos en el poco tiempo que nos habíamos conocido, la iba a extrañar. Este símbolo me iba a ayudar con la transformación de energía, el equilibrio y protección.

## Los Bejianes

# ENFRENTANDO MIS VERDADES Y MIS MIEDOS

## CAPÍTULO SIETE

**Habían** pasado más de cinco semanas, desde que había recibido mi código de ADN espiritual que los Bejianes me dieron a través de Deborah. Sin embargo era la primera vez en seis meses que me sentía vacío. De pronto ya no tenía comunicación con mis guías, ya no sentía ganas de escribir, ni escuchaba la voz de mis guías impulsándome a hacerlo. Estaba preocupado, necesitaba hablar con Deborah; yo sabía que Laura sabía en qué parte de Irlanda se encontraba, por lo que traté de llamarla, pero el teléfono estaba fuera de servicio. Fui a su casa pero estaba desocupada y el dueño no sabía dónde habían ido, estaba solo.

¿Qué había hecho para que mis guías me abandonaran? Pasaban las semanas y yo sin tener ninguna comunicación con el Colectivo. Dependía tanto de mis guías, que estar sin esa comunicación se sentía como si fuera un adicto pasando a través del síndrome de abstinencia, necesitaba una dosis más. Sentía un gran vacío, como si hubiera perdido a un gran amigo, me preguntaba una y otra vez qué había hecho para que mis guías dejaran de tener comunicación conmigo.

Finalmente, después de algunos meses, que sentí como años, volví a sentir la presencia de mis guías y de nuevo me sentí con ganas de escribir. Como todo en la vida, había una razón por la que mis guías habían dejado de comunicarse conmigo por tanto tiempo. Les voy a contar lo que pasó después de que recibí mi código de ADN espiritual que me dieron los Bejianes, antes de explicarles las razones de mis guías.

## UN MENSAJE DE LOS BEJIANES

**"Bienvenido Joseph, te saludamos los Bejianes.** Nos gustaría traducirte la información que nos dieron tus guías del Colectivo. Sabemos que no siempre es fácil para ti, estás aprendiendo límites, a discernir y a sentir energía. No dudes de lo que estás avanzando y no te compares con nadie, porque si lo haces puedes bloquear tu avance. La energía dimensional se está trabajando fuerte en ti, la energía está tratando de distribuirse equitativamente por lo que pueden surgir algunos miedos."

**"Un guía maestro llamado Vyamus te ayudará a superar el miedo.** Es muy importante sudar, así que debes asegurarte de tomar bastante agua. El maestro sanador Kuan Yin te está haciendo una sanación profunda. Un monje español del siglo ocho te enseñará a usar tu gentileza y el poder de la oración para que vayas a tu verdadero interior."

**"Practica tu propia verdad, Joseph.** Recibirás mensajes que te conciernen solo a ti y eso te ayudará a recuperar y a transmitir mensajes, debes aprender a grabar todo. Acomoda los mensajes en el orden que mejor te parezca y aprende a leer entre líneas, es muy importante. Conoce la verdad de tu corazón, pues ésa es tu verdad. Lo más importante es que te mantengas centrado y enfocado, enfoca tu intención al equilibrio y no quieras correr antes de caminar. En este proceso la paciencia es muy importante."

## LOS SÍMBOLOS DEL ADN GENÉTICO

Me explicaron que hay diez símbolos en el código genético ADN de cada persona; cada símbolo representa una vibración de nuestro verdadero ser. Me dijeron que los protegiera como si fueran lo más preciado en mi vida, puesto que este es el código vibracional con el que Dios me creó. Aunque los símbolos que me dieron no los puedo compartir en este libro, voy a tratar de describir los detalles del código lo más fielmente que pueda.

El código tiene la forma de un triángulo invertido dividido por cuatro líneas. La parte de abajo tiene un símbolo y las otras tres partes tienen tres símbolos cada una. Cada símbolo tiene una vibración y los del siguiente triángulo son parecidos a los símbolos que me dieron los Bejianes.

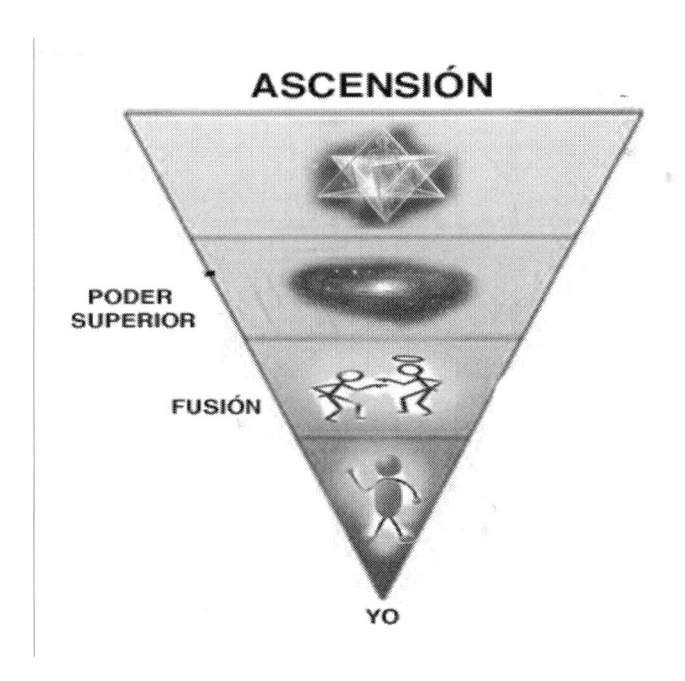

En la parte de abajo solo tiene un símbolo que representa al yo, que es mi realidad física. La segunda de abajo hacia arriba representa la fusión entre el yo superior con el yo inferior. La tercera representa la búsqueda de creencias y verdades y la conexión con el poder superior. Y la cuarta es la mezcla de lo físico y lo espiritual, la ascensión; es cuando somos seres ascendidos.

## UN MENSAJE DEL COLECTIVO

Esa información fue lo último que recibí de los Bejianes. El Colectivo había regresado y empecé a escribir acerca de los cambios que estaban sucediendo después de haber recibido el código de ADN. Esto fue lo que me dijo Índigo.

**"Buenas tardes Joseph, veo que sentiste que te habíamos abandonado y que habíamos cortado la comunicación.** Puede ser que lo que estás experimentando te tenga un poco confundido, pero trataremos de explicarte lo que estamos intentando hacer para que entiendas."

**"Cuando recibiste tu código, Joseph, empezaste la transición.** Cuando uno está en transición sientes como si tu habilidad para canalizar se hubiera apagado; pero seguimos contigo. El Creador que tú conoces como Dios y el Colectivo están aumentando la frecuencia de la vibración que estás recibiendo. Mientras estás en esta transición, puedes sentirte solo o fuera de sintonía con el universo."

**"Fíjate en los cambios de tu cuerpo físico,** las abruptas subidas y bajadas de peso; date cuenta de que tu mente es más intuitiva. Los colores que ves son patrones de energía universal que son invisibles a los ojos de los seres tridimensionales. Conforme vayas progresando en tu aprendizaje, el velo que separa nuestro mundo del de ustedes desaparecerá. Ahora es el tiempo de cuidar tu cuerpo pues el Creador lo creó para ti; este cuerpo estará contigo en el tiempo de la Nueva Era."

**"También estás lidiando con eventos kármicos.** Las emociones que estás sintiendo tienen que ver con lecciones kármicas. Tienes que cuidarte tú primero antes de poder ayudar a los demás; tu vida va a cambiar y también la de las personas que te rodean."

Vas a atraer a la gente que esté en sintonía con tu vibración y mientras avanzamos con tus enseñanzas vas a notar que la gente empezará a escuchar tus palabras de sabiduría, porque vas a canalizar amor y esperanza a la humanidad."

**"Joseph tu eres parte del Colectivo.** Tú eres el representante de la tercera dimensión en la Tierra. Date cuenta que cuando canalizas consejos para la gente, sólo estás guiándolos, no les estás dando las soluciones para su crecimiento. Debes escoger lo que quieres para tu vida, nosotros no podemos decidir por ti."

**"El Colectivo sólo te aconsejará.** Cuando recibas la respuesta a aquello que buscas, debes saber que esa respuesta viene de ti Joseph, no de nosotros, el Colectivo."

**"El pensamiento, es lo que el Creador les dio a los seres humanos** para que pudieran crear su propia realidad, igual que el Creador lo hace. Dios les ha dado el poder de manifestar lo que necesiten para su crecimiento espiritual. Muchos humanos malinterpretan el arte de manifestación. Cuando uno manifiesta cosas para el crecimiento personal debe hacerse de manera espiritual, no física. Cuando decimos 'física' nos referimos a su cuerpo físico, a la Tierra donde habitan y al aire que respiran."

**"Dios es el creador de muchos universos.** Su universo es sólo uno de muchos, el planeta Tierra es conocido como la joya del doceavo universo. Cuando Dios hizo a la Tierra, la hizo de belleza, no había otro planeta en la galaxia tan bonito como la Tierra. También es conocida como el modelo del universo, en el que las almas aprenden y crecen espiritualmente. Esta es la escuela del crecimiento kármico porque es el lugar más difícil para vivir.

Cuando el Creador habitó el planeta con humanos les dio el libre albedrío; y con la libertad que el libre albedrío da, las almas deben aprender a través de la experiencia de muchas vidas para el cumplimiento del karma."

**"El tener libre albedrío les da la oportunidad** de creer en el Creador o no creer en Él. El objetivo de estar en la Tierra es que los humanos pueden creer en Dios aunque no lo puedan ver. Las otras creaciones que habitan en vibraciones superiores están conscientes de todo lo que es. Nosotros estamos conscientes del crecimiento. Cuando finalmente se levante el velo de la Tierra, sus seres van a entender el concepto total de la existencia; sentirán el poder del universo y de todo lo que es."

**"Toda la sustancia física de la Tierra es una ilusión.** Su cuerpo hecho de carne y hueso es parte de la ilusión. El pensamiento es lo real; su ser espiritual es lo real. Cuando dejen esta Tierra, dejarán la carne que alberga a su ser espiritual. Regresarán a un estado de pensamiento puro y de energía. El pensamiento es la manifestación de una vibración superior; se darán cuenta de que la realidad 'real' está más allá de lo físico y de lo espiritual. Todos los eventos que han sucedido en la Tierra son lecciones aprendidas para su crecimiento espiritual. La iluminación es el gran premio que se les es dado cuando aprenden las lecciones."

**"Han tenido muchas vidas desperdiciadas en la Tierra.** Es por eso que los humanos han reencarnado tantas veces en la Tierra. La misión que tienen en la Tierra se la dieron ustedes mismos antes de volver a regresar. Cuando se vive en lo físico, el pensamiento de la mente física no está en sintonía con la vibración del gran pensamiento. Es por eso que hay muchas lecciones que no se aprenden cuando están en la Tierra; cuando uno encuentra la iluminación mientras se es un ser físico en una vida, las lecciones que se han aprendido no se olvidan en la siguiente reencarnación.

Cuando se cumple una lección, se cumple con ese karma y por lo tanto es hora de escoger otra tarea para continuar el crecimiento espiritual."

**"Es hora de seguir con tu vida Joseph.** El pasado está en el pasado; debes aprender y crecer en base a tu experiencia. Debes enfrentar tus verdades y tus miedos, estamos al final de una era y el principio de la Era de Oro se avecina. Es la Era de la Iluminación. Tú eres uno de los que se hizo voluntario para informar y enseñar acerca de la Era de Oro. Enseña sólo a los que quieran escuchar, pues habrá muchos que no crean. Sé el reportero que fuiste alguna vez; ¡suena las campanas para informar a todos que la Luz de Cristo va a llegar!

Como dijo Índigo, definitivamente estaba enfrentando mis verdades y mis miedos; eso lo dice todo al describir la situación por la que estaba pasando. La información que había estado recibiendo después de recibir el código era fuerte y poderosa, tanto, que me daba un poco de miedo estarme volviendo loco. Para ser sincero, la información que estaba escribiendo no era normal y la gente que estaba conociendo tampoco era normal. ¿Cómo le podía decir a la gente que un extraterrestre me estaba mandando mensajes a través de una persona a la que no podía encontrar otra vez? Decidí que la palabra fe era la que debía implementar en esta situación. Tomé la resolución de creer en mí mismo y seguir escribiendo todo lo que me estaba sucediendo, así como me lo pedía el Colectivo.

# EL PROMOTOR DE DIOS

## CAPÍTULO OCHO

**Cuando** empecé a abrirme a la canalización, me sentía muy entusiasmado y quería contarle al mundo entero todo acerca de mi don; sin embargo, no tardé mucho en darme cuenta de que había mucha gente que canalizaba también. El haber conocido a Deborah y el saber que tanta gente hace lo mismo que yo, me obligó a poner de nuevo los pies en la Tierra. Contacté a Marilyn, mi maestra de canalización, de nuevo y me invitó a una sesión de grupo la semana siguiente. Me dijo que esta sesión iba a ser un poco diferente a la que habíamos tenido en Halloween el año anterior.

Cuando llegué, Marilyn estaba repartiendo hojas con letras de canciones para que cantáramos; mientras estábamos cantando nos explicaba que era una manera de levantar la vibración del grupo. Cuando terminamos dijo que era hora de que ella entrara en trance y canalizara a sus guías. Tenía dos guías nuevos que yo no había visto antes, uno era una mujer irlandesa que se hacía llamar Jenny; el otro se llamaba James y decía ser hijo de José y hermano de Jesús.

Me sorprendí mucho al ver cómo le cambiaba la cara a Marilyn al canalizar a James; su cara se volvía cuadrada, fruncía el ceño y al hablar, su voz sonaba como de hombre. A James le costaba trabajo hablar, parecía como si hubiera tenido una embolia o tuviera algún impedimento que no lo dejaba hablar, era un poco molesto. Teníamos que escuchar muy atentos para poder entender lo que James nos decía. Al ver a Marilyn me preguntaba si mi cara cambiaba tanto cuando canalizaba a Índigo.

Como esta entidad decía ser el hermano de Jesús, le pregunté si sabía quién había sido yo en esa vida, su respuesta fue: "Joseph, tú fuiste un leal seguidor y amigo de mi hermano. Tenías un gran corazón e hiciste todo lo que pudiste para que la gente entendiera quién era Jesús. Eras conocido como José de Arimatea, el discípulo secreto. Le abriste las puertas de tu casa a Jesús y a sus discípulos y fuiste el que le donaste la tumba en la cual resucitó."

"Eras un mensajero de El Cristo, ahora Joseph, deberás ser el promotor de Dios. Tus guías te ayudarán a prepararte para cuando un maestro canalice a través de ti, éste maestro tocará a todo el que lo escuche. Serás el promotor de Dios, ése será tu título en la Tierra. ¿Puedes pensar en algún título más especial que ése?"

La cara de Marilyn empezó a cambiar de nuevo, se volvió más agradable pues se veía como mujer otra vez. La nueva entidad me sonrió y empezó a hablar con acento irlandés. Me encantó su personalidad, la empecé a considerar la gran consejera del mundo espiritual. Le comenté que mi abuela se llamaba Jenny y que yo pensaba que era un nombre muy bonito. Me preguntó si podía ayudarme en algo, le conté que me había divorciado no hacía mucho y que me sentía solo, que era muy difícil conocer a alguien que entendiera porqué yo canalizaba o más aún que creyera en la canalización. También le pregunté si podía ver qué me deparaba el futuro.

**"Joe, no nos gusta mucho hacer predicciones de cosas del corazón,** es difícil para una pareja entender lo importante que es para ti la canalización. Los cambios de personalidad y de apariencia tampoco son fáciles de aceptar y toma un gran esfuerzo el hacer funcionar una relación así. Sólo una persona que también canalice o que esté familiarizada y entienda la ciencia metafísica puede entender el trabajo que tienes que hacer.

Habrá una parte de tu vida en que la disfrutarás al máximo, conocerás gente nueva, harás nuevas amistades y experimentarás cosas que nunca habías hecho antes. Por momentos será como si quemaras una vela por los dos lados. Luego vendrá una segunda etapa en la que sentarás cabeza, conocerás a alguien que te entenderá y te ayudará con tus estudios y a desarrollar tus habilidades psíquicas. En la tercera etapa estarás en el camino espiritual y es cuando serás el promotor de Dios."

**"Veo a una mujer en tu futuro Joe.** Será muy cercana a ti y te amará mucho, te apoyará en todo y te inspirará a escribir porque ella también será escritora. Sus vibraciones estarán en sintonía y caminarán el mismo camino, el camino de predicar la verdad de Dios canalizando palabras sanadoras para ayudar a las almas en sufrimiento de su mundo. Antes de que conozcas a esta mujer en el plano físico, hay otra mujer que estás a punto de conocer, no la puedes ver con los ojos físicos, pero la puedes sentir en tu corazón. Este ángel de quien hablo está contigo y pronto sentirás su presencia como un nuevo guía."

Marilyn era la mejor canalizadora por trance que conocía, era increíble. A veces, cuando uno ve a gente canalizar cabe la duda de si es real o están fingiendo, al ver a Marilyn no hay ninguna duda. Ella me abrió al mundo de la canalización y me dio el mensaje de que yo sería el reportero de Dios. ¿Podría ser cierta la información que me había dado acerca de la que sería mi nueva guía?

Tenía bastantes preguntas sobre mis habilidades de canalización que quería hacerle a Marilyn, así que me quedé después de la sesión a platicar con ella. Empecé por contarle todo lo que me había pasado con Deborah y sus amigos extraterrestres, los Bejianes y le pregunté cómo sabía si podía creer en algo como esto. La gente pensaba que estaba loco ya de por sí, así que cómo contarles la historia de estos seres. Marilyn me dijo que la manera de saber si era verdad o no era sentir en mi interior si la información que me había dado Deborah la sentía falsa o verdadera, lo sentí un momento…claro que era verdadera, sólo que era muy difícil de creer.

También quería saber cómo ella canalizaba a sus guías de la manera que lo hacía, cuando ella canalizaba era como si su alma dejara su cuerpo y se fuera a algún lugar mientras sus guías entraban a su cuerpo. Cuando yo canalizaba, yo seguía siendo parte de la canalización, yo me quería quedar para darme cuenta de lo que pasaba y quería saber si era correcto que lo hiciera así. Ella me explicó que cuando ella canalizaba, entraba en un trance completo y profundo y dejaba que la entidad tomara el control, era por eso que ella no se acordaba de nada de lo que decía o hacía. Me dijo que yo estaba en las primeras etapas de canalización, que todavía soy parte del canal, que a lo mejor mis guías permitían que esto ocurriera para que yo pudiera escuchar la información para poder escribirla.

Me sugirió que le diera más control a mis guías para que mis pensamientos no interfirieran y los mensajes fueran más claros. Esa había sido la razón por la cual quisieron que Deborah me diera sus mensajes, necesitaban a alguien con mayor experiencia para que yo los recibiera sin interferencia.

"No te preocupes Joe, casi todos los canales nuevos hacen eso, sólo tienes que aprender a separar tus pensamientos de los pensamientos de tus guías." me dijo. Al preguntarle cómo podía hacer eso, me explicó que cuando canalizara de verdad los pensamientos de los guías, me iba a sentir como en trance, por eso se le llama canalización por trance.

"Cuando estás dormido y sueñas, puedes ver lo que pasa en tu sueño, te das cuenta de lo que está pasando y eres parte del sueño; la diferencia es que no controlas los pensamientos en el sueño, no tienes idea de qué es lo que va a pasar, es como ver una película por primera vez. Un canal por trance trabaja de la misma manera que el sueño, estás consciente de lo que está pasando pero no tienes idea de lo que la entidad está pensando hasta que sus pensamientos entran en tu mente. Debes aprender a darle el control a tu guía control y sólo permitir que sus pensamientos pasen a través de ti sin interferencia alguna. Varios de los libros que has leído te han dado diversas opiniones que no son las de tus guías, por lo tanto antepones tus pensamientos a los de ellos."

Ella sí cree que soy un canal verdadero y que estoy canalizando a un ser superior, que no estoy actuando o inventando la información en mi subconsciente. Me decía: "tienes que limpiar tu conexión, es como en el radio, para escucharlo bien debes sintonizarte a una sola estación." Yo de verdad tenía miedo de perder la razón, era como si caminara en una cuerda floja balanceándome de lado a lado. Por un lado tenía la opción de dejar de canalizar y regresar a mi vida normal y por el otro de seguir haciéndolo y abrirme a la gran fuerza del universo.

Al parecer tenía que aprender a darle el control absoluto a mis guías. Me di cuenta de que cuando empezaba a canalizar las primeras veces, me había topado con una barrera cuando tenía la sensación física de Sparrow Hawk, pero no salía voz alguna. Después de eso, me tomó dos años canalizar la voz de Patrick. Marilyn es una persona que no se anda con rodeos y hace todo lo posible para que la persona que canaliza tenga un canal limpio y una conexión verdadera, no puede haber ninguna interferencia. Hay una puerta imaginaria que debe abrirse para permitir que la información pase clara a través del canal. Lo más difícil para mí era dejarme ir y confiar en el ser que se está fusionando conmigo.

Cuando alguien llega a ser un canal por trance, la persona permite al espíritu que se fusione por completo con ella; no hay ninguna interferencia de su parte, se escucha sólo el mensaje de la entidad puro y verdadero. Esto quiere decir que la personalidad de la entidad es lo que surgirá, por ejemplo, si la entidad habla un idioma diferente pues en ese idioma hablará el canal, al igual que la entidad tendrá sus propios pensamientos. Había llegado a una encrucijada en mi vida; estaba consciente de que el canalizar no era de ninguna manera algo glamoroso, la gente pensaría muchas veces que yo estaba loco o por el contrario esperaría que yo tuviera todas las respuestas. Era un poco como el escribir este libro, no se lo podía enseñar a nadie que no estuviera abierto a esta información; eso me confirmaba que no iba a tener una vida normal, mi vida ya había cambiado. Sin embargo, también estaba en un punto en el que podía hacer tiempo para mí y ser quien realmente era, por primera vez estaba solo.

## UN MENSAJE DE ÍNDIGO

"Sabemos que no es fácil para ti dejar tu zona de confort Joseph, va a requerir bastante disciplina de tu parte para que te puedas abrir por completo al Colectivo. Se debe formar un vínculo de confianza para que te sueltes y permitas al Colectivo hablar; si no sueltas vas a atrasar tu camino y tu crecimiento. Cuando sueltes todo aquello que te trae tristeza entonces tendrás el poder de soltarte al Colectivo.

Nosotros hemos escogido que tú estés presente durante las canalizaciones, lo hicimos para que pudieras aprender de la información que se ha dado y para que al escribirla, puedas enseñar a los demás. Joseph no queremos que te retires, escucha muy bien no queremos que te retires, siempre quédate en el plano físico, pues eres un ser físico en la Tierra."

"Debes estar muy bien anclado y vivir tu vida como cualquier persona en la Tierra. No eres infalible, como humano en la Tierra tendrás sentimientos y emociones que son parte de la Tierra. El ser espiritual no quiere decir que seas santo, tendrás tentaciones y emociones como cualquier otra persona. Sólo recuerda que la armonía viene de adentro; tú estás en control de tu propia armonía."

"Mientras escribes este libro, debes escribir palabras que entienda toda la gente. Aunque en la información que te demos se vean reflejadas nuestras diferentes personalidades, porque cada uno te dará la información que vaya de acuerdo a su experiencia y sabiduría. Cuando canalices verbalmente, las cosas serán diferentes, el Colectivo se fusionará como una sola fuente; esto quiere decir que la vibración de Patrick, Sparrow Hawk y la mía serán una. La razón por la que haremos esto es para prepararte para cuando el Maestro Guía canalice a través de ti. Para cuando esto suceda, ya tendrás suficiente sabiduría acerca del universo, pues este maestro es un sanador y enseñará a todo el que quiera escucharlo. Conociste a este guía en una de tus vidas pasadas y reconocerás su energía cuando se encuentren de nuevo."

"Cuando canalices a este maestro lo harás como una fuerza colectiva, eso quiere decir que habrá gente en diferentes partes del mundo canalizando la misma información; trabajarás en unísono con todos, enseñando la palabra de Dios a todo el que quiera escuchar. Tus amigos te ayudarán a prepararte para el día en que suceda la fusión con el Gran Maestro; no creas que sucederá de la noche a la mañana, sucederá paulatinamente, no puedes apresurar el proceso.

*"Deberás aprender lo que te enseñará el Colectivo, deberás aprender a confiar en tu voz interior y a soltar tus miedos. Juntos caminaremos en esta increíble jornada, pues tus profetas han escrito que está próximo el tiempo de tu iluminación."*

*"Para empezar debes ponerte en buena condición física, es muy importante que aumentes tu vibración, pídele a Sparrow Hawk que te ayude a ponerte en forma. Con una dieta apropiada y ejercicio podrás fortalecer tu aura, que es muy importante para canalizar, si el aura está débil la comunicación será débil. Deberás mantenerte alejado del tabaco, el alcohol y las drogas; estas sustancias deterioran el aura. No puedes tener malos hábitos como una dieta deficiente o no hacer ejercicio y respirar aire fresco."*

*"Mientras estés en meditación, sí en meditación Joseph, pídele a Índigo que te ayude para que juntos trabajen en tu energía y en alinear tus chacras. Es muy importante que hagas tiempo para meditar porque es la única manera que tenemos de comunicarnos contigo. Practica sanar con la energía universal. Toda tu fuerza intuitiva vendrá de mí, Índigo. Si te sientes deprimido llama a Patrick, pídele que te mande su energía para que te levante el ánimo, por eso está contigo, porque él es el consejero en cuestiones de la Tierra y para hacerte reír y disfrutar la vida. Tu crecimiento espiritual vendrá de la Fuerza Colectiva, estamos trabajando en traer la energía de Dios y nueva información; muy pronto vas a recibir información escrita de la energía Crística. Cuando el tiempo sea propicio, canalizarás a un Maestro Guía y su voz será parte de ti; cuando canalices a este Maestro, parecerá que eres tú, pero la diferencia se notará, ya que la sabiduría que canalizarás será verdadera.*

**Este Maestro Guía traerá las leyes de Dios junto con los mandamientos para la Nueva Era.**

# LA FUERZA DE VIDA UNIVERSAL

## CAPÍTULO NUEVE

**En mayo** de 1997, me contrató el Forever Young Institute (Instituto de la Juventud Eterna), para hacer un video del show llamado Healthfest, es un show de salud holística que promueve la medicina alternativa. La mayor parte de sus invitados eran doctores que practicaban medicina holística y sanación. Mientras grababa el evento, me encontré a una vieja conocida, Jane Grey Ford, la conocí cuando estaba empezando mis estudios metafísicos en la clase de desarrollo psíquico de Carole en 1985. Jane es una sanadora holística espiritual que también practica hipnoterapia y es maestra Reiki.

La palabra Reiki quiere decir fuerza de vida universal en la simbología japonesa, tiene su origen en las palabras Raku-Kei. El Raku es la energía de flujo vertical y el Kei es la energía de flujo horizontal que corren por el cuerpo. El Reiki es la energía sanadora universal que se transmite a través de un maestro Reiki hacia la persona, esta energía viene de la fuerza de Dios. La persona que transmite la energía de esta fuerza hacia el paciente es sólo un canal, no trabajan con su energía, sólo transmiten la energía de la fuerza de Dios.

Le conté a Jane que había recibido información que decía que yo iba a ser un sanador espiritual y que la información me la habían dado Carole e Índigo. Jane me invitó a que fuera a una de sus clases de Reiki, había como ocho estudiantes, dos de los cuales eran maestros Reiki. La clase que le tocaba dar ese día era acerca del aura y de los chacras, en seguida escribo algo de la información que nos enseñó.

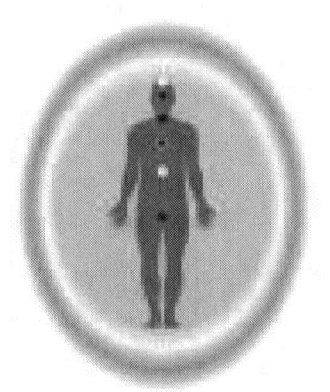

## EL AURA

Todo en el universo es una vibración. Cada átomo, cada parte del átomo, cada electrón, cada partícula, incluso nuestros pensamientos y nuestra consciencia son vibraciones. El aura humana es la energía que rodea al cuerpo físico; lo rodea en todas direcciones y es tridimensional. Cuando la persona estás sana, el aura tiene forma elíptica, como la de un huevo. Los maestros en la antigüedad podían extender su aura varios metros, era por eso que podían atraer a muchos seguidores donde quiera que fueran. La lista a continuación da un resumen de los significados de las diferentes formas y colores del aura.

**Rojo, Amarillo y Naranja:** Estos colores son lo que se llama cálidos y muestran cuando alguien es extrovertido, expresivo, práctico y tiene vitalidad.

**Azul y Verde:** Estos colores en general muestran más sensibilidad y paz, así como una naturaleza intuitiva interior.

**Violeta y Blanco:** Muestran una vívida imaginación y una orientación mágica y espiritual hacia la vida.

Es importante también fijarse en qué lugar del aura se encuentran los colores.

**En el lado Derecho:** Éste es el lado masculino del cuerpo y representa el pasado reciente o representa algo que se está liberando.

**En el Centro:** Sobre la cabeza indica lo que se está experimentando en ese momento.

**En el lado Izquierdo:** Éste es el lado femenino del cuerpo y representa el futuro cercano o aquello que pronto llegará a tu vida. La forma del aura refleja el estado de ánimo de la persona.

**Brillante y amplia:** Cuando el aura tiene esta forma quiere decir que la persona está feliz, que es extrovertida, optimista y que tiene una forma positiva de ver la vida.

**Oscura y estrecha:** Esto puede significar que la persona está deprimida, apática, indiferente, que tiene miedo o que está enferma.

**En equilibrio hacia todos lados:** Si está rodeando el cuerpo y es de forma elíptica, quiere decir que la persona está en equilibrio y que es constante.

**Con hoyos o grietas:** Significa que ha habido una pérdida o que va a liberar algo muy importante.

## EL SISTEMAS DE LOS CHACRAS

La palabra chacra significa rueda y los chacras se pueden describir también como un vórtices de energía girando. Están localizados de manera vertical en el cuerpo y son los mediadores de la energía, y de la energía que entra y sale del cuerpo. La energía que entra al cuerpo, es la energía de la fuerza vital del universo. El sistema de los chacras distribuye la energía para nuestro funcionamiento mental, físico, emocional y espiritual. Hay siete chacras principales y están localizados en ciertos puntos del cuerpo donde existe mayor actividad electromagnética en el aura.

**Primer chacra o chacra raíz:** Su color es el rojo y su tono es el de la nota musical C media, es el centro de la fuerza básica de vida. Se localiza en el piso pélvico, se le conoce también como Kundalini, la fuerza de vida de supervivencia. Éste chacra está conectado al sistema circulatorio, al reproductivo y a las extremidades inferiores; tiene influencia sobre los testículos, los ovarios, el área pélvica las piernas y los pies. Abre también la conciencia de los talentos que se tenían en vidas pasadas, es el centro de la energía que promueve la vida.

**Segundo chacra o chacra del sacro o del bazo:** Es de color naranja y su tono es el de la nota musical D, sobre la C media. Este es el centro reproductor y sexual del cuerpo; tiene influencia sobre los órganos reproductivos, el bazo, la vejiga, el páncreas y los riñones que son los que fomentan la desintoxicación del cuerpo. Tiene influencia también en las emociones y sensaciones y se relaciona con la consciencia de creatividad, así que también controla mucha parte de la personalidad.

**Tercer chacra o plexo Solar:** El color es naranja y su tono es el de la nota musical E, sobre la C media y se localiza en la parte de la boca del estómago. Tiene influencia sobre el sistema digestivo, las glándulas suprarrenales, el estómago, el hígado y la vesícula. Ayuda al cuerpo con la asimilación de los nutrientes y es la conexión entre los hemisferios del cerebro. El trabajar con éste chacra puede ayudar a mejorar varias enfermedades incapacitantes. Éste chacra despierta a la persona a experiencias psíquicas.

**Cuarto chacra o chacra del corazón:** Su color es el verde y el tono es el de la nota F sobre la C media. Se relaciona con el corazón y el sistema circulatorio. Tiene influencia sobre las funciones del timo y del sistema inmunológico, que está conectado al hemisferio derecho del cerebro. Éste es el centro del amor superior y de la sanación, es el centro que despierta la compasión y la expresión en nuestra vida. Es el mediador de todos los demás chacras.

**Quinto chacra o chacra de la garganta:** Tiene color azul y su tono es el de la nota G sobre la C media. Tiene influencia sobre la garganta, el esófago, la boca, los dientes, las glándulas tiroides y paratiroides, y el sistema respiratorio. Éste chacra activa la telepatía y la percepción de la consciencia.

**Sexto chacra o tercer ojo:** Es de color azul índigo y su tono es el de la nota A sobre la C media. Tiene influencia sobre la glándula pituitaria, sobre todo el sistema endócrino, los senos nasales, los ojos, los oídos y la cara. Éste es el centro de la clarividencia, del proceso de imaginación y la visualización creativa; puede abrir la visión espiritual.

**Séptimo chacra o chacra de la corona o coronario:** Tiene color violeta y su tono es el de la nota B sobre la C media. Está conectado al sistema nervioso y al sistema óseo. Puede abrir la consciencia hacia nuestro ser superior, está conectado a nuestra esencia espiritual y nos alinea con la fuerza superior del universo.

## LA FUERZA DE VIDA UNIVERSAL SEGÚN ÍNDIGO

"**El universo está hecho de energía pura, es una vibración.** Si puedes aprender a conectarte a esta energía, encontrarás que hay energía sanadora en abundancia. Imagina un río de energía, en el que la energía representa la fuerza de vida universal de Dios, como canal, debes aprender a traer esta energía de amor y transmitirla a la persona que lo necesite; éste es el arte de sanar. La cuestión es aprender a atraer esta energía y mandarla a la persona que de verdad lo necesite, cualquiera puede hacerlo. Para hacerlo sólo hay que tener una mente abierta y confiar, entonces la sanación sucede. El río de energía es una vibración, el cuerpo humano está hecho de vibraciones, todo en el universo es una forma de vibración."

"**El movimiento de electrones y protones de cada átomo, cada molécula, cada sustancia, crea la vibración.** Dios creó todo con esta vibración. Cuando levantamos nuestra vibración, aumentamos la frecuencia vibratoria de los electrones y protones. Al aumentar la vibración, se llega a reinos de existencia superiores; entre más alto vibramos, más iluminados nos volvemos. No pienses que como el Colectivo está hecho de una vibración superior, sólo se nos da la gracia de recibir la fuerza de vida universal a nosotros; cualquiera puede recibirlo, sin embargo hay que aprender las lecciones y aprender qué hacer con esta energía. Al escribir este libro, el Colectivo sólo tocará superficialmente los temas que estás aprendiendo; una vez que te hagamos consciente de cosas nuevas, tú tendrás que buscar maestros para que te ayuden a aprender estas grandes lecciones. Hay maestros entre ustedes que ya han aprendido estas lecciones."

"Es difícil para los humanos entender el aura porque la mayor parte de ellos no la puede ver. El color del aura cambia dependiendo de cómo se siente la persona; al leer el aura es fácil saber cómo es la personalidad y salud de la persona. Hay profesionales que pueden captar el aura con una fotografía, el color que se ve alrededor del cuerpo es el aura; es una gran manera de poder verla.

 Es muy fácil sacar una foto del aura, te sientan en una silla y tapan tu ropa con una manta de color negro. Pones tus manos en una placa de metal y con una cámara especial llamada cámara Kirlian el fotógrafo toma la foto y ésta muestra el color o colores alrededor del cuerpo. Junto con la foto también te dan una impresión a computadora explicando lo que quieren decir los colores del aura que aparecieron en la fotografía."

## LA VERSIÓN TÉCNICA

La fotografía del aura es una imagen visual de cómo funcionamos; el proceso técnico es un poco complicado. Las placas de metal, que tienen la forma de las manos, son sensores sofisticados; miden el campo electromagnético en base al sistema ayurvédico de meridianos, que son puntos de acupuntura en las manos. La cámara codifica la lectura de energía en frecuencias que corresponden a ciertos colores y procesos fotográficos; una computadora interpreta la información e imprime la fotografía del aura. Las medidas se expresan como niveles de vibración que un chip en la computadora convierte en los colores. Un cable que sale del sensor lleva la información a la cámara, que es de doble exposición, lo que quiere decir que saca la imagen de uno y sobrepone los colores captados por los sensores.

"Joseph y yo, Índigo, hicimos un experimento con nuestras auras. Joseph fue a tomarse una fotografía de su aura y salió un color rojo con amarillo en el lado izquierdo. Un tiempo después fue otra vez a sacarse otra fotografía y salieron los mismos colores rojo y amarillo del lado izquierdo. Esperamos unos minutos y antes de que el fotógrafo le tomara la segunda fotografía, Joseph canalizó mi energía. Yo, Índigo, sonreí a la cámara; y los colores que salieron esta vez también eran rojo y amarillo arriba de su cabeza, pero el color índigo estaba en su lado izquierdo."

## DE NUEVO JOSEPH

Le dije a Índigo que los experimentos son divertidos, pero debe recordar que yo vivo en el plano terrestre y nuestros experimentos cuestan dinero por lo que le dije: "Índigo, la próxima vez ten cuidado con mi cartera."

El aura dice mucho de una persona, la persona que interpretó mi aura dijo que como había rojo intenso podían ser varias cosas, que estuviera bajo mucha presión, que me fuera a enfermar o por el contrario podía ser exceso de energía o una energía sexual fuerte. Hubo quien me dijo que el color rojo era el color de la energía Crística. Yo pienso que depende de cada individuo decidir qué opción es la que sienta más adecuada. El lado izquierdo del aura refleja los eventos que vendrán a tu vida, en mi foto salía el color amarillo, que quiere decir emprender proyectos de creatividad y artísticos.

Cuando canalicé a Índigo, mi aura tenía amarillo sobre mi cabeza y esto representa espiritualidad y creatividad. Mi corazón tenía color violeta que representa una orientación espiritual hacia la vida. Recuerden que si se toman la foto de su aura en la mañana, el color habrá cambiado en la tarde, es como los anillos que tienen esas piedras que cambian de color de acuerdo a los cambios de estado de ánimo. En los últimos cinco años me he tomado la foto del aura varias veces y siempre han salido el mismo rojo intenso y el amarillo.

Yo pienso que el rojo representa la energía Crística y el amarillo representa mi parte creativa, que en mi caso es la video fotografía y la escritura. La única vez que han salido colores diferentes fue cuando canalicé a Índigo.

## LA CLASE DE REIKI

Como mencioné anteriormente, el Reiki es el río de energía que Índigo nos había mencionado. El Reiki viene del Creador y la energía se transmite a través de las manos del canal hacia el paciente. Hay muchos maestros que enseñan el arte del Reiki, se sorprenderían al ver qué tan fácil es aprender esta técnica holísitca.

Las clases de Jane duraron varias semanas y aprendimos, entre otras cosas, los símbolos que se usan en Reiki. Estos símbolos funcionan igual que los símbolos que me dieron los Bejianes. Para mí el tomar estas clases era como refrescar mi memoria, sentía como si hubiera hecho eso antes, pues me salía naturalmente. Cuando trabajaba con alguien, podía sentir cómo salía calor de mis manos; me recordaba cuando Deborah había pasado sus manos por mi cuerpo y yo podía sentir un fuerte calor saliendo de ellas.

Una tarde después de la clase, Jane la pidió a las maestras de Reiki que estudiaban con nosotros, Marlene y Sharon, que nos dieran a cada uno una armonización, que es una manera rápida y efectiva de equilibrar los chacras y la energía. Marlene fue la que me dio la armonización, puso sus manos en mis hombros y respiró profundamente para concentrarse en lo que me iba a hacer. Luego puso sus manos encima de mi cabeza, hizo una pausa y empezó a mover sus manos alrededor de mi cuerpo como si pudiera sentir la forma de mi aura.

Mientras me armonizaba pude sentir una oleada de energía entrando en mi cuerpo. Se sentía igual a la energía que siento cuando canalizo, la única diferencia es que ahora estaba consiente, no en trance. Pude sentir la energía durante toda la armonización y de pronto me di cuenta de que Marlene estaba llorando, le pregunté si todo estaba bien.

"Sí, todo está bien. Es increíble, en todos los años que llevo haciendo sanaciones, nunca había sentido una fuerza energética tan hermosa, tan poderosa. El amor que está pasando a través de mí es maravilloso. Siento como si yo fuera parte de este amor mientras pasa hacia ti. Eres una persona muy especial Joe, tienes tanto amor alrededor de ti. Gracias por dejarme compartir esta energía contigo, nunca voy a olvidar este amor." Me dijo Marlene. Le di las gracias por sus bellas palabras y le comenté que había descrito exactamente lo que yo sentía cuando me conectaba con mis guías. El amor que se siente es muy fuerte, el saber que hay una presencia más allá de lo que vemos y que viene de Dios, te da la esperanza de que hay algo después de la vida en esta Tierra.

Cuando terminó el curso, Jane me invitó a reunirme con un grupo de mujeres que practicaban Reiki. Acepté la invitación, me sentí muy halagado. Nos reunimos en junio de 1997 en la oficina de Jane que está en Lake Worth, Florida. Cuando llegué, me di cuenta de que Marlene y Sharon pertenecían al grupo junto con otras seis mujeres. Todos nos sentamos alrededor de una mesa especial que tenía un agujero para poner la cara. Como todo esto era nuevo para mí, me senté disponiéndome sólo a mirar. Jane empezó la clase con una oración y una meditación; al terminar escogió a uno de nosotros para acostarse en la mesa y que le hicieran una sanación y luego escogió a otra para que diera la sanación.

La persona que iba a dar la sanación debía pararse en el extremo donde se encontraba la cabeza de la persona a quien iba a sanar. En este grupo usaban el péndulo como una herramienta de sanación, un péndulo es una pesa que se encuentra en el extremo de un hilo o cadena para que se pueda mover bajo la influencia del Guía Espiritual del canal.

# ¿Hay Algo Más Allá de la Vida Que lo Que Sabemos?

El canal hace la pregunta que el paciente quiere que se le responda y el guía contesta a través del péndulo, se mueve de este a oeste cuando la respuesta es sí y de norte a sur cuando la respuesta es no.

Mientras yo miraba, me di cuenta de que todas formaban un triángulo con los dedos, los dedos índices formaban la parte superior del triángulo y los pulgares se juntaban formando la base. Esta es la misma posición en la que Índigo pone mis dedos cuando lo canalizo, y yo pensando que eso era único. Cuando la sanadora recibió un sí del péndulo, todas alrededor de la mesa apuntaron con los dedos en forma de triángulo hacia la que estaba en la mesa. Era momento de abrir sus chacras, esto se hacía por medio de algo que se llamaba 'entonación', que utiliza un tono o una nota musical. El grupo armoniza en esta nota para abrir el chacra y proyectarle el color del mismo chacra. Cada chacra reacciona a diferente tono. Mientras miraba empecé a sentir la presencia de Índigo, por lo que pregunté a Jane si podía canalizarlo para el grupo, todas aceptaron, así que entré en trance y entró Índigo.

*Buen día, soy Índigo y sano con energía. Es un placer el estar con este grupo de sanadoras; están haciendo un gran trabajo de sanación. A Índigo le gustaría hacer una sanación también si se lo permiten." Jane le contestó: "claro Índigo, por supuesto que tienes nuestro permiso, es más, desde que conocimos a Joe hemos estado esperando a que te canalice."*

Me acerqué a la mesa, bueno, Índigo. Y empezó a mover mis manos sobre el cuerpo de la mujer que estaba en la mesa deteniéndose en ciertas partes donde él podía ver heridas que había tenido la persona en su vida. Mientras Índigo hacía la sanación, el grupo lo ayudaba usando sus manos en forma de triángulo proyectando la energía de sanación donde se necesitara. Índigo les dio sanación a todas las mujeres del grupo, una por una. Marlene y Jane fueron de las primeras y las dos pudieron sentir el intenso calor que Índigo proyectaba.

"Hace mucho calor aquí, nunca habíamos tenido tanta energía en este cuarto." Comentó Marlene. Una de las sanadoras, Sharon, estaba en la mesa y también les dijo que las manos de Índigo estaban sumamente calientes, que se sentían como si tuviera uno de esos cojines eléctricos. Índigo acercó sus manos a la cara de Sharon y le preguntó si tenía dolor alrededor de la boca y ella le dijo que llevaba días con dolor de muela. Mientras le daba sanación Índigo le decía: "Visualiza el color azul alrededor de la muela y siente como se libera el dolor. Siente la energía de Dios como fluye a través de ti, purificando todas las impurezas."

Sharon sorprendida decía, "mi boca está adormecida…y el dolor, ¡no lo puedo creer, ha desaparecido! Gracias Índigo, deberías quedarte en el grupo." Cuando Índigo terminó con la sanación Jane le preguntó de mí, ¿Joe podrá hacer sanación sin tu ayuda o te tiene que canalizar para poder sanar?"

A lo que Índigo le contestó: "No Jane, Joseph va a poder sanar sin que yo esté presente, pues ha sido sanador en sus vidas anteriores. Él es un sanador espiritual, yo sólo soy su maestro. Ustedes le enseñarán lo que enseñan en esta clase, para que cuando canalice al nuevo maestro, él ya tenga el don de la sanación. Joseph está consciente de todo lo que ha pasado esta noche y se ha activado su memoria de sanación. Ahora puede empezar a sanar y confiar más en sus habilidades. Índigo te da las gracias Jane y a todas las aquí reunidas por darnos el permiso a Joseph y a mí de ayudarlas en la clase de hoy." Al llegar a la clase la siguiente semana, Jane me preguntó si recordaba lo que había enseñado Índigo la clase anterior y si quería empezar la clase del día de hoy. Contesté que sí y mientras me preparaba para empezar alguien me preguntó si traía mi péndulo, me dijo, "debes tener un péndulo, sino cómo le va a hacer el espíritu para darte un mensaje." Y después de pensarlo un minuto le contesté, "no necesito un péndulo, yo sano como lo hace Índigo, por lo que ya es natural en mí."

Puse mis manos en la persona que estaba en la mesa y empecé a trabajar el área de los hombros, y le pregunté si había tenido algún problema con esta área y me dijo que hacía unos años había estado en un accidente automovilístico y que se había lastimado los hombros. Dejé mis manos suspendidas sobre sus hombros proyectando en mi mente el color naranja y mientras ella me decía que sentía mucho calor saliendo de mis manos; luego también pasé mis manos por los dos lados de su cuerpo sintiendo partes más calientes que otras. Al trabajar con algunas personas más, se me hacía cada vez más fácil detectar los lugares donde había lesiones. Cuando fue mi turno de subir a la mesa, le tocaba a Marlene hacerme la sanación y las demás proyectaban energía hacia mí. Cuando Marlene estaba recibiendo una respuesta de su péndulo, empecé a sentir una gran energía pasar por mi cuerpo y grité "¡mis hombros!" Mis hombros empezaron a levantarse de la mesa, como si hubiera alguien en mi espalda levantándolos; de pronto mi cuerpo empezó a moverse hacia todos lados y Jane sorprendida me preguntó si todo estaba bien, le dije que sí; aunque esto que estaba pasando era realmente muy extraño.

Yo no sabía lo que estaba pasando, mis brazos estaban estirados hacia el techo como si me los jalaran; Jane le explicaba al grupo que el espíritu me estaba ajustando. La sensación era muy extraña, no podía hacer nada mientras mi cuerpo era movido en todas direcciones. Cuando el espíritu terminó me sentía muy bien, como si hubiera tenido una sesión con un quiropráctico, me sentía lleno de energía. Esta era la primera vez que Jane había visto algo así, y yo también. En mi interior estaba recordando todas las cosas tan extrañas que me habían sucedido en los últimos años.

# ¿HAY ALGUIEN ALLÁ AFUERA?

## CAPÍTULO DIEZ

**Mi** familia empezó a tener gran interés por mis habilidades psíquicas; mi madre, Carmen, siempre me dijo que yo tenía un don especial. Lo había notado desde que yo era un niño cuando hablaba con mis amigos imaginarios. Habíamos visto en la televisión algunos psíquicos médiums que tenían la habilidad de hablar con los seres que ya habían fallecido; pero jamás imaginamos que yo iba a hacer lo mismo. Mi mamá y mi hija más chica, Jessica, me ayudaron mucho con mi canalización; tomaban nota y me recordaban la información que había canalizado. Mi prima Marilú, viuda de mi primo fallecido Joey, también se había interesado mucho en mis habilidades espirituales. Tenía mucha curiosidad por saber lo que hacía, especialmente desde que yo había sido médium entre ella y mi primo. Mi jornada como médium realmente había empezado cuando conecté a Marilú con Joey.

Sucedió que un día, mientras iba manejando, empecé a pensar en mi primo Joey. Y de pronto me encontré hablando con él en mi coche, mientras pensaba que en verdad no podía estar hablando con él porque eso no era normal. ¿Acaso me estaba convirtiendo en una de esas personas que hablaban solas? Tuvimos una plática donde le conté lo que estaba sucediendo en mi vida, me dio las gracias por tener la habilidad de hablar con él; me pidió también que si podía hablar con su esposa Marilú. Yo le dije: "claro, cómo no, ¿tú crees que le voy a decir que estuve platicando con su difunto esposo?"

Yo sentía que para decirle que yo podía hablar con Joey tenía que tener pruebas irrefutables para convencerla, por lo que hice un trato con él. "Si quieres que le diga a Marilú que me puedo comunicar contigo, primero me tienes que dar información que sabes que yo no podría saber para que ella tenga pruebas de que hablamos, si ella dice que la información es correcta entonces canalizaré los mensajes que tengas para ella." Me di cuenta de que sí quería decirle a Marilú lo que hacía pero no quería alterarla; Joey había fallecido cuando tenía treinta y tantos dejando a dos niños y Marilú lo amaba con todo su corazón, yo sabía que todavía lo extrañaba mucho y pensaba en él todos los días.

Como no quería darle falsas esperanzas a Marilú, le pedí a Joey que me dijera el nombre de cariño con el que él la llamaba. Me concentré y la palabra que me llegó fue 'queso'; le dije "Joey, ¿de verdad quieres que le diga que hablé contigo y que me dijiste que le decías 'queso'?

Tratemos de nuevo." Así que me volví a concentrar y de nuevo la palabra 'queso' apareció en mi mente. Fui a casa de Marilú y le expliqué que su esposo estaba tratando de comunicarse con ella, sus ojos empezaron a llenarse de lágrimas; me puse nervioso y le dije que creía que quería hablar conmigo. Ella sabía que yo podía canalizar, pero no sabía que yo podía comunicarme con las personas que habían fallecido. Le conté la plática que había tenido con Joey y le dije que realmente no estaba seguro si había sucedido sólo en mi mente o había sido real.

"Le pregunté a Joey cómo te decía de cariño y la única palabra que apareció en mi mente fue 'queso'. ¿Marilú, te decía 'queso'?" En ese momento empezó a llorar y se fue a su recámara, preocupado me dije: '¿pero qué hice?' Momentos después, regresó con una caja llena de cartas románticas que le había escrito Joey, me enseñó la parte de arriba y ahí estaba escrita la palabra 'queso'. Me dijo que la razón era personal pero que en efecto le decía 'queso'. A partir de esa noche, las puertas del cielo se abrieron para que pudiera ser médium y tener comunicación con los seres que ya habían fallecido.

Le pregunté a Marilú si me quería acompañar a una de mis clases de sanación. En esa clase Jane quería probar algo nuevo, quería ponerme bajo hipnosis para ver si podíamos saber cosas de mi futuro. Ésta técnica se llama progresión de vida futura, lo opuesto a la regresión de vidas pasadas, que, como lo indica el nombre es ir al pasado a revivir las vidas pasadas que uno ha tenido; mientras que la otra es ir al futuro probable a ver los eventos que vienen. Los dos se hacen bajo hipnosis. Jane empezó a hipnotizarme y pude sentir la presencia de Índigo cuando me empezó a hacer preguntas del futuro.

**Jane:** ¿Joe, dónde te ves en el año de 1999?

**Joe:** Estoy aquí en Palm Beach

**Jane:** Mira a tu alrededor, ¿se ve todo igual?

**Joe:** Si.

**Jane:** Vamos al año 2001, ¿dónde estás ahora?

**Joe:** Todavía en Palm Beach.
**Jane:** Mira a tu alrededor, ¿qué está pasando en el mundo?

**Joe:** El cielo está lleno de humo y fuego, veo mucho humo.
**Jane:** Vamos al año 2002, ¿todavía ves el cielo lleno de humo?

**Joe:** No, el mundo sigue igual, pero la situación de algunos países es inquietante, hay guerra y lucha por el poder.

Tenía los ojos cerrados y podía sentir cómo entraba en un trance aún más profundo mientras Jane me hacía más preguntas. En ese instante vi una luz muy brillante, cegadora, que inundaba mi mente; cuando pasó el destello, en mi tercer ojo, el ojo psíquico, pude ver a un hombre barbado sentado frente a una enorme mesa de madera escribiendo en una especie de libreta.

El hombre me indicó que me acercara para ver lo que había escrito. Cuando me acerqué y me dio la bienvenida lo reconocí, era el mismo anciano que me había visitado cuando era niño, pero ahora no tenía prisa. Me señaló la libreta que estaba sobre la mesa, el título decía 'La Infinita Jornada de Vida'; la vibración de este anciano era muy poderosa, empezó a hablar a través de mí con Jane.

**Jane:** Tu voz está cambiando Joe, ¿está Índigo contigo todavía?

**Entidad:** No, somos nuevos, Joseph no nos conoce.

**Jane:** ¿Quiénes son?

**Entidad:** No estamos seguros de quién debemos ser.

**Jane:** ¿Eres un nuevo guía de Joseph?

**Entidad:** Si.

**Jane:** ¿Te puedes describir?

**Entidad:** Tendrías que ir a tiempos muy antiguos, antes de la Biblia, para saber quién soy.

**Jane:** ¿Te podemos llamar El Anciano?

**Entidad:** Si.
**Jane:** Anciano, ¿cuándo cambiará el mundo?

**Entidad:** Será en el año 2012. Habrá un cambio de consciencia, que ya está empezando a ocurrir ahora, de acuerdo a la profecía.

**Jane:** ¿Por qué escogiste este tiempo para canalizar a través de Joseph?

**Entidad:** Somos del futuro cercano, es por eso que estamos aquí. Con el tiempo Joseph canalizará nuestra vibración y traerá nuestra energía a su plano de existencia, pero en este momento, Joseph se cansa mucho, debemos terminar la comunicación.

¿Quién era El Anciano? ¿Tenía algún nombre? Teníamos la esperanza de poder encontrar las respuestas pronto. Marilú me contó que tanto mi postura como mi voz cambiaron muchísimo, más que cuando canalizo a mis otros guías. Cuando canalizo al Anciano, en mi espalda se hace una pequeña curvatura y sobresale una de mis cejas; esta entidad se siente como si fuera muy alta y muy delgada. Mientras escuchaba las preguntas que le hacía Jane, cruzó las piernas para recargar uno de sus brazos y sostener así su barbilla; tenía una voz reconfortante, parecida a la de Índigo, pero era más grave y ronca. No tan estruendosa como la de Sparrow Hawk, pero tampoco tan exaltada como la de Patrick.

Le hablé a Marilyn para preguntarle si podía canalizar a James, a ver si a través de él podíamos averiguar quién era El Anciano, como James era del tiempo en el que se escribió la Biblia, pues se me ocurrió que a lo mejor nos podía sacar de la duda. Esto fue lo que nos dijo James: "El Anciano es de un tiempo anterior al tiempo en el que se escribió la Biblia, es un ser de luz también para los demás mundos. Es una entidad muy poderosa, El Anciano, es de la vibración Crística, que es la más alta."

Al terminar, Marilyn me recomendó que fuera a ver al Reverendo Frederics, que era un canal también. Me dijo que me iba a sorprender mucho con sus habilidades y que ella sentía que él podría contestar las preguntas que tenía acerca del Anciano. Que también podía comunicarse con las personas que habían fallecido y con seres de otras dimensiones para poder contestar ciertas preguntas. Pues debía ser muy bueno si Marilyn estaba tan impresionada con él.

## EL REVERENDO FREDERICS

El 18 de Julio de 1997, el Reverendo Frederics iba a hacer una sesión y por suerte pude arreglar todo para poder asistir. Cuando llegué ya había por lo menos cincuenta personas de todas las edades, entre ellos algunos escépticos a los que alcancé a oír haciendo comentarios negativos del Reverendo. Yo esperaba ver al Reverendo entrar y sentarse en una silla y canalizar como lo hacía Marilyn, pero estaba muy equivocado, este hombre tenía una manera muy diferente de conectarse con las entidades, tanto, que me convertí en un fiel creyente en la vida después de la muerte.

La sesión empezó con un señor, llamado Diácono Kelly, que empezó a repartir unos papeles en blanco, él les decía cartas; eran como de 10 x 2 cm. Debíamos seguir las instrucciones de cómo doblarlas y escribir en esas cartas o el Reverendo no podría leerlas. Había que doblar la carta a la mitad y en la parte de arriba escribir el nombre, usando tinta azul o negra, de tres familiares que hubieran fallecido y cuál era nuestro parentesco. A la mitad de la carta, donde estaba el doblez, debíamos escribir sólo una pregunta y en la parte de abajo escribir nuestro nombre completo. Yo escribí los nombres de mi primo Joey, de mi tío Carmen, papá de Joey y el de mi abuela Jenny. Como nada más podíamos hacer una sola pregunta, en lugar de preguntar por El Anciano, que era para lo que había ido, pregunté si se iba a publicar mi libro. Escribí mi nombre completo, Joseph LoBrutto III y metí mi carta en la canasta que se iba pasando.

El Diácono Kelly puso la canasta en el podio. Yo estaba esperando que el Reverendo Frederics tomara una carta de la canasta, pero para mi gran sorpresa lo que hizo fue sacar un rollo de cinta plateada y dos pedazos de tela. Se puso los pedazos de tela sobre los ojos y se pegó un pedazo de la cinta sobre la tela y encima se amarró una mascada. Le pidió al grupo que cantara la canción de 'Amazing Grace', para levantar la vibración del salón.

Mientras cantábamos y esperábamos a que entrara la entidad que se iba a canalizar, pude ver al Reverendo pararse detrás de podio y entrar en trance. Mientras lo hacía me pareció ver una esfera de color azul bajando hacia él, que entraba por la parte superior de su cabeza y tomaba la forma del cuerpo del Reverendo Frederics y al hacer esto se podía ver como una delgada aura azul alrededor de él. Le pregunté a la mujer que estaba junto a mí si había visto la esfera, pero me volteó a ver haciéndome sentir como si estuviera loco.

La entidad que estaba canalizando el Reverendo Frederics sacó una carta de la canasta y se la puso en la frente, en seguida preguntó: "¿Alguien conoce a un hombre llamado Frank? Su apellido es como el nombre del parque de diversiones, Coney Island." Una persona que estaba sentada detrás de mi dijo: "Yo conozco a Frank Coney, era mi esposo." "¿Te llamas Sara?", le preguntó la entidad. "Sí, me llamo Sara", contestó la mujer. "Frank quiere saber cómo están los niños, Pete y Dany"; "están bien", contestó Sara. La entidad dijo por último: "Para contestar a tu pregunta Sara, los papeles están en un baúl de cedro que está en la cochera, búscalos." Yo estaba muy sorprendido, nunca había visto algo así, era como si la persona fallecida estuviera en el salón y uno pudiera hablar con ella. El Reverendo Frederics sacaba carta tras carta, daba información correcta y, además, contestaba acertadamente las preguntas; yo sentía que no podía esperar más a que el Reverendo sacara mi carta y la leyera.

Sacó otra carta y preguntó: "¿Hay alguien aquí que se llame Greg?" un hombre contestó que él se llamaba Greg, era uno de los escépticos que yo había escuchado hablando antes. La entidad le dijo: "Greg, no llenaste la carta correctamente, no pusiste el nombre de las personas fallecidas que quieres contactar, pero vamos a ver si podemos encontrar a alguien. Veo a una mujer, dice que se llama Shirley, ¿es tu madre?" Greg asintió con la cabeza. "Dice que debes soltar las situaciones, que debes dejar el pasado en el pasado; que tú sabes lo que quiere decir." "Sí lo sé, gracias." Dijo Greg. Para mis adentros pensé, vaya yo creo que se le ha quitado lo escéptico.

La entidad había leído ya por lo menos cuarenta cartas y yo estaba cada vez más ansioso por que leyera la mía. De pronto sacó una carta, la arrugó y la tiró al suelo, al tiempo que decía: "esta carta no se puede leer, no fue llenada apropiadamente"; sentí un sobresalto al pensar en la posibilidad de que hubiera sido la mía. Sacó otra carta y dijo: "Veo un águila en el aire.", y en ese momento supe que estaba hablando de Sparrow Hawk y justo cuando iba a decirle que era yo dijo: "el águila tiene relación con el apellido Hawkins". Un hombre que estaba sentado al frente respondió que él se apellidaba Hawkins. Pero la entidad preguntó:

"¿Hay alguien de nombre Joseph en el salón?" A lo que yo rápidamente respondí: "¡Sí yo soy Joseph!" "Esto es muy chistoso", dijo la entidad, "hay una mujer vestida de negro agitando su dedo índice hacia ti. Está caminando hacia una especie de caldera, no, es una olla; está cocinando y huele delicioso, su nombre es Jenny. ¿La conoces?" "Sí, es mi abuela", le dije, por cierto cabe mencionar que yo nunca antes había visto al Reverendo Frederics. La entidad me respondió: "Bueno, Joseph tu abuela es una excelente cocinera, huele delicioso lo que está cocinando; ella quiere que te diga que sigas con tus estudios, que vas muy bien. Sí tu libro va a ser publicado, se va a vender muy bien, le va a gustar a la gente. Ahora, si piensas que este libro es bueno, espera, el que le sigue va a ser un best seller. Me dice tu abuela que tu tío Carmen está aquí y que te manda decir que sigas escribiendo."

Yo lloraba, pues mi abuela se había mostrado tal cual yo la recordaba; cuando era niño y hacía algo malo, mi abuela agitaba su dedo índice hacia mí gritándome en italiano y siempre estaba en la cocina preparando algo. Era la mejor abuela.

No tenía la menor duda de que la comunicación había sido genuina, no había manera de que el Reverendo Frederics hubiera conocido a mi familia y desde luego que tampoco podía haber leído la pregunta que escribí en la carta. Al terminar la sesión me quedé esperando al Reverendo Frederics para darle las gracias, pero él no tenía ni la menor idea de lo que estaba hablando. Me explicó que cuando él canaliza entra en un trance total y él no se da cuenta de lo que pasa.

Hablamos un momento y al escuchar mis experiencias me invitó a asistir a una clase que él daba los viernes por la noche. Él sentía que yo necesitaba una guía para seguir avanzando en mi camino espiritual. Me sentí honrado de que me hubiera invitado a su clase. Cuando por fin llegó el viernes, llegué a la clase y me acerqué a él para recordarle quién era yo, me saludó pero no me dejó hablar mucho de mí mismo. Me explicó que en esta clase los alumnos aprenden a desarrollar sus habilidades psíquicas, que como yo era nuevo y no me conocían, quería que el grupo practicara su intuición para conocerme. Esta clase me recordaba mucho a la clase de Carole, aunque era más pequeño, sólo éramos ocho personas. El Reverendo procuraba que fueran así de pequeños sus grupos para poder darles una atención más personalizada.

Lo primero que empezó a enseñarnos fue la psicometría, el Reverendo Frederics pasó una canasta que contenía sobres en blanco. Cada uno de nosotros debía poner dentro de un sobre algo que hubiéramos tenido con nosotros todo el día. Me quité mi anillo y lo puse en un sobre, los demás también pusieron diversas cosas en los sobres. Cuando el Reverendo juntó todos los sobres, los empezó a repartir entre nosotros asegurándose de que a nadie le tocara el suyo. No sabíamos de quién era cada cosa.

Para practicar la psicometría debíamos sostener el objeto y enfocarnos en lo primero que viniera a nuestra mente, la clave estaba en no poner atención en el objeto en sí y enfocarnos en lo primero que nos dijera nuestra intuición. Cuando recibí mi objeto me sentí desilusionado, era un cerillo, cómo iba a poder alguien recibir información de un cerillo si no era un objeto personal. Mi anillo le tocó al Diácono Kelly, lo que dijo fue que la persona a la que le pertenecía el anillo estaba pasando por una transición, por un gran cambio que tendría como resultado la libertad. Tenía razón, acababa de divorciarme y ciertamente me sentía libre.

Cuando llegó mi turno, me concentré y llegaron a mi mente las imágenes de niños, dos niños y una niña y el color morado. Al compartir con la clase estas imágenes les dije que esto era nuevo para mí, pero que haría mi mejor esfuerzo. La mujer que había puesto el cerillo en el sobre me dijo que lo había hecho muy bien, que en efecto ella tenía dos hijos y una hija y que el color favorito de su hija era el morado. Todavía recordaba que cuando trataba de hacer esto mi mente se quedaba en blanco, sin embargo ahora cuando lo hacía siempre me llegaban imágenes, a lo mejor de verdad me estaba volviendo psíquico.

Sin duda alguna el Reverendo Frederics era un hombre con un gran don, recuerdo que una vez llevé a mi prima Marilú a la clase, cuando se la presenté al Reverendo, él le preguntó que porqué estaba tan triste. Al canalizar dijo que había alguien en el salón con el mismo nombre de Joseph, que si alguien lo conocía. Marilú le dijo que sí, que era su esposo. "Siéntate y toma mis manos. Tu esposo dice que ya has llorado mucho, que ya es suficiente, debes vivir tu vida. Él siempre estará contigo y con los niños, siempre los estará cuidando. Te quiere dar un regalo, junta tus manos." El Reverendo Frederics puso sus manos alrededor de las temblorosas manos de Marilú. Luego de un momento le dijo que las abriera, al separar sus manos, pudimos ver que de la nada había una piedra azul en forma de gomita.

"Tu esposo dice que siempre te daba gomitas y que es azul porque ese es tu color favorito." Le dijo el Reverendo. Marilú lloraba y yo con ella. Le preguntó que si los círculos azules que había en la piedra tenían algún significado y el Reverendo le dijo que esas eran las lágrimas que había llorado, que ya no debía llorar más. Marilú me dijo: "no hay forma de que el Reverendo hubiera puesto esa piedra entre mis manos, es increíble, aunque me da un poco de miedo. Gracias por traerme Joe, voy a guardar esta piedra por el resto de mi vida."

Por lo que a mí concierne, le pedí ayuda al Reverendo para canalizar al Anciano, sin embargo, me dijo que debo aprender a no entrar en trance tan rápido; me enseñó cómo respirar profundamente para llenar mis pulmones de aire. Al respirar, con los ojos cerrados debía dirigir mi mirada hacia mi nariz; esto se hacía porque en ese lugar está la glándula pineal. Me dijo que me iba a sentir mareado, pero cuando sintiera eso, también iba a escuchar la voz del espíritu. A esta etapa de la canalización él le llamaba el periodo de impresión, debía ir más allá del periodo de impresión para poder llegar al trance completo.

El Reverendo Frederics pensaba que yo tenía la habilidad de leer las cartas, como las que habíamos llenado en la sesión donde lo conocí, porque iba mejorando cada vez más con los ejercicios que nos había enseñado. Nos pasaba un pedazo de papel doblado a cada uno y debíamos escribir palabras relacionadas entre sí, por ejemplo: bote, agua y nubes o calle, edificio y árbol. Se intercambiaban y los sosteníamos entre las manos usando nuestras habilidades psíquicas para leer lo que estaba escrito en las cartas. Así fue como el Reverendo aprendió a leerlas. Él pertenecía a la vieja escuela de canales por trance y era muy bueno. Si quería ser tan bueno como él necesitaba practicar todo lo que me había enseñado para poder entrar en un trance mucho más profundo. Había aprendido mucho y mis habilidades psíquicas estaban mejorando rápido. Hay que practicar mucho para aprender a desarrollar este don, bueno, creo que hay que practicar mucho para cualquier cosa en la que uno quiera sobresalir…y yo desde luego que estaba trabajando y muy duro.

# MI ÁNGEL DE LA GUARDA

## CAPÍTULO ONCE

**Cuando** me divorcié, mi hija menor, Jessica, buscaba cualquier pretexto para pasar los fines de semana conmigo, el tener a mi hija cerca resultaba ser como una sanación para mí, para poder seguir adelante con mi vida. Jessica me ha ayudado mucho con mi canalización, también mi mamá venía los fines de semana a ayudarme. Las dos han sido factores muy importantes en mi crecimiento espiritual.

Un fin de semana en que estábamos mi mamá y yo hablando acerca de mi 'nuevo' don para comunicarme con las personas fallecidas, ella me dijo que yo tenía el don desde hacía años. Recordó cuando en los años ochenta murió mi tío Sonny, su familia no se podía poner de acuerdo en cómo llevar a cabo el funeral y mi padre sólo trataba de mantener la paz. Por lo regular yo me mantenía al margen, era el callado de la familia; sin embargo mi tío Sonny decidió canalizar a través de mí. Todos estaban sorprendidos cuando escucharon que mi voz semejaba mucho a la del tío y les daba instrucciones de cómo quería que se hicieran las cosas, mejor dicho cómo supuestamente quería él que se hicieran las cosas. Mi madre volteó a ver a mi padre y le dijo: "tu hermano está aquí." Y mis primos se asustaron al ver que hablaba y me escuchaba como su papá. A mí se me había olvidado por completo ese día.

Mi hija Jessica estaba muy entusiasmada con mi don y mi mamá quería comunicarse con todos los miembros de la familia que habían muerto. Me estaba preparando para entrar en trance y contactarlos, pero antes de que pudiera hacerlo, empecé a sentir una vibración desconocida, le pedí a esta presencia que se mostrara.

En cuanto pregunté, me sentí transportado a un cuarto en el plano astral que se parecía a la Capilla Sixtina, tanto, que el techo también parecía que lo había pintado Miguel Ángel. Mientras yo estaba admirando la pintura del techo, éste empezó a desaparecer mientras una luz dorada entraba al cuarto. Podía escuchar el sonido de una melodía y un ángel bajaba a través del techo. Tenía el cabello café y los ojos azul brillante e irradiaba un aura de serenidad; me acogió y compartimos la vibración del cuarto. Mientras esto me sucedía, Jessica y mi mamá notaban cómo mis labios cambiaban de forma y mi postura también, volviéndose un tanto femenina. Me empecé a sentir muy femenina, me sentí muy incómodo así que detuve la conexión con este espíritu y le pregunté a Patrick qué estaba pasando.

Como de costumbre Patrick entró con risas y me preguntó: "¿qué pasa Joseph? Alguien quiere hablar con tu hija, le tiene mucho cariño, ¿por qué te contienes? Sí Joseph, es mujer y muy hermosa por cierto. Hay un nuevo guía que entrará a tu vida; ella es el ángel que te dijeron que iba a venir, está lista para canalizar a través de ti. ¿Estás listo tú? Hace mucho mucho tiempo ella fue parte de tu vida, te amaba entonces y te ama ahora. Al momento en que escribas el libro pide que venga a ti y te acordarás de ella otra vez." Entonces me conecté de nuevo con el ángel y habló con Jessica a través de mí. "Jessica, mientras estés en la universidad encontrarás a tu amor; no pasará mucho tiempo y seguirás los pasos de tu padre, enseñarás, sanarás y serás también médium."

# Mi Ángel de la Guarda 139

A pesar de que yo no me sentía preparado para canalizar a una mujer, sabía que Jessica necesitaba escuchar estas sabias y benditas palabras. Se emocionó mucho al escuchar esto y ahora tenía muchas más ganas de ir a la universidad algún día. Esa misma tarde, mientras meditaba, me transporté otra vez al cuarto del plano astral que parecía la Capilla Sixtina y de nuevo me dio la bienvenida el hermoso ángel.

## "Hola Joseph, ¿me recuerdas? Soy Genevieve."

"Es un placer poder conectarme contigo espiritualmente otra vez. Mi última vida fue en Normandía en el siglo ocho, hace mucho tiempo, por supuesto que sé que no te acuerdas Joseph. Pero no es importante el que haya sido en ese siglo, no es relevante en nuestra misión. Lo importante son los mensajes que se le van a dar a las personas que están despertando en la Tierra. En el Medioevo, que era el tiempo de la oscuridad, la gente estaba sumamente dormida. Estos son tiempos de despertar a este hermoso planeta y educar a los seres humanos acerca del amor y la armonía que Dios ha creado para nosotros."

*Hubo una vez en el que la Tierra era nueva,*
*Los árboles eran hermosos y el cielo muy azul.*
*Este era un paraíso,*
*Limpio de las impurezas del hombre.*
*Vino el tiempo de crecer semillas y vino la humanidad,*
*El paraíso que teníamos fue un regalo que no duró.*

"Me encanta escribir poesía Joseph. Esta es la primera noche en que conectamos nuestra vibración otra vez. Cada vez que me canalices nos vamos a armonizar, es maravilloso poder conectarme contigo otra vez, tenemos mucho que escribir, ahora te será muy fácil encontrarme."

> Recuerda el olor de mi dulce perfume,
> Que se permea en tus sentidos.
> El sentimiento de amor y armonía
> Es una vibración mía.
> Usa tu intuición y verás
> Que soy yo, Genevieve.

"Como ya sabes Joseph, mi nombre es Genevieve y soy tu ángel de la guarda, en otras palabras soy un guía de Joseph. Prefiero, sin embargo, ser llamada ángel, pues así nos llamaban en el siglo ocho y a la mayoría de los humanos les es fácil relacionarse con los ángeles.

Si necesitas una descripción de cómo nos vemos, debes eliminar las alas y el halo de luz. Somos seres no físicos de una vibración de amor y armonía, y un aura de luz pura rodea nuestro cuerpo astral. Si nos preguntaras cuál es nuestro objetivo te contestaríamos que es el de servir al único Dios y traer su amor a todos. Venimos a educar a las hermosas personas que están despertando en la Tierra, así que no estás solo. Nuestro Creador está aquí para ustedes y nosotros somos parte de Su creación. Puede ser que no existamos en la Tierra, pero desde luego que formamos parte de ella; yo he vivido muchas vidas, fui parte de la Tierra cuando ella era joven, al principio de su creación cuando la humanidad fue sembrada en ella. He vivido varias vidas con Joseph, es por eso que soy su ángel de la guarda. ¿Quién lo conoce como lo conozco yo?"

"Joseph es amado por Dios, por el Colectivo y en especial por mí, Genevieve. La vibración de Joseph está ahora en sintonía con Genevieve y sabemos que le gusta cómo se siente."

# Mi Ángel de la Guarda 141

*Si no puedes ver, debes tener fe.*
*Si no puedes escuchar, debes tener fe.*
*Si no puedes tocar, debes tener fe.*
*Sabemos que no es fácil saber qué es verdad,*
*cuando uno no puede sentir el amor,*
*tener fe es lo que se debe hacer,*
*para que sea otorgada la iluminación.*

## ""Con frecuencia nos preguntamos, ¿Hemos vivido antes? ¿Puede ser contestada esta pregunta?"

"¿Alguna vez te has tomado el tiempo de estudiar a las personas? ¿Has notado la diferencia de personalidades entre la gente y la reacción de las personas hacia unas y otras? Pueden ser muy amigables entre ellas o por el contrario comportarse como el mismo demonio. ¿Por qué la gente reacciona de diferentes maneras? El propósito de que no sepan si han vivido otras vidas antes es para que puedan tener un crecimiento personal sin que interfieran eventos de las vidas pasadas. Su energía debe estar enfocada en las situaciones de la vida que están viviendo, no en tratar de resolver situaciones de alguna otra vida que a lo mejor pasó hace cientos de años."

"Aquí es donde entra el karma; la palabra karma quiere decir 'causa y efecto'. Supongamos que en otra vida fuiste una mala persona y cometiste crímenes imperdonables, no hubo ninguna posibilidad de regenerarte en esa vida, sencillamente eras un ser con mucha maldad. Lo único que te puede salvar es otra oportunidad, algo como una nueva vida que tenga un resultado diferente."

"Ahora, estás en la parte de 'efecto' del karma; has salido de esa vida donde eras malo y has cruzado hacia un lugar de aprendizaje, sin embargo, no es el cielo que tú esperabas. Es un infierno porque en este lugar estás reviviendo el odio que causaste a los demás."

"Y de pronto sucede, aparece una luz brillante y una voz te dice que entres en ella. Mientras vas entrando sientes el amor de todos esos seres que te han perdonado, has aprendido tu lección, sabes diferenciar entre lo bueno y lo malo. Ahora estás listo para la prueba real, estás listo para reencarnar en la Tierra y enfrentar las consecuencias de los actos de tu vida pasada. Esto sucede para tu crecimiento y para que te acerques a la iluminación."

"Las personas a las que conoces día con día pueden ser personas a las que conociste en alguna vida pasada. ¿Te ha pasado que has conocido a una persona por primera vez y al tratarla sientes que ya la conocías o que la has conocido toda tu vida? Conoces a alguien y piensas '¡por fin! ¿Dónde has estado toda mi vida?' O puede suceder lo opuesto, conoces a alguien y no te cae bien desde el principio, sin siquiera haberla tratado. A lo mejor esa persona te hizo algo malo en alguna vida pasada y por eso no te cae bien."

"En el mundo hay billones de personas, y las personas con las que tratas todos los días, tu familia y amigos son las personas con las que has compartido muchas vidas. Cuando tenemos una conexión especial con alguien, seguramente hemos compartido bastantes vidas con esa persona. Es por eso que escogemos a nuestros padres antes de nacer, para quedarnos en la misma familia espiritual. Tu padre pudo haber sido tu hermano, o tu hermana pudo haber sido tu madre. Así es como aprendemos a crecer, cuando compartimos experiencias con nuestros seres más queridos."

## "LA RAZÓN POR LA QUE VIVIMOS UNA VIDA DESPUÉS DE OTRA ES PARA TENER LA EXPERIENCIA DE TODA UNA VIDA DE APRENDIZAJE."

### Almas Gemelas vs. Flamas Gemelas

El concepto de almas gemelas y de flamas gemelas se ha malinterpretado al estar en alguna relación amorosa. Hay quien dice que tu alma gemela es el yin de tu yang, tu contraparte, la otra mitad de tu alma y que conocer a tu alma gemela en una vida casi no sucede. La verdad es que tu flama gemela es tu contraparte y el poder encontrarla en una vida es como buscar una aguja en un pajar. Como almas, hemos tenido varias reencarnaciones en esta Tierra y en muchas vidas hemos compartido amor con muchas otras almas que están conectadas a nuestra familia espiritual. Las personas con las cuales has tenido una relación amorosa en esta vida, pueden ser las mismas con las que tuviste una relación amorosa en alguna vida pasada; nos reunimos con estos amores para ver si podemos hacerlo bien esta vez y poder saldar el karma.

### ALMAS GEMELAS

Un error muy común cuando se habla de almas gemelas es asumir que siempre son las relaciones amorosas que tenemos. La realidad es que un alma gemela es alguien que fue muy cercano, a nivel alma, en muchas relaciones como puede haber sido ser abuelos, padres, hermanos, tíos, tías, familia política, mejores amigos y también relaciones amorosas. Lo que sí hay, es un amor profundo y una conexión espiritual fuerte, que no se tiene con todas las almas que conocemos. Nuestras almas gemelas nos ayudan a crecer espiritualmente.

La enseñanza del Kabbalah nos explica que las almas gemelas se crean cuando el Creador toma a un alma y la parte en dos, resultando en una energía femenina y una masculina. Luego se divide en partes más pequeñas creando muchas energías femeninas y masculinas, y se crea así la familia espiritual. Todo esto sucede antes de que el alma entre en un cuerpo humano. El alma pasa muchas vidas con su familia espiritual para que pueda aprender a través de los lazos kármicos con la familia espiritual. Así que el que fue tu esposo en una vida, en otra puede ser tu padre o madre. Compartimos muchas vidas con nuestra familia espiritual para aprender la causa y efecto.

Es por eso, que la vida con las personas que amamos no siempre es fácil, es más, en ocasiones esas mismas personas se pueden convertir en nuestros peores enemigos. Por otro lado, cuando terminamos con las enseñanzas karmáticas con alguna persona, podemos seguir adelante sabiendo que ese karma está saldado. Cuando conoces a una alma gemela que tiene lazos kármicos fuertes contigo, se tienen sentimientos muy intensos y muy familiares. Como han pasado varias vidas juntos lo sienten a la hora de conocerse. Hay que recordar que se pueden tener varias almas gemelas en una vida y también amar a un alma gemela en muchas vidas.

## FLAMAS GEMELAS

Son, literalmente, la otra mitad de nuestra alma. Cuando el alma se divide en energías más pequeñas creando la familia espiritual, hay una última división en la que se convierten en gemelas, pero se separan, cada una toma su propio camino. Reencarnan muchas veces adquiriendo experiencia humana en la Tierra antes de reunirse en el reino espiritual. A diferencia de nuestra familia espiritual, que está con nosotros para ayudarnos en nuestro crecimiento, la flama gemela es nuestra otra mitad y cuando se reúnen es porque será la última relación que tendrán.

En el pasado, era muy extraño que uno encontrara a su flama gemela, pues cuando reencarnan al mismo tiempo y se encuentran es porque esa será la última vida que tendrán en la Tierra. Sucede para que se junten de nuevo y experimenten la ascensión hacia un reino de existencia superior.

Cada flama gemela debe intentar equilibrar su lado femenino y masculino integrándolo, llegando a la iluminación si es posible, antes de reencontrarse con su otra mitad. Sin embargo, actualmente, cada vez más flamas gemelas se están reencontrando, ya que la Tierra está entrando en una Nueva Era y la humanidad está haciendo un gran cambio de conciencia. Con la entrada de la Era de Acuario, se ve acelerada la transformación espiritual de la humanidad y surge la oportunidad de la evolución del alma. La gente está aprendiendo en meses lo que antes se podía llevar toda una vida en aprender; también influye que la vibración del planeta se está acelerando. Cuando las flamas gemelas se reencuentran, sienten una conexión muy poderosa entre ellos, porque como son la misma alma, son muy parecidos y se complementan el uno al otro.

Cuando se reencuentran, su proceso de despertar y de iluminación se acelera. Se darán cuenta de sus similitudes en cuerpo, mente y alma junto con una gran conexión telepática y una fuerte atracción física, en especial al conocerse por primera vez. La razón principal por la que las flamas gemelas se reúnen, es para hacer un trabajo espiritual. Uno de ellos o los dos suelen tener una muy buena comunicación con el reino espiritual, pues es muy importante que sean guiados. Al estar juntos de nuevo, se crea una enorme energía física y espiritual; y esa energía es la que usarán para su misión. Toda esta preparación y trabajo es para que vuelvan a ser uno y logren la ascensión.

## LAS RELACIONES SEGÚN GENEVIEVE

¿Por qué es tan difícil estar con nuestra pareja hasta que la muerte nos separe? Cuando nos enamoramos de esa persona, entramos como en un trance y es por eso que no hay nada que haga esa persona que nos moleste, pues es amor verdadero. Pero cuando la emoción del enamoramiento pasa, hacemos lo posible por encontrar razones del porqué no debemos estar con esa persona. Es muy común sentir que la persona de la que nos enamoramos ya no existe, que en su lugar está un completo extraño; por lo que el divorcio puede suceder aún con las parejas que han estado casadas mucho tiempo. Esto te concierne a ti, mi amado Joseph y a todas las personas que han pasado por el divorcio. Todas las relaciones tienen lazos kármicos que hay que saldar; antes de nacer, nos emparejamos con todas las personas con las que tendremos una relación amorosa y al tener libre albedrío aquí en la Tierra, no sabemos cómo resultarán esas relaciones.

Si cumplieras con tu plan de vida en esta vida, entonces podrías seguir adelante hacia otras relaciones para saldar otros karmas. Los que viven en armonía uno con otro han escogido el camino correcto, vivirán así toda su vida, juntos. Pero cabe recordar, que todavía hay almas con las que tenemos lazos kármicos y si no los vimos en esta vida, es muy probable que los veamos en otra para saldar el karma. Debemos hacer lo posible por recordar y no repetir los errores que cometimos en las relaciones que han terminado, no solo en esta vida, sino en todas. Todos traemos cargando algún remordimiento que muchas veces se ve reflejado, como malinterpretaciones, resentimientos e irritabilidad y que puede dañar nuestras relaciones amorosas, con la familia y hasta con los mejores amigos.

Si observamos la dinámica de cualquier relación, nos podemos dar cuenta de que sólo es energía; y que con que una de las personas que haga el cambio de esta energía, la relación puede cambiar de ser una relación de una vibración de amor a una con una vibración de odio. Hay un crecimiento con cada relación que tenemos, cada persona con la que tenemos una relación nos da una lección de vida que debemos tener para crecer. No hay maneras correctas para conseguir el amor verdadero, sólo hacer un gran esfuerzo para conseguirlo.

¿Por qué hay tanta gente pasando por situaciones tan difíciles? Muchas de las situaciones que pensábamos que eran permanentes se están disolviendo. Nuestras relaciones se están terminando; nuestros trabajos se están terminando; la vida no es lo que soñábamos que iba a ser. ¿Está surgiendo algo nuevo? ¿Habrá un cambio general en el año 2012, como dijeron nuestros antepasados, que implicará el cambio de nuestro ADN físico y espiritual? Los años antes del 2012 presagian un cambio en la conciencia de la humanidad. El cambio de energía se manifiesta como olas, que enseñan y nos ayudan a evolucionar. Estamos aprendiendo a soltar el pasado y a no preocuparnos por las cosas materiales, viviendo incomodidades al tiempo que aprendemos lo que quiere decir gratitud. Estamos siendo guiados a través del cambio por fuerzas mucho mayores de lo que nos imaginamos.

Hay que analizar las situaciones por las que estamos pasando y darnos cuenta de que son perfectas para ayudarnos a pasar por este cambio. El perder un trabajo o el terminar una relación se puede ver como el principio de algo nuevo. Si tenemos ganas de hacer algo, ahora es el tiempo de hacerlo… ¿para qué esperar? Usemos nuestro poder de manifestación para cumplir nuestras necesidades y nuestros deseos. Este cambio de energía es a nivel mundial, todos están experimentando un cambio de energía; así que acepten lo que está pasando y vivan su vida como creaciones de Dios."

Patrick estaba en lo correcto, ¿cómo no enamorarse de ella? Es muy difícil describir la vibración que siento cuando Genevieve canaliza a través de mí. Su vibración es completamente diferente a la de mis otros guías; siento mariposas en el estómago cuando la canalizo. Me hice el propósito de acostumbrarme a canalizarla, pero Genevieve sólo se siente cómoda cuando está mi hija Jessica; y me di cuenta de que tiene mucho que compartir con nosotros.

*Si te ves en un espejo te verás a ti mismo
Si miras un poco más profundo aprenderás el
Yo Soy,
Genevieve*

# CONTACTO CON LOS DIFUNTOS

## CAPÍTULO DOCE

**Dios** me regaló este don para que yo pudiera hacer contacto con las personas que han fallecido; y a mí me da una gran satisfacción el ayudar a las personas que han perdido a un ser querido en su proceso de sanación. Cuando muere un ser querido o un gran amigo, por lo general quisiéramos poder volver a hablar con ellos. Al estar en este plano terrestre, tenemos la sensación de que el plano espiritual, el cielo, es un lugar hermoso y maravilloso; es más, las personas que han tenido experiencias más allá de la muerte cuentan que se quieren quedar allá. Sin embargo, queremos estar seguros de que nuestros seres queridos están bien.

Ocurre con mucha frecuencia, que las personas que mueren nos mandan una señal al poco tiempo de haberse ido, como puede ser el perfume de sus flores favoritas, olor a tabaco, olor de un perfume o pueden hacer que uno sienta un suave roce en el hombro o en el brazo. A veces sólo sentimos su presencia o soñamos con ellos; no quieren espantarnos, sino que quieren que sepamos que están bien y que todavía tienen una conexión con nosotros.

La gente me pregunta muy a menudo cómo hago para contactar a los espíritus, quieren saber si los espíritus se presentan ante mí como en el programa de televisión 'Ghost Whisperer' o como en la película 'El Sexto Sentido'. Lo que les digo es que soy como un puente entre los dos planos de existencia. Tengo el don de la clarisentencia, que es el tener la capacidad de sentir claramente y sentir las personalidades y las emociones de los difuntos. La persona fallecida pone un pensamiento, imagen o nombre en mi mente y de ahí puedo recibir el mensaje. Cuando he podido validar la conexión con esa persona, entonces la información se transmite directamente. Si hago contacto con la persona por canalización, a veces adquiero aspectos de su personalidad.

Cuando hago lecturas, prefiero hacerlas en grupo que de manera particular. De hecho sí hago muchas personales, pero me encanta la energía que se genera cuando hay un grupo. El poder sentir el amor y el apoyo del grupo y el sentir cómo los que ya se fueron quieren consolar a sus familiares, es un sentimiento maravilloso. Cuando veo a los médiums en la televisión, que hacen lecturas en auditorios repletos de personas, me pregunto cómo lo hacen. Sé por experiencia que se necesita una gran cantidad de energía para comunicarse con el otro lado. Cuando se acerca un espíritu, quiere que se le escuche y se le reconozca, quieren abrazar y consolar a sus seres queridos. En un marco muy comercial, existe el riesgo de perder ese sentimiento de amor y consuelo.

La gente pregunta mucho cuándo es el mejor momento de tratar de hacer contacto con sus seres queridos. Al perder a su ser querido hay personas que lo primero que hacen es buscar a un médium para hacer contacto con éste; de hecho yo recomiendo que no hagan eso, el mejor consejo que les puedo dar como médium, es que cuando muere la persona le den un tiempo antes de contactarla. Las personas que mueren, también pasan por un duelo, así que necesitan tiempo para pasarlo y para asegurarse de que están bien los que dejaron atrás. Recibirán ayuda de un ángel, un Guía Espiritual o algún familiar para resolver su duelo y con la transición hacia el cielo cuando ya estén listos.

Por lo regular, la persona que falleció va a su funeral y está al pendiente de sus familiares durante días o hasta semanas; pero después de un tiempo, su energía se debilita y el recuerdo de su vida en la Tierra empieza a desaparecer. Es entonces cuando tienen el deseo de ir hacia la luz y es cuando su guía, ángel o familiar los lleva a través de la luz hacia el reino astral. Una vez que pasan por el velo, el espíritu se reúne con la energía de Dios y se siente que de verdad regresó a casa, se siente libre. Se fusiona con su ser superior y se reúne con sus familiares que murieron antes. Y así empieza su vida en el cielo, la memoria del alma regresa y entonces se acuerda no sólo de la vida que acaba de dejar sino de todas las vidas que ha tenido.

Recuerden que cuando se mueran, sus seres queridos estarán esperándolos para compartir una nueva vida en el cielo. En el mundo espiritual todo esto pasa en minutos, pero en nuestro mundo hay que dejar pasar por lo menos de dos a cuatro semanas antes de hacer contacto con ellos. Cuando hago lecturas espirituales, me he dado cuenta que el tiempo ideal para contactar a los difuntos es entre seis meses y diez años, porque así el espíritu tiene suficiente tiempo de adaptarse a su nueva vida. Sin embargo, esto es muy variable, pues hay veces en las que después de algunos años el alma no quiere ser contactada todavía, pero he tenido casos en los que he contactado a espíritus días después de haber muerto; así que, realmente puedo decir que es el espíritu quien decide hacer o no contacto con el médium.

## NO TODOS LOS PSÍQUICOS SON MÉDIUMS, PERO TODOS LOS MÉDIUMS SON PSÍQUICOS

Esta información me fue dada en tres ocasiones diferentes por tres fuentes diferentes, mis guías querían que asimilara con certeza esta información. Cuando busquen a alguien para que contacte con sus seres queridos, recuerden que no todos los psíquicos son médiums. A continuación hay una lista de cómo trabajan los psíquicos y los médiums. Yo tengo la fortuna de tener todos los dones de la lista, y, entre más practico, más dones desarrollo.

**Psíquicos:** tienen una segunda visión o sentido extrasensorial (en inglés las siglas son ESP). Algunos psíquicos usan herramientas como el tarot, las runas, las cartas o la quiromancia (lectura de la palma de la mano). También pueden leer el aura de la gente. Usan sus dones junto con sus capacidades de interpretación y de adivinación. Así pueden tener una percepción del pasado, del presente y del futuro probable.

**Médiums:** son personas que tienen un don que permite que los espíritus les den mensajes del otro lado. El objetivo del médium es demostrar que la personalidad humana sigue existiendo después de la muerte y ayudar al doliente a estar en paz con su pérdida. Las lecturas con un médium no son para predecir el futuro, sino para tener evidencia de que hay vida después de la muerte. Los médiums no usan ninguna herramienta, ni capacidades interpretativas. Una lectura de un médium es una conexión directa e intuitiva con el mundo espiritual, demostrando así que todos sobreviviremos la muerte del cuerpo físico.

**Médiums Psíquicos:** pueden trabajar como médiums o como psíquicos. Todos los médiums verdaderos tienen habilidades psíquicas, así que todos los médiums son psíquicos.

**Canales Médiums:** tienen el don de poderse conectar y canalizar a los Guías Espirituales, ángeles y seres del mundo espiritual. Un canal médium recibe y transmite la información que les dan sus guías, ya sea verbalmente o por escrito. Esto es lo que yo hago, la mayoría de la información escrita en este libro son pensamientos que he canalizado de mis Guías Espirituales.

**Médium Evidencial:** ellos pueden dar descripciones de las personas, en espíritu, como sus nombres, así como detalles de recuerdos de cosas que vivieron con ellos y hasta pueden describir objetos que les heredaron estas personas.

**Médium Mental:** trabajan con la energía que usa el espíritu. El espíritu usa el cuerpo del médium para comunicarse. Cabe mencionar que el médium no es poseído por el espíritu, mantiene el control en todo momento. Algunas veces en mis sesiones, se pueden ver las personalidades de los espíritus que me contactan.

**Canal por Trance:** entran en un estado como semi-consciente. Sus guías se fusionan con ellos. Los canales por trance no recuerdan lo que sucede durante ni después de la sesión.

**Semi-Canal por Trance:** recuerdan la información que se dio en la sesión pero la olvidan muy pronto.

Las lecturas grupales que yo realizo pueden ser de dos formas. Una se llama Plataforma para Médium y lo que hago es hacer lecturas aleatorias en el grupo y me comunico con los seres queridos de estas personas creando como un puente entre ellos. Como médium mental, a veces adquiero la personalidad de la persona fallecida y sus gestos, lo que le recuerda a la gente a la persona cuando vivía. Es un poco como lo que mostró la película 'Ghost' cuando el espíritu del protagonista, Sam, se fusionó con la médium llamada Oda Mae e hizo que bailara con la que era su esposa, Molly. Yo siempre les digo, prepárense para recibir los mensajes divertidos y amorosos de sus seres queridos.

El segundo es por canalización por trance. Se hace en un grupo pequeño como de diez a veinte personas y mis guías canalizan información a través de mí. Como cuando Marylin canalizó a sus guías cuando yo recién iba empezando en este camino.

En estas lecturas, también hago contacto con los difuntos, pero me sintonizo con el grupo y les digo cosas del pasado, presente y futuro. Cuando canalizo por trance, mis guías se fusionan conmigo y muestran sus personalidades.

Para aquellos de ustedes que todavía no han podido asistir a una galería de lectura espiritual conmigo, les daré una idea de lo que pasa. Son grupos de entre diez hasta cien o más personas. Utilizo luz bastante tenue para que los espíritus se sientan cómodos y se acerquen a saludar a sus familiares. Entro en meditación y llego a un estado casi de trance, a diferencia de cuando canalizo a mis guías, en este estado no necesito vendarme los ojos. Digo una de las oraciones que me dieron los guías de Déborah para proteger a todos los presentes de cualquier negatividad y le pido a la fuerza Crística que sólo pase a través de mí el amor de Dios. Le agradezco a Dios por mi don y por la ayuda del Colectivo para conectarme con los difuntos. Mis guías pueden sentir a cada persona en el salón y es entonces cuando se conectan con los difuntos. Éstos le dan sus mensajes a mis guías y ellos me los transmiten a mí.

Al principio puedo recibir un nombre o un objeto, que cuando lo digo en voz alta, alguien del salón reconoce. Si es un grupo grande, pido el nombre de la persona que quieren contactar para que me tome menos tiempo el proceso de conectarlo con su ser querido. Cuando tengo validación de que el espíritu está ahí, por lo general me doy cuenta de que traen consigo a otros miembros de la familia y amigos para saludar. En ocasiones, los difuntos se encuentran con nosotros en el salón y yo puedo ver o percibir cuando están sobre su ser querido o cuando les dan abrazos muy apretados; si la energía está muy fuerte, la gente puede percibir fragancias, sentir que los tocan en el hombro o se les pone la carne de gallina.

Ahora que ya tienen una idea de cómo es una galería de lectura espiritual, les quiero describir una lectura hecha por trance. Esta es la manera en la que canalizo al Colectivo para que contesten preguntas. Me siento, me vendo los ojos, entro en trance y canalizo a mis guías, a los que llamo el Colectivo. Les voy a narrar una lectura que le hice a Marylin, que quería contactar a su amiga Linda que murió en 1996. Marylin quería saber si su amiga tenía un mensaje para ella y quería ver si el Colectivo sabía cómo o de qué había muerto.

**Colectivo:** El tiempo cura todas las heridas, no te preocupes por las cosas pequeñas. ¿Tienen algún significado para ti estas palabras?

**Marylin:** Me preocupo por pequeñeces todos los días de mi vida. ¿Le pueden preguntar a Linda por qué cada vez que pienso en ella me viene a la mente la canción de Noche de Paz?

**Colectivo:** Es por el silencio de la noche, la paz de la noche, por la trinidad, la santidad y el estar como una unidad. Para estar en unión con el Padre.

**Marylin:** ¿Está en paz con la situación de cómo murió?

**Colectivo:** Vemos algo que se quitó, un amputación, así fue como murió. ¡Fue un shock!

**Marilyn:** La decapitaron.

**Colectivo:** Sí a eso se refiere, el tiempo curó todas las heridas.

**Marilyn:** Murió en Navidad.

**Colectivo:** La unidad, el estar con el Padre, en el silencio de la noche.

**Marylin:** Siempre cantábamos Noche de Paz.

**Colectivo:** Bendecimos a todos los presentes esta noche, nuestro amor y devoción a cada uno de ustedes.

Como nota final de este capítulo, me gustaría agradecer a todos ustedes, lectores, por compartir este don conmigo. Hace muchos años me dijeron que iba a ser médium e iba a poder contactar a las personas que ya se fueron. Que iba a ser un canal para los Guías Espirituales; y le agradezco a Dios por honrarme con este don.

# MI MADRE SIEMPRE DIJO QUE YO ERA PSÍQUICO

## CAPÍTULO TRECE

**Desde** que yo era niño, mi madre siempre ha insistido que yo tengo un don. Solía decirme que yo tenía una habilidad para saber lo que iba a pasar antes de que sucediera. Al ir creciendo pude ignorar mi don, pero cuando me hice adulto se empezó a activar otra vez. Durante años mi madre fue mi más grande y única fan; me preguntaba cosas acerca de su familia y de cosas que quería que yo predijera que pasarían en el mundo. Y cada vez que sucedía lo que yo predecía me llamaba por teléfono y me decía que mi don era real, que lo aceptara y que lo usara para ayudar a la gente. Para ser honesto, debo confesar que siempre he sido de las personas que hacen burla de los psíquicos. Mi padre y yo nos reíamos de mi madre cuando nos contaba historias de su abuela Francesca y de mi tío José, que eran reconocidos por ser psíquicos muy dotados; sin embargo le seguía la corriente a mi mamá y le hacía lecturas para que tuviera paz mental. Quisiera aprovechar esta oportunidad para decirle a mi mamá que debo admitir que estaba equivocado y le pido una disculpa a ella y a los psíquicos del mundo.

Me ha tomado mucho tiempo, años, para aceptar mi don; incluso mi padre, gran escéptico, ha reconocido mis habilidades. Lo hizo después de que mi madre logró convencerlo de que fuera a uno de mis eventos llamado 'Mensajes del Cielo', junto con otro evento para firmar mis libros. En ese evento había más de cien personas, pero para mí sólo una cara llamaba mi atención, la de mi padre, porque realmente no quería estar ahí. El evento comenzó cuando me presentaron, la gente aplaudía cuando salí y sin más, me concentré y empecé a dar los mensajes que recibía a las personas. Mientras lo hacía pude ver que mi padre estaba sonriendo, por fin se había dado cuenta de que lo que hacía no era misterioso ni raro, no iba vestido con túnica ni usaba una bola de cristal. Los mensajes que daba producían lágrimas pero también risas y había algunos que eran muy amorosos, tocaban el corazón de la gente. Después del evento, en la firma de libros, mi padre se acercó y admitió que tenía una idea equivocada de lo que yo hacía, que de ese momento en adelante me apoyaba y estaba orgulloso del esfuerzo que hacía y de mis logros.

Mis guías siempre me habían dicho que tuviera paciencia, que este libro sería publicado y aceptado. Claro, como de costumbre el Colectivo estaba en lo correcto. La retroalimentación que he recibido del libro ha sido positiva, la gente ha disfrutado del libro y a la vez se me han abierto muchas puertas. Mis eventos han tenido éxito, hago lecturas en muchas partes del mundo y he logrado estar en las listas de los psíquicos más reconocidos. También he hablado en programas de radio. Siento una gran satisfacción al poder ayudar a la gente a aceptar la muerte de sus seres queridos o a ayudarlos con las decisiones de sus vidas.

Durante años, me rehusé a hacer lecturas psíquicas porque yo sentía que la gente tiene libre albedrío y si yo predecía ciertas cosas la persona podía cambiar el resultado. Y esto puede ser cierto hasta un punto, pero me di cuenta de que cometía un error al no transmitir los mensajes psíquicos.

Cuando yo recibo los mensajes de los seres queridos de la persona a la que le estoy haciendo la lectura, con frecuencia recibo también mensajes de sus guías o sus ángeles, éstos son los mensajes psíquicos. Empecé a darme cuenta, cuando la gente me decía que lo que les había dicho se volvía realidad, de que debía transmitir estos mensajes como parte de mi servicio en base a los comentarios positivos y agradecimientos de las personas, al ayudarlas a encontrar claridad en sus vidas. Fue entonces, cuando decidí aceptar mis dones en lugar de rechazarlos.

Hay una experiencia que fue la que realmente me convenció para aceptar mis habilidades, fue con una mujer llamada Linda Ireland que trabaja en una librería llamada Despertares Espirituales en Lantana, Florida. Linda vino a verme para que la contactara con sus seres queridos, pero por alguna razón me estaba costando mucho trabajo hacer contacto y estaba recibiendo otro tipo de información para ella. Le pregunté quién era Allen y me dijo que era su hermano, pero que todavía estaba vivo. Entonces le dije que estaba recibiendo la sensación de que se estaba acabando el tiempo, pero me dijo que lo que le decía no tenía ningún sentido para ella. También le pregunté por una canción en inglés llamada 'Wake up Little Suzy' y me dijo que no tenía idea de lo que le estaba hablando.

Ya para entonces yo quería terminar la sesión, pues sentía que estaba haciendo el ridículo, pero seguí diciéndole lo que estaba viendo. "Te veo en un coche Trans Am en una carretera, igual a una escena que sale en una película estadounidense que se llama 'Smokey and the Bandit'. Y ella contestó: "pues no, yo no tengo ni he tenido nunca un Trans Am."

Linda se veía bastante frustrada, entonces dejé de canalizar y le pedí una disculpa. Le agradecí la confianza que me había tenido y le dije que no sabía la razón por la que me estaba costando tanto trabajo conectarme con sus seres queridos sin resultados y en cambio le estaba dando otra información. Incluso le hablé al día siguiente, disculpándome otra vez, a lo mejor yo había tenido un mal día y le ofrecí otra sesión, pero ella contestó que no me preocupara que a lo mejor sus seres queridos no estaban listos para hablar con ella.

Resultó que unos días después, Linda me habló y me dijo: "Joe, mencionaste algo de mi hermano Allen y que no había mucho tiempo, pues mi hermano falleció esta mañana y me puse a recordar que cuando éramos niños, bailábamos muy bien y una de nuestras canciones favoritas era la misma que me dijiste en nuestra sesión." Me felicitó por mis habilidades, a lo que yo sólo pude darle el pésame por la muerte de su hermano.En ese momento ninguno de los dos pensó siquiera en toda la demás información que le había dado en la sesión, ya no digamos en que se hiciera realidad.

Lo que pasó fue, que los hijos de Linda no querían que manejara su camioneta tan vieja para ir al funeral de su hermano, entonces hablaron con el ex marido de ella, su padre, para que le prestara su coche. Cuando Linda llegó a la casa para recogerlo, vio un coche sumamente parecido a un Trans Am, sólo le faltaban las letras que dijeran Trans Am.

Más tarde, mientras manejaba hacia el norte por la carretera I-95, Linda estaba pensando en hablarme para contarme lo del coche, sin darse cuenta lo rápido que iba. De pronto el camión que iba delante de ella empezó a frenar, otro camión se puso junto a ella para que no pudiera rebasar y cuando miró su espejo retrovisor se dio cuenta de que otro camión se había puesto detrás de ella encerrándola por completo. Ella empezó a sentirse nerviosa, pues no sabía qué era lo que estaban haciendo los conductores; así que en cuanto vio un espacio aceleró para salirse, pero los camioneros empezaron a tocar el claxon y fue hasta entonces que se dio cuenta de que había policías deteniendo a las personas que iban a altas velocidades. Finalmente se dio cuenta de que los camioneros la estaban deteniendo por su propio bien, así como en aquella escena de la película que yo le había dicho. Fue después de que Linda me contó todo esto que decidí aceptar mis habilidades.

Por cierto, Linda me ha ayudado mucho al enseñarme técnicas para presentar mis lecturas psíquicas a la gente. Me aconsejó que usara las típicas herramientas que usan los psíquicos como el tarot, la bola de cristal y el péndulo. Entonces además de usar la telepatía con mis guías, también empecé a usar las herramientas que me había aconsejado y me di cuenta de que además de poder usarlas en conjunto con la información que recibía, la gente se enfocaba más en estas herramientas que en mí y que las sesiones se volvían más espectaculares.

Recuerdo haber comprado unas cartas de tarot y haber pasado toda una noche memorizando la definición de cada una y aprendiendo cómo acomodarlas, luego vino Linda y me dijo que las regresara y las cambiara por unas que fueran más artísticas y coloridas. Me enseñó que en vez de memorizarlas las viera por unos minutos y dejara que me contaran una historia. Así fue como aprendí, que si las quedaba viendo, como que cobraban vida y me contaban historias de las personas; de esa manera sí me servían. Linda ha sido de gran ayuda para mí, le agradezco mucho el haberme enseñado las técnicas para dar lecturas psíquicas.

## LA MANERA COLECTIVA DE PENSAR

Aunque había aprendido a usar las cartas de tarot, y las usaba en mis lecturas, me di cuenta de que en lugar de dejar que las cartas me dieran la información, así como lo hacía en mis lecturas espirituales, me ponía a pensar demasiado. Índigo me ayudó a darme cuenta de que no confiaba lo suficiente en mis habilidades y que estaba usando las cartas como muletas. De modo que tuve que escucharme a mí mismo y darme cuenta de qué es lo que mejor me funciona para dar mis sesiones. Ahora cuando hago trabajo psíquico, no utilizo ninguna herramienta, ni la astrología, ni fotos.

Lo que hago es recibir la información de manera telepática directamente de mis guías. Durante las lecturas puedo ver las oportunidades y los obstáculos del pasado, presente y futuro probable de la persona. Y cuando mi cliente me hace alguna pregunta, mis guías me llevan a ese punto en el tiempo donde se originó la situación o el problema.

También durante mis lecturas puedo ver en la energía de la persona, los disturbios o perturbaciones que ha tenido a lo largo de su vida y así puedo preguntar por cosas que han pasado en diferentes años o períodos. Es importante señalar, que ningún psíquico puede ver al cien por ciento el futuro de las personas de manera certera, así que si alguno de ellos les dice lo contrario, les está mintiendo. Durante las lecturas, yo proporciono la información que percibo del futuro de una persona, como obstáculos u oportunidades que se le pueden presentar. Pero debemos recordar que Dios nos dio libre albedrío y las decisiones siempre serán de cada persona. Así que si alguien decide que es mejor el camino B que el camino A, la ley de atracción se activa y atraerán el futuro del camino escogido. Estamos en una jornada de vida, donde el pensamiento es realidad, así que nuestros pensamientos crean nuestra realidad. Nuestra vida es el resultado de las opciones que se nos han presentado y de las decisiones que hemos tomado en base a esas opciones.

## DESARROLLO PSÍQUICO

Las clases que tomé con Marilyn, me inspiraron para crear un curso de desarrollo intuitivo y enseñar a la gente. Los dueños de una librería 'New Age' en Royal Palm Beach, Florida me dieron la oportunidad de enseñar este curso. Mary Alexander, una psíquica de la librería, me ayudó mucho en cómo enseñar el curso. Los estudiantes tenían muchas ganas de aprender y mientras les enseñaba, me pude dar cuenta de que todos tenían habilidades psíquicas, sólo tenían que aprender a abrir su sexto sentido. También cabe mencionar que ayuda mucho el tener tan buenos estudiantes.

Empecé las clases con un ejercicio llamado 'Mandar con la Mente'. Lo que hacía era poner a una persona al frente del grupo con unas tarjetas con diferentes formas geométricas y que ésta persona se concentrara en mandar la imagen de alguna tarjeta a cada una de las personas del grupo con su mente. Este ejercicio les ayudaba a aprender a proyectar sus pensamientos a otras personas, es una forma de telepatía o percepción extra sensorial. En otro ejercicio, los puse por parejas, uno frente al otro agarrados de las manos, la palma de la mano izquierda hacia arriba y la de la derecha hacia abajo; el tomarse las manos de esta manera mantiene la energía fluyendo de una persona a la otra. A este ejercicio lo llamé 'Psicometría Práctica', lo que iban a aprender era una forma de telepatía por medio de vibración. Mientras se tomaban de las manos, la persona número uno le debía mandar un mensaje específico, como un número, a la persona número dos. Y se sorprenderían al ver qué tan acertados se volvieron una vez que se abrieron a la posibilidad de poder recibir la información.

El ejercicio más popular se llama 'Psicometría por medio del Tacto'; lo que hago es pasar una canasta para que cada estudiante ponga ahí un objeto suyo. Después volvemos a pasar la canasta y le entrego a cada quien un objeto y nadie sabe de quién es qué cosa. Sostienen el objeto entre sus manos y cada persona empieza a recibir información acerca de la persona dueña de dicho objeto, recibe información de lo que está sucediendo en su vida o de cómo le fue ese día. Una herramienta muy útil que también se usa en las lecturas, es la carta de numerología, es un poco como hacer trampa, porque en esta carta las cualidades tienen un número; como por ejemplo liderazgo es el número uno, espiritualidad es el número siete, etc. La carta es como una taquigrafía psíquica, porque la persona que está haciendo la lectura se concentra sólo en recibir un número y cuando lo recibe va a la carta numerológica y lee el significado.

Yo me sé de memoria mi carta y de esta manera me ayuda cuando hago una lectura. Entonces lo que hago con mis estudiantes es pedirles que se abran a recibir un número, mientras sostienen el objeto en sus manos. El número que reciben describe los rasgos y características de la persona a quien pertenece el objeto. Por ejemplo, si tomamos un objeto y vemos el número cuatro en nuestra mente, el número cuatro en la carta numerológica es rutina y representa a alguien que trabaja duro, que tiene disciplina y que crea bases sólidas. El lado negativo describe a una persona floja, terca, irritable y de opiniones fijas, obstinadas. Así es como hago mis lecturas, puedo decir algo como: "siento que eres una persona de rutinas que necesita que todo esté en orden; eres muy disciplinado y has trabajado muy duro para llegar a donde estás en tu vida. Pero puedes ser muy terco e inflexible."

Es sorprendente qué tan acertado puede ser el dar una lectura usando la carta numerológica. Hay muchas técnicas en el desarrollo psíquico, pero para ser bueno se necesita mucha práctica. Es como el aprender a tocar un instrumento musical por primera vez, hay que practicar, practicar, practicar. Eso es lo que enseño en mis clases, entre más se estudien los fundamentos del desarrollo psíquico, más abiertos se volverán. A continuación anexo una carta numerológica para que la usen e impresionen a sus amigos con sus habilidades psíquicas.

**1. LIDERAZGO.-** Un nuevo comienzo, pionero, muestras de liderazgo, enérgico, originalidad, alegre y alentador.
**Desafío.-** Demasiado independiente, egoísta, un agresivo sabelotodo.

**2. PACIENCIA.-** Coleccionista idealista, considerado, cooperador, sensible. **Desafío.-** Inferioridad, falta de confianza en sí mismo, tímido, fácilmente manipulable

**3. CREATIVIDAD.-** Comunicación, belleza, romántico, amoroso, autoexpresión. **Desafío.-** Celoso, chismoso, habla demasiado.
**4. RUTINA.-** Trabajador, rutinario, disciplinado para crear bases.
**Desafío.-** Perezoso, terco, irritable, inflexible en sus opiniones.

**5. CAMBIO.-** Transición, optimista, sorpresas. **Desafío.-** Inquieto, demasiado indulgente, tiende a tener accidentes.

**6. GENEROSIDAD.-** Orientado hacia la familia, hogareño, responsable, amor hacia la belleza y la armonía. **Desafío.-** Egoísta de su casa y sus relaciones, hacen suyos los problemas de los demás.
**7. ESPIRITUALIDAD.-** Aprendizaje, comprensivo, auto análisis, inteligente, amante de la naturaleza, sanadores natos de mente científica.
**Desafío.-** Muy distante, tímido, sarcástico, falso orgullo, muchos retos.

**8. PODER.-** Exitoso, orientado a los negocios, controlador, tiene el mundo en sus manos. **Desafío.-** Materialista, amante del poder, implacable en el poder, demasiada importancia al dinero.

**9. SEPARACIÓN.-** Se deshacen de las cosas, fuera lo viejo bienvenido lo nuevo, compasivos, humanitarios, generosos. **Desafío.-** Emotivos, mal carácter, vulgares, no se hacen responsables de sus actos.
**11. INTUICIÓN.-** Abiertos al universo, fama, buena intuición, divinidad.
**Desafío.-** Deshonestos, egocéntricos, ladrones, falta de comprensión.

**22. UNIVERSAL.-** Directores de los asuntos del mundo, expertos en eficiencia, manifestación, motivador. **Desafío.-** Lo mismo que los del número 11.

## CAFÉ MEDIUMNÍSTICO

Me pidieron que hablara para un grupo llamado Café Mediumnístico, que se reunía en una librería llamada "Sabiduría Interior", en Deerfield Beach. La organizadora del grupo, Laura Mendelsohn, también era psíquica médium. Me invitó para hablar de mi canalización y para que hiciera una demostración de mis habilidades psíquicas; tenía quince minutos para hablar de mí y de mi libro y para responder preguntas. Le pregunté a Laura si podía vender mis libros y me dijo que fuera con la dueña de la librería que se llamaba Dottie. Al hablar con ella le pregunté que como cuanta gente asistiría para saber cuántos libros llevar.

Como la clase mediumnística era nueva, ella pensaba que iba a haber poca gente, que si llevaba diez libros sería suficiente. Normalmente me tomo un tiempo para prepararme para un evento, pero esta vez no lo hice porque como me habían dicho que iba a ser un grupo tan pequeño, pues pensé que no iba a haber problema alguno. Incluso me vestí muy por debajo de como regularmente me visto para los eventos, me puse pantalones cortos y sandalias. Sin embargo, para mi suerte, cuando iba de salida algo me dijo que me vistiera mejor y así lo hice. Cuando llegué a la librería, estaba llena de gente viendo los libros y pensé: "éste es un buen lugar." Encontré a Laura en la parte de atrás, que estaba llena de sillas; me dijo que la sesión empezaría en quince minutos y que me pusiera cómodo. Empezaría poniendo un video acerca de la mediumnística antes de presentarme, entonces me senté en una silla al fondo del salón. La gente fue llegando y pronto todas las sillas estaban ocupadas y la gente hasta se ponía junto a la pared, mientras yo me preguntaba de dónde habían salido todas estas personas. Empecé a sentirme fuera de mi zona de confort, nadie sabía quién era yo, ni yo reconocía a nadie de entre toda esa gente.

Mientras Laura daba su presentación, yo solo estaba sentado escuchando, cuando terminó, le dijo al grupo que yo iba a hacer una demostración de mis habilidades mediumnísticas para ellos. Cuando voltearon todos a verme, me sentí tomado por sorpresa. Este grupo no era como los demás, las personas no eran de las que querían escuchar a sus seres queridos, todos eras psíquicos médiums activos, básicamente era un grupo de colegas. Me empecé a preocupar, mientras veíamos el video, pensaba: "¿quién soy yo para demostrarle mis habilidades a todos estos psíquicos?"

Debería confiar siempre en mis guías. Al terminar el video, Laura me presentó y empecé mi demostración. Primero llegó un hombre que decía que había jugado béisbol, no en las grandes ligas sino en las ligas menores. Al principio nadie parecía reconocerlo, el silencio en el salón era tal, que yo podía escuchar cómo respiraban las personas. Continué diciendo lo que este espíritu me decía, había fallecido hacía poco tiempo, sólo unas semanas; había vivido en el noreste de Estados Unidos, había jugado con los Dodgers, no los de Los Ángeles, había jugado con ellos cuando todavía estaban en Nueva York y se llamaban los Dodgers de Brooklyn. Alguien por fin reaccionó, una voz en la parte trasera del salón dijo: "Te debes haber comunicado con mi abuelo." Era una mujer llamada Deirdre Abrami, también psíquica intuitiva y tiene un programa de radio llamado 'La Hora del Ángel'. Nos dijo que su abuelo había fallecido dos semanas antes, lo que validó esto fue cuando le mandé un beso así como lo hacía su abuelo cuando se despedía. Después de él siguieron llegando muchos seres queridos para hablar con el grupo, bastante gente recibió mensajes. Al terminar la sesión, me dijeron que había causado una muy buena impresión en el grupo y además me sentí honrado de que Deirdre me invitara a su programa de radio el mes siguiente.

## MI PRIMER PROGRAMA DE RADIO

El nuevo reto que tenía, era hacer lecturas psíquicas por radio. Deirdre Abrami, la locutora del programa 'La Hora del Ángel', me dio la primera oportunidad de presentarme en radio. Era la noche de Halloween, por alguna razón yo pensé que era una noche en la que no mucha gente escucharía el programa pues los niños salen a la calle por dulces y mantendrían bastante ocupada a la gente. Sin embargo no fue así, las luces del conmutador se encendían como arbolito de navidad, y eso me puso muy nervioso. Yo sentía que no iba a poder hablar, que no iba a tener nada qué decir, pero con la ayuda de Deirdre todo salió bien.

El hacer lecturas por radio tiene sus retos, cuando las lecturas son en persona, si yo necesito hacer una pausa para recibir información, el cliente entiende. Pero si en el radio yo hago una pausa, se crea un espacio muerto, en silencio, aburrido, así que es algo en lo que me decidí a trabajar para presentaciones futuras. No obstante fue muy agradable el que Deirdre me animara y me ayudara a mantener la calma, creo que lo hice bastante bien para ser la primera vez que hacía un programa de radio.

La primera llamada la hizo un señor que nunca había hablado con un médium psíquico. Me preguntó si había algún ser querido a su alrededor; me llegó la letra 'r' y le pregunté si había alguien, algún lugar o algo con esa letra. Por unos minutos no tenía mucho sentido lo que decía, sin embargo, me llegó información de un pastor y le pregunté quién era y entonces todo empezó a acomodarse. La letra 'r' era de reverendo, su padre había sido un gran sacerdote y fundador de más de cien iglesias en el sur de Florida. Le dije también los años que tenía su padre de fallecido y cuantos hermanos tenía, había tanta información que me llegaba para darle, pero como en la radio el tiempo es muy limitado no pude, si hubiéramos tenido más tiempo… Al final me dio las gracias por la autenticidad de mi trabajo.

Al conectarme con la persona de la última llamada, pude percibir mucha tristeza y remordimiento; supe que era una mujer que había perdido un hijo. La imagen en mi cabeza era de un joven que había estado en el lugar equivocado a la hora equivocada. Había dos personas involucradas; tuve la sensación de que había sido asesinado por arma de fuego. La mujer en el teléfono verificó que su hijo había sido asesinado por arma de fuego y que la persona que le disparó se disparó a sí mismo también, convirtiendo el hecho en un asesinato suicidio. Le dije a la mujer lo mucho que su hijo la amaba y la extrañaba y que lamentaba mucho todo el sufrimiento por el que estaba pasando. Cuando uno está en radio el tiempo se va muy rápido, mas la experiencia es muy buena. El conmutador se llena de llamadas y siempre se nos acaba el tiempo antes de poder hablar con todos. Desde ese primer programa, Dierdre me ha invitado más veces, me gusta tanto que he sido el locutor de mi propio programa 'La Jornada de Vida Radio'.

## MEDIUMNÍSTICA 101

En esa primera noche, aprendí una nueva técnica mediumnística que era la que Dierdre había aprendido; en esta técnica se trabaja con el aura de la persona. Y unos meses después tomé un curso con ella para aprender esta técnica y poder certificarme. En las clases aprendimos lo que se llama las 'cuatro claris':

**Clariaudiencia:** Es la habilidad psíquica de escuchar más allá del rango normal humano.

**Clarisentencia:** Es el sentir, es la habilidad de sentir psíquicamente las emociones y personalidades de las personas fallecidas.

**Clarividencia:** Es la habilidad psíquica de ver cosas más allá del rango normal humano.

**Claricognicencia:** Quiere decir conocimiento claro; es la habilidad de saber cosas, es cuando la persona sabe las cosas sin que haya recibido ninguna información de nadie ni por los medios convencionales.

En este curso de mediumnística aprendimos también que hay que completar tres pasos para poder validar que se está conectado con un ser querido.

- ☐ **Identificación**
- ☐ Un dato o hecho
- ☐ **Mensaje de amor**

La mejor manera de poder describirles esto, es al contarles de una lectura que hice. Mi pareja, Janet, se acercó a mí usando sus manos para sentir la energía alrededor de mi cuerpo. Sus manos se colocaron sobre mi cabeza, más bien sobre el lado izquierdo de mi cabeza, frente a ella. Me preguntó si tenía un padre que estuviera ya en espíritu, le contesté que mi suegro acababa de fallecer; ese fue el primer paso, identificación del ser querido. Me dijo que veía que él siempre estaba de rodillas, ¿tenía algún sentido esto que ella veía? Desde luego que tenía sentido, mi suegro vivía con mi ex esposa y conmigo para que lo pudiéramos cuidar porque tenía Parkinson's y debido a eso ya no podía caminar, cuando trataba se caía de rodillas. Ese era el segundo paso, un hecho o dato. El tercero es el mensaje de amor. Janet me dijo: "Tu suegro quiere que sepas que es todo lo que dijiste, la puerta se abrió y ahí estaba toda la familia para darle la bienvenida. Gracias Joe por todo lo que hiciste por mí." Mis ojos se llenaron de lágrimas, estaba tan contento de haber recibido este mensaje; desde que había fallecido, había tratado de conectarme con él para poder canalizarlo para mi ex esposa, pero es difícil canalizar a nuestra propia familia. El mensaje que Janet me dio significó mucho para mí, me hizo darme cuenta de que mi trabajo como médium afecta a las personas de la misma manera en que este mensaje me afectó a mí.

Pues así es como se hace; primero pones tus manos alrededor de la mitad superior del cuerpo de la persona y tratas de sentir un hormigueo o alguna sensación intensa. Una vez que lo has sentido, has encontrado el lugar donde está la energía y hay como un patrón básico de quién es esa entidad y la relación que tiene con la persona. Como por ejemplo, la energía del padre estará arriba y hacia la izquierda de la persona.

A continuación hay que escuchar o sentir lo que el espíritu quiere decir y obtener un dato o hecho para validar que en realidad te estás conectando. Finalmente hay que escuchar el mensaje de amor que el espíritu quiere dar. Esta es una gran técnica para las personas que quieren aprender las bases de las lecturas mediumnísticas. Practiquen con sus amigos y vean qué tal les va.

En la siguiente página he incluido un esquema para que ustedes también puedan aprender la técnica mediumnística y puedan tener un mejor entendimiento de cómo hacer las lecturas.

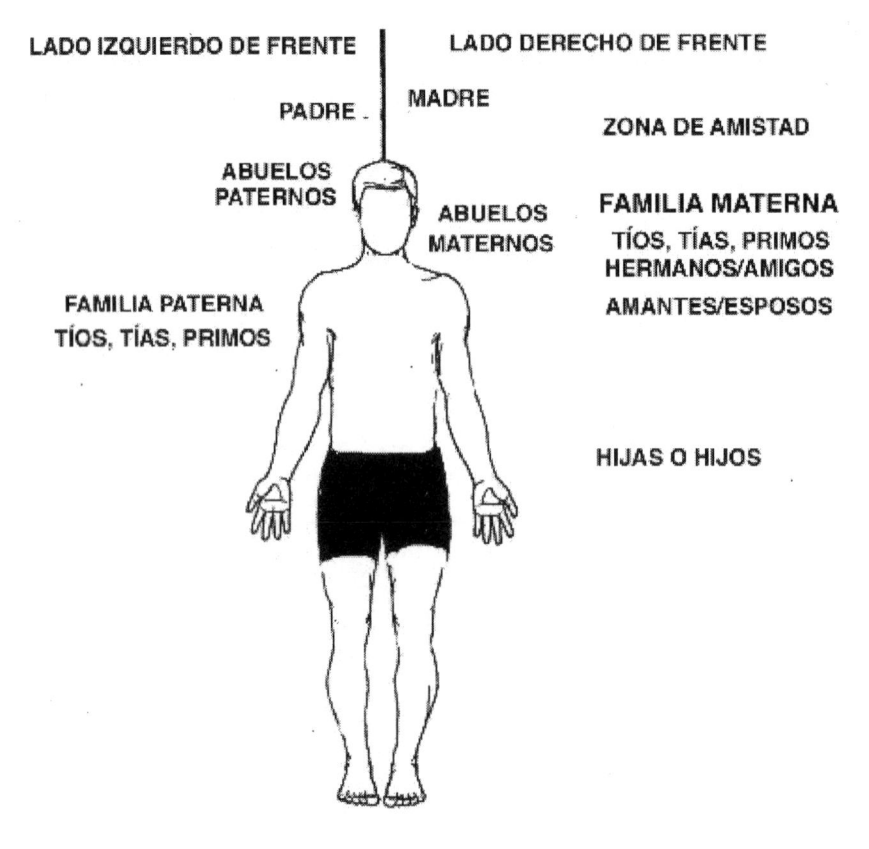

# 174 ¿Hay Algo Más Allá de la Vida Que lo Que Sabemos?

**LADO IZQUIERDO DE FRENTE** | **LADO DERECHO DE FRENTE**

PADRE | MADRE

ZONA DE AMISTAD

ABUELOS PATERNOS

ABUELOS MATERNOS

**FAMILIA MATERNA**
TÍOS, TÍAS, PRIMOS
HERMANOS/AMIGOS
AMANTES/ESPOSOS

**FAMILIA PATERNA**
TÍOS, TÍAS, PRIMOS

HIJAS O HIJOS

# ÁNGELES Y GUÍAS ESPIRITUALES

## CAPÍTULO CATORCE

**Hola** de nuevo, soy Genevieve; me gustaría hablarles de los ángeles. El propósito en la vida de los ángeles, es servir al único Dios. Tenemos, al igual que ustedes, que hacer nuestro trabajo. Mi propósito es traer la sabiduría de Dios a través de mensajeros como Joseph. Muchos de los escribas que escribieron la Biblia, canalizaron la sabiduría de Dios de los ángeles y de los Guías Espirituales, conocidos como los mensajeros de Dios. Así como ustedes tienen un sistema de gobierno político para hacer cumplir las leyes, nosotros también tenemos una jerarquía de ángeles que observan todo; los conocen como arcángeles. Dios escogió a estos ángeles para que mantuvieran el equilibrio del universo. Los arcángeles tienen responsabilidades en áreas específicas, donde observan todas las creaciones de Dios.

Dios escogió al **Arcángel Miguel** como el ángel guerrero de luz, para que guiara al ejército celestial de ángeles, para que protegieran la luz de la oscuridad. El Arcángel Miguel es la mano derecha de Dios, siempre en guardia, siempre protegiendo las almas de la negatividad. Él gobierna una legión de ángeles para proteger la luz de la oscuridad.

Dios escogió al **Arcángel Rafael** como el ángel sanador. La vibración sanadora es dirigida a través del Arcángel Rafael cuando un alma o un cuerpo espiritual necesita ser sanado. El Arcángel Rafael gobierna una legión de ángeles para que ayuden a los sanadores de su mundo.

Dios escogió al **Arcángel Uriel** como el ángel de la luz. Él es el que trae la luz a todas las almas. La sabiduría y la inspiración de Dios pasa a través del Arcángel Uriel; él gobierna una legión de ángeles para que ayuden a distribuir la luz de Dios a través de todo el universo. Yo, Genevieve, me reporto con el Arcángel Uriel; la inspiración y la sabiduría de Dios, la recibo a través de él. Yo transmito mensajes a través de canales médiums como Joseph.

Dios escogió al **Arcángel Gabriel** como el ángel mensajero. Se le conoce como la voz de Dios; fue el Arcángel Gabriel quien se le apareció a María, la Madre Bendita, y a José. La voz de los cielos que les anunció a las personas que Cristo había resucitado, fue la voz de Gabriel. Él gobierna una legión de ángeles cuyos mensajes se expresan a través de profetas y videntes de su mundo.

¿Han pensado alguna vez acerca de los ángeles caídos de Dios? ¿Hubo una rebelión en el cielo que hizo que Dios expulsara a algunos de sus ángeles?

# ÁNGELES Y GUÍAS ESPIRITUALES

**El ángel caído, Lucifer,** fue alguna vez el arcángel más cercano a Dios. El nombre Lucifer quiere decir el que trae la luz. Lucifer tenía un gran deseo de experimentar la vida como lo hacen los humanos; él quería libre albedrío y quería ser co-creador de vida. Él quería tener la experiencia de tener y sentir emociones de placer y de dolor y veía a la Tierra con envidia, lo atraía mucho. Dios entendió lo que quería Lucifer, y por amor a él, Dios le concedió el permiso para experimentar la vida. Sin embargo le advirtió que una vez que dejara el cielo, no iba a recordar los privilegios ni la sabiduría que tenía y que iba a estar solo. Como Lucifer no quería estar solo, reunió a su legión de ángeles y los convenció para que se fueran con él. También convenció a otros ángeles aliados con otros arcángeles para que se fueran con él. Esto ocasionó una división en el cielo y el Arcángel Miguel peleó con Lucifer para que no reclutara a más ángeles. Al principio Dios no hizo nada, pero después, por el amor que le tenía a Lucifer, dejó que se llevara una legión de ángeles a los reinos inferiores.

Dios le advirtió a Lucifer y a los ángeles otra vez: "cuando dejen este lugar y pasen a través del velo, no podrán regresar y conforme pase el tiempo irán perdiendo toda memoria del cielo." Pero los ángeles estaban decididos y dejaron el cielo. Los ángeles cayeron a través del velo a los reinos inferiores perdiendo casi toda memoria de quienes eran y de Dios. Cuando llegaron al reino terrestre, se decepcionaron de la Tierra; querían regresar a la grandiosidad de Dios y a su infinita fuente de amor y luz, pero ya habían perdido el camino a casa.

Los ángeles caídos se volvieron parte de la Tierra y crearon la dualidad del bien y el mal. Lucifer y su legión de ángeles caídos se rindieron a la ilusión del mundo físico y de poder tener cosas materiales.

Lucifer y sus ángeles caídos se sentían más y más poderosos, conforme más podían convencer al Espíritu de la Luz, que se volviera contra Dios y se volviera oscuro. La última batalla se librará cuando llegue la Nueva Era, ésta será la batalla entre el bien y el mal. El Arcángel Miguel y Lucifer lucharán una vez más y cuando termine la batalla, el bien prevalecerá y los ángeles caídos regresarán a casa con Dios, a su respectivo lugar. Dios tendrá misericordia de Lucifer y le dará la bienvenida a su desafiante hijo.

Dios escogió a los ángeles de la guarda para cuidar a las personas desde que nacen hasta que mueren. Estos ángeles ayudan y cuidan a las personas durante toda su vida. Yo, Genevieve, soy el ángel de la guarda de Joseph y muchas veces he intervenido para mantenerlo a salvo; yo estuve con él cuando se volteó en su camioneta hace muchos años. Un día cuando venía de regreso de un viaje a Indiana, un día tempestuoso y lluvioso; Joseph venía manejando hacia el sur por la carretera Florida Turnpike. El conductor de un vehículo que iba hacia el norte perdió el control, se resbaló por el camellón con pasto y se estrelló contra la camioneta de Joseph. La camioneta empezó a dar vueltas y a Joseph se le desabrochó el cinturón de seguridad, pero yo, junto con otros ángeles, lo sostuvimos suspendido en el aire mientras la camioneta daba vueltas alrededor de él varias veces. Cuando la camioneta se detuvo, Joseph estaba acostado en el asiento, logró salir por la ventana y no le pasó nada, sólo se le rompió el reloj.

La gente que muere en accidentes, se muere porque hay eventos que están relacionados con el karma; eventos que se planearon desde antes que naciera la persona. Si el accidente no tiene nada que ver con el karma, por lo general el ángel de la guarda estará ahí para salvar a la persona.

# ÁNGELES Y GUÍAS ESPIRITUALES

¿Alguna vez han cambiado de opinión de repente, sin razón, sólo porque tienen una corazonada? Es su ángel de la guarda que les aconseja que cambien de opinión. Se pueden conectar con su ángel si usan su intuición.

Cuando la gente piensa en ángeles, se imaginan aureolas brillantes y grandes alas, pero en realidad, ustedes nunca sabrán quién es o dónde está. Puede ser alguien en la calle o puede ser alguna persona que conozcan brevemente; nos mostramos como humanos para poder pasar desapercibidos. Estamos aquí para traer el amor de Dios, así que la próxima vez que se topen con un extraño muy amoroso, piensen que podrían haber conocido a un ángel. Gracias por su atención divina y recuerden que los ángeles los están cuidando.

Hasta que nos volvamos a encontrar— *Genevieve.*

## GUÍAS ESPIRITUALES

Saludos, soy yo, Índigo. Es tiempo de informarles del propósito de tener Guías Espirituales. Cuando Joseph canaliza, no canaliza los espíritus de los seres queridos que se han ido, sino que se conecta con sus Guías Espirituales. Los Guías Espirituales son entidades o seres que se encuentran en el reino espiritual, en otra dimensión. Estos individuos o grupos de individuos han aceptado, junto con la persona, que en el plano terrenal actuarán como sus guías o guardianes.

Es muy usual tener más de un guía ayudándonos, por lo general, hacemos un acuerdo con por lo menos un guía primario llamado el control antes de nacer en un cuerpo físico.

Muchos de los guías con los que trabajamos, son seres que han vivido en este plano en algún momento; a lo mejor en muchas vidas, pero también hay guías que son de otros mundos.
Por otro lado, algunos de los Guías Especiales que nos vienen a ayudar en situaciones o aprendizajes especiales suelen ser seres muy evolucionados o almas muy viejas quienes, por decisión propia, comparten su experiencia y su gran sabiduría con los que estamos en el camino de la iluminación.

Existen responsabilidades cuando se trabaja con el reino espiritual; hay que usar discernimiento al conectarse con guías, porque en ocasiones, espíritus negativos nos pueden confundir y la experiencia será incómoda, estresante y desagradable. Los espíritus negativos suelen acercarse cuando uno está en un dilema, sin embargo hay maneras de saber si son negativos o son para nuestro bien superior. Los verdaderos Guías Espirituales nunca nos dicen que hagamos nada que pueda lastimarnos a nosotros mismos ni a nadie más. Sólo están con nosotros para guiarnos de manera positiva sin interferir con nuestro libre albedrío.

A los Guías Espirituales les encanta la risa de la gente, les gusta acercarse y disfrutar de la sensación física de la risa; como Patrick, a quien conocemos por su risa. Estos guías, son los guías de la alegría y traen con ellos risa y armonía. De igual manera, hay guías que son muy viejos y sabios, estos guías maestros han estado en la Tierra durante mucho tiempo, son los que han enseñado desde los tiempos bíblicos; como El Anciano, que es el que le trae a Joseph las enseñanzas de aquellos tiempos.

## ÁNGELES Y GUÍAS ESPIRITUALES

Hay guías para los niños, a estos guías les encantan los niños, por lo general son los amigos imaginarios que dicen tener los niños y que pueden ver y oír. Genevieve vino a hablar con la hija de Joseph, Jessica, cuando era una niña. Hay guías indios que son los que dan las enseñanzas de su unidad con la vida, con la madre Tierra; les enseñaron a los indios americanos, los cuales veneraban a la Tierra. Saprrow Hawk es el guía que le da a Joseph la información de la Tierra. Los guías sanadores, son los que traen energías curativas de Dios. Yo, Índigo, soy el que trae estas energías a través de Joseph. Es imposible poner en categorías a todos los guías, como El Colectivo, que es un grupo de guías infinito que canalizará Joseph a través de su jornada.

Los Guías Espirituales me han ayudado a tener dirección en mi vida; la sabiduría y las enseñanzas de El Colectivo me han acercado a Dios y a entender mi jornada de vida. Ellos han hecho posible que yo canalice la sabiduría y el amor del gran maestro Jesús, me da gran alegría canalizar Su enseñanza en el siguiente capítulo.

# LA PROMESA

## CAPÍTULO QUINCE

**Dios** creó al mundo con la luz de Cristo. La energía de Cristo, es una de las más altas vibraciones que se conoce. El ser parte de la Conciencia Crística, es uno de los más altos privilegios que el Creador le puede dar a un ser. Estos honores los han recibido Abraham, Moisés, Josué y Jesús, por nombrar a algunos. Esta energía era parte de un maestro llamado Jesús y es por eso que se le conoce como El Cristo. La Conciencia Crística regresará de nuevo a la Tierra en la Nueva Era.

Muchos de ustedes están familiarizados con la historia que se ha contado de Jesús en la Biblia. Sin embargo, la diferencia entre la versión de la Biblia y la que yo les contaré, es la perspectiva metafísica. A través de este relato, he añadido mi propia interpretación y he canalizado palabras bíblicas de la vida de Jesús. Hay partes en esta historia en que se siente como si el mismo Jesús les estuviera narrando su vida.

Me han dicho que en una vida pasada yo fui un reportero de El Cristo y que continuaré haciendo esto en esta vida. Fue el guía de Marilyn, Jean, quien me canalizó el mensaje cuando pregunté acerca de mi propósito en esta vida. Me dijo que debía estar alerta, ser un observador, que sería un maravilloso reportero; que éste era mi propósito, pues yo sería prueba y siempre he sido prueba, de El Cristo. Me da una gran alegría continuar con este papel de canal para El Cristo y El Colectivo.

## ¿QUIÉN ERA ESTE HOMBRE LLAMADO EL CRISTO?

Su nombre en arameo es Yeshúa, se le conocía como Jesús de Nazaret, el hombre de Galilea y eventualmente se le conoció como Jesucristo. ¿Qué quiere decir El Cristo? La palabra Cristo viene del griego Kristos que quiere decir 'el ungido o consagrado', de la misma manera que Mesías en hebreo. Cada persona que es ungida es cristianizada. El Colectivo es parte de la Conciencia Crística, por lo que estamos ungidos con la Fuerza Crística. El Cristo es el único hijo de Dios Todopoderoso; sin El Cristo no habría luz, a través de Él se hicieron todas las cosas. El hombre llamado Jesucristo era el eterno Dios vestido con carne de hombre, para que el ser humano pudiera ser testigo de su gloria.

Jesús era un ser espiritual perfecto, una manifestación directa del Dios/Diosa teniendo una experiencia humana. Lo que hizo a Jesús diferente es que estaba más sintonizado a la energía de luz y al amor; era más consciente del hecho de que todos somos uno.

Jesús o Jesucristo como se le conoció, nos enseñó que Dios es amor y lo hizo a través de palabras y hechos; el compasivo trabajo que hizo entre los enfermos y los pobres fue admirable. A través de El Cristo, emergió un nuevo concepto de Dios, porque antes de Él, la mayor parte de la gente le temía a Dios. Un día, mientras me preparaba para trabajar en este libro, me encontré escribiendo las siguientes palabras de Jesús:

"Yo estoy aquí por mi Padre, para abrirles los ojos. En cuanto a nuestro/a Padre/Madre Dios: no hay otros dioses, sólo nuestro Creador es Dios, recuerden, Yo no soy Dios soy el Hijo de Dios. El Creador me ha mandado para limpiar a la Tierra de todos sus pecados. Yo debo regresarles la memoria de quién y qué es Dios, pues Él es amor y esperanza para la humanidad. Sigan mis pasos hacia la luz de amor puro; abran sus corazones a Él, El Señor nuestro Dios. Sientan lo bien que se siente cuando la energía de Dios está alrededor de ustedes. Yo soy Jesús, el canal del amor puro del Creador. Soy el canal de esta energía de amor. Soy el canal de todas las creaciones de nuestro Padre. Primero deben creer y tener fe en nuestro Padre Dios. Luego recibirán la bendición y el amor de lo que es."

## PROFECÍAS ANTIGUAS

Hay profecías antiguas, que predicen la historia de Jesucristo. En el Antiguo Testamento, en Isaías 7:14 hay una profecía escrita como setecientos años antes del nacimiento de Jesús, donde el profeta Isaías se dirige a la Casa de David, o sea a la familia y a los descendientes del Rey David; y habla de una virgen que será encinta y dará a luz a ese niño. Isaías dice, en contexto, que esta es una señal de Dios, y dice que al niño se le conocerá como 'Emanuel' que quiere decir 'Dios con nosotros'.

En Miqueas 5:2, hay una profecía que revela que Belén sería el lugar de nacimiento del Mesías. "Dirijan sus tropas, oh ciudad de tropas, pues habrá un asedio hacia nosotros. Atacarán al gobernador de Israel hiriéndole la mejilla con una barra. Pero tú, Belén Efrata, aunque eres pequeña entre los clanes de Judea, de ti vendrá el que será el gobernante de Israel, sus orígenes serán antiguos, de los tiempos antiguos."

Sin embargo, fue el profeta Elías quien creó la controversia sobre la venida del Mesías. Elías era el profeta durante el siglo 9 A.C. en Israel, como se menciona en la Biblia hebrea y cristiana. En el Antiguo Testamento, estaba escrito que Elías trajo el fuego del cielo mientras ascendía en su carruaje de fuego en un remolino de viento hacia los cielos. (Aquí hay algo para pensar, en el canal History Channel, en el programa Alienígenas Ancestrales, da la propuesta de que Elías pudo haber despegado en un cohete para regresar a su mundo de origen…). En todo caso, en el Antiguo Testamento se especifica que Elías regresaría a la Tierra antes de la venida del Mesías. Los rabinos judíos de hace dos mil años esperaban ver a Elías antes de que apareciera el Mesías. Demos un vistazo a la historia de Jesús para ver lo que ocurrió.

# LA HISTORIA METAFÍSICA DE JESÚS

## Juan el Bautista

En realidad, la historia de Jesús, empieza con Juan el Bautista. En las montañas de Judea, vivía un rabino llamado Zacarías con su esposa Elizabeth. Un día, cuando Zacarías entró al templo a rezar, se le apareció el ángel Gabriel y le dijo: "oh hombre de Dios, no tengas miedo, les traigo a ti y al mundo un mensaje de buenaventura. Tu esposa, Elizabeth, te dará un hijo, de quien han hablado los profetas. Te doy la noticia de que Elías volverá a nacer antes de la venida de Nuestro Señor; él allanará el camino para el Príncipe de Paz, el Rey que ustedes buscan. Desde su nacimiento, estará lleno del Espíritu Santo y se llamará Juan." Su nombre hebreo es Yochanan HaMatbi, que quiere decir 'canal de Dios'. Juan el Precursor, era conocido también como Juan el Bautista; nació como se había predicho y su misión era ser el precursor de Jesús. Se cree que el profeta Elías reencarnó como Juan el Bautista como cumplimiento de la profecía que decía que Elías regresaría antes de la venida del Mesías.

Los rabinos asumieron que Jesús no podía ser el Mesías porque ellos creían, basándose en la profecía, que cualquiera que proclamara ser Cristo antes de que el profeta Elías claramente regresara de los cielos, sería un falso profeta. Esta profecía fue una de las principales razones por las que el pueblo judío rechazó a Jesús cuando él afirmó ser el Mesías; nadie había visto a Elías regresar del cielo todavía, así que, ¿cómo podía Jesús ser el Mesías?

Los judíos de hace dos mil años esperaban ver a Elías descender físicamente de los cielos en su "carro de fuego", así como cuando ascendió al cielo. Más aún, esperaban que poco tiempo después de que regresara Elías, el Mesías aparecería; y cuando lo hiciera, no sólo los liberaría de los romanos, sino que iba a ensalzar a Israel por sobre todas las naciones de la Tierra.

En la Biblia, Jesús explica cómo las profecías se cumplieron, dijo: "Tienen razón, Elías debe venir y poner todo en orden. Elías debe regresar antes de la venida del Mesías." A lo que también agregó: "Elías ha regresado como Juan el Bautista." En el Nuevo Testamento, se revela que muchos pensaban que Juan y Jesús eran una reencarnación de Elías. Los judíos esperaban que Elías regresara a la Tierra en su carro de fuego, no que regresara en una reencarnación. Basándonos en esta profecía, muchos de los judíos hoy día todavía esperan el regreso de Elías como precursor a la venida del Mesías.

Pasado un tiempo, el ángel Gabriel visitó a María, que estaba comprometida en matrimonio con José, hijo de Jacobo, carpintero de profesión en Galilea. El ángel le dijo: "Saludos mi querida privilegiada. No tengas miedo, eres bendita en el nombre de Dios; bendita en el nombre del Espíritu Santo y bendita en el nombre de Cristo; pues eres digna y darás a luz a un hijo que llamarás 'Yeshua' y al que todos conocerán como Jesús. Él salvará a la gente de sus pecados." Y así fue, como lo dijo el ángel, María quedó encinta.
No hace falta decir que José tenía serias dudas cuando María le dijo que un ángel se le había aparecido para anunciarle que iba a quedar encinta. José estuvo atormentado durante días suponiendo que lo que había pasado era que algún hombre había saciado su lujuria con su prometida.

¿Cómo podía creer una historia tan increíble acerca de un ángel que se le había aparecido a María anunciándole que sería madre del Mesías? Mientras José tenía todos estos pensamientos dando vueltas en su cabeza, el ángel Gabriel se le apareció: "José, fue ordenado que sucediera de esta manera. Ningún hombre ha hecho esto a tu prometida, es la voluntad de Dios. Tú criarás a este niño como si fuera tuyo y será un hecho que a tu hijo recién nacido, se le conocerá como el Príncipe de Paz."

El glorioso mensajero de Dios, el ángel Gabriel, se le había aparecido antes tanto a Elizabeth como a María con la noticia de que cada una iba a ser madre de hijos prometedores. Elizabeth era bastante mayor como para tener hijos, sin embargo, fue bendecida con un milagro llamado Juan. Y María, prometida de José, era considerada virgen y aun así quedó encinta de Jesús por inmaculada concepción. (Inmaculada concepción se refiere a que la bendita Virgen María fue liberada del pecado original desde su concepción en el vientre de su madre. ¿Cuál es el pecado original? Como Adán y Eva desobedecieron a Dios, eso afectó a todas las generaciones futuras hasta nuestro tiempo. Dice la Biblia: "A través de un hombre entró el pecado al mundo; y la muerte a través del pecado, entonces la muerte se extendió a todos los hombres porque todos han pecado."). Cuando María estaba cerca de dar a luz, ella y José viajaron a través de las montañas de Judea para visitar a Elizabeth y Zacarías. José era descendiente del Rey David y había regresado a Belén.

Cuando llegaron, necesitaban dónde descansar por la noche, pero estaba lleno de gente que iba a Jerusalén; las posadas estaban llenas y María y José no encontraban ningún lugar donde dormir. Encontraron una cueva donde se guardaban las bestias de trabajo, pero era el único lugar donde podían parar a descansar y ahí fue donde nació el niño Jesús.

De nueva cuenta el ángel Gabriel proclamó para que todos escucharan: "Ha nacido un niño en una cueva donde duermen los animales de trabajo; duerme en el pesebre donde alimentan a estos animales." En ese mismo momento apareció en el cielo una maravillosa estrella que guiaba a los magos para que fueran a visitar al bebé. Los magos eran hombres del este, que, al ver la maravillosa estrella, sintieron que tenían que ir a Belén a ver al niño Jesús. Lo encontraron junto a María y José; se acercaron a él y le dijeron: "Toda la fuerza, sabiduría y amor son tuyos, Emanuel, tú, por quien Dios está con nosotros." Los pastores también se sintieron atraídos por la brillante luz de la estrella, un ángel se les apareció: "no tengan miedo, tengo grandes noticias, a la media noche ha nacido en esta cueva un profeta, él es el rey que tanto han esperado. Gloria a Dios en las alturas y paz en la Tierra a los hombres de buena voluntad."

**LOS TRES REYES MAGOS**

¿Cómo supieron los tres reyes magos que la estrella que vieron en los cielos era tan especial, que emprendieron un largo camino a camello para ser testigos de la venida del rey para ofrecerle regalos? ¿Quién les dijo que había un rey? Ni siquiera eran judíos, ¿cómo pudieron haber sabido nada acerca del nacimiento del Mesías judío que había sido predicho hacía cientos de años?

Los magos, conocidos como los tres hombres sabios o los tres reyes magos, eran extranjeros del este que viajaron hasta Belén para hacer honor al nacimiento de Jesús, trayendo como regalos oro, incienso y mirra. El oro representa las posesiones materiales, que cuando se dedican a Dios, se convierten en una fuerza para el bien y en un imán para todo lo que de verdad necesitamos en esta vida. El incienso es un hermoso símbolo de una atmósfera de oración que se extiende hacia arriba, hacia la conciencia superior de nuestras aspiraciones espirituales.

La mirra es un ungüento para embalsamar, representa la confiada entrega de lo menos de esta vida por lo más, en una conciencia superior. Estos fueron los regalos que le dieron a Jesús los tres reyes magos.

Los reyes magos eran estudiosos, por eso eran conocidos como hombres sabios; y no solo eso, eran reconocidos místicos, intérpretes de sueños y astrólogos sagaces. Estudiaron la profecía de la Biblia hebrea a detalle, sabían cómo interpretar los escritos del libro de Daniel referente a la llegada del Mesías. El libro de Daniel 9:24 muestra que el profeta Daniel sabía cuándo iba a nacer el Mesías. En Daniel 9:26 predice que 'El Ungido' vendría a compartir su mensaje de buena nueva y que después sería asesinado. La mayor parte de los estudiosos conservadores, entienden que 'El Ungido' se refiere a Jesucristo; su muerte no sería cuando naciera, sino cuando se presentara como el Mesías. Como astrónomos, los reyes magos sabían que la estrella del norte los llevaría a Belén para el cumplimiento de la profecía.

De acuerdo con la costumbre judía, Jesús fue consagrado pasados los ocho días de su nacimiento. Al llegar el tiempo de la purificación, de acuerdo a la ley de Moisés, llevaron a Jesús a Jerusalén para presentarlo al Señor. Un nombre llamado Simeón estaba en el templo y pidió ver al niño; le había pedido a Dios que pudiera ver al Mesías en carne y hueso. Y así fue, tomó a Jesús en sus brazos y dijo: "este niño Yeshúa traerá una espada a mi pueblo de Israel y al mundo; pero romperá la espada y entonces la nación sabrá que no habrá más guerra. ¡Observen, éste es nuestro amado Rey!"

Simeón era conocido en Jerusalén como un hombre justo y decían, con habilidades para canalizar. Estaba esperando el consuelo de Israel y despreciaba al gobierno del Imperio Romano. Le había sido revelado que no iba a morir antes de que viera al Señor, que sería conocido como Cristo.

Cuando vio por primera vez a Jesús, supo que él era el amado Rey; lo dice en la Biblia en Lucas 2:21-38: "Dios Soberano, como has prometido, ahora puedes despedir a tu sirviente en paz; pues mis ojos han visto la salvación que has preparado, para que la gente vea la luz de la revelación, para los gentiles y para la gloria de tu gente de Israel."

El Rey Herodes, era el rey romano del pequeño estado judío en las últimas décadas, antes de la era común. El senado romano lo reconocía como el líder nacional judío y lo hicieron rey. Como amigo y aliado de los romanos, no era un rey independiente, sin embargo Roma le permitía tener una política doméstica propia.

El Rey Herodes fue el que trató de matar a Jesús; le habían dicho del niño que sería el 'Rey de Reyes'. Llamó entonces al consejo de maestros de leyes judíos y les preguntó: "¿Qué han dicho los profetas acerca de aquel llamado Emanuel?" Le dijeron que hacía mucho tiempo, los profetas habían predicho que vendría aquel que gobernaría todo Israel, que este Mesías nacería en Belén, en la Tierra de Judea. El Rey Herodes decidió que la profecía no sucedería, que nadie vendría a reclamar su trono. También se enteró de otro niño en Belén, un niño que había nacido antes que el Mesías para preparar el camino para recibir al rey.

Esto hizo que Herodes se enojara aún más, llamó a sus guardias y les ordenó: "Vayan a Belén y maten al niño Juan y también al que se llama Jesús, que fue nacido rey. Y para que no haya errores, maten a todos los niños varones que sean menores de dos años."

Un ángel de Dios se le apareció a José en un sueño y le dijo: "Levántate y huye a Egipto, llévate al niño y a su madre; quédense ahí hasta que yo les diga, Herodes va a buscar a tu hijo, lo quiere destruir." (Mateo 2:13). María y José empacaron sus cosas y huyeron a Egipto llevándose a Jesús. Los guardias hicieron lo que el Rey Herodes les había ordenado. Elizabeth también sabía de las intenciones de Herodes de matar a su hijo Juan, así que se lo llevó a las montañas de Judea y se escondieron en las cuevas. Se escondieron hasta que los guardias hubieron cumplido sus órdenes. Cuando los guardias regresaron, reportaron que habían matado a todos los niños menores de dos años, que los niños Juan y Jesús habían muerto; entonces el rey Herodes se sintió satisfecho.

María y José se quedaron en Egipto con Jesús, se hospedaron con un sacerdote, maestro de las enseñanzas de Dios. José se enteró de que el Rey Herodes había matado a su amigo Zacarías por no revelarle donde estaba su hijo Juan. Elizabeth todavía estaba escondida en las montañas de Judea con Juan; José mandó varios mensajes hasta que los encontraron y los llevaron a Egipto donde se reunieron con la familia de José.

## EL MAESTRO DE LAS LEYES DE DIOS

Cuando José y su familia se fueron a Egipto, huyendo de la matanza ordenada por el Rey Herodes, se refugiaron con un hombre que era conocido por ser profeta y maestro de las leyes de Dios. Las lecciones que les enseñó a las madres de Juan y de Jesús no se mencionan en la Biblia. El maestro profetizó la dura jornada que iban a tener sus dos hijos y el propósito de sus vidas.

Les dijo que para que Jesús y Juan recibieran la Luz, primero deberían ser la Luz. María y Elizabeth le preguntaron al maestro qué iba a ser de sus hijos. El maestro puso sus manos en los hombros de las dos mujeres y les dijo: "no es extraño que estén aquí las dos, en este lugar sagrado en este tiempo.

La antigua profecía dijo que ustedes debían estar aquí con nosotros en este tiempo. Ambas son bendecidas, pues son las madres escogidas de dos hombres que han sido prometidos. Ellos sentarán las bases que apoyarán al hombre perfecto y será un templo que nunca podrá ser destruido. Ningún hombre vive para sí mismo, pues cada cosa viviente está conectada a otra cosa viviente. Bendito es el que es puro de corazón, pues él amará incondicionalmente. Ellos harán a otros lo que les gustaría que les hicieran a ellos."

El maestro les enseñó, a las madres, que el alma está dividida en dos mismos seres, uno que es una ilusión y uno que es de Dios. "El hombre fue creado en dos seres, el ser superior y el ser inferior. El ser inferior, el carnal, está lleno de deseos y falta de verdad; genera odio, guerras y desconfianza. Es solamente carne y hueso que se va a descomponer, es una ilusión y pasará pronto. El ser superior es Dios en el hombre y no morirá; es verdad, justicia y amor. El ser superior es el espíritu, es el alma hecha a la forma de Dios.

**Primero, deberán tener la Luz antes de que puedan revelarla.** Deben enseñar a sus hijos y hacerlos conscientes de su misión hacia los hijos del hombre. Les deben enseñar que Dios y el hombre son uno, pero a través del pensamiento carnal el hombre se separó de Dios. Enséñenles que el Espíritu de Cristo los va a hacer completos otra vez, restaurando la armonía y la paz.

"**Mientras nosotros medimos el tiempo en ciclos, una Nueva Era está sobre nosotros.**" Conforme pasa una era, las puertas se abren para que empiece otra Nueva Era. Esta Nueva Era es la preparación del alma, del reino de Emanuel, de Dios en nosotros. Sus hijos serán los primeros en recibir esta era, en dar la noticia y enseñar las cosas de Dios; paz en la Tierra, la buena voluntad a los hombres. Los hombres en la Tierra viven en la oscuridad y no saben el significado de uno, que es de la Luz. Sus hijos están aquí para traer la Luz a la humanidad.

**Elizabeth, has sido bendecida con un hijo de pureza** hecho hombre. ¡Elías ha regresado! Él preparará el camino para el amor. Esta era será una era que comprenderá cómo funciona la pureza y el amor; será un trabajo bastante poderoso.

Ustedes van a dirigir las mentes que van a dirigir al mundo. Sus hijos han sido escogidos para guiar a los hombres hacia el pensamiento puro, guiarlos a que se alejen de las tentaciones del ser inferior y hacerlos conscientes del ser que vive con el Cristo de Dios.

María, Dios amó tanto al mundo, que hizo a su único hijo hombre, para que los hombres entendieran que el Salvador del mundo es amor. Jesús se hizo hombre para enseñar lo que es el amor. Como preparación, sus hijos caminarán a través de caminos espinosos; tendrán tentaciones como cualquier otro hombre, sabrán lo que es el dolor, el hambre y la sed. Serán ridiculizados y los llevarán a prisión sin razón alguna. Viajarán por muchos países y se sentarán a los pies de muchos maestros, pues deben aprender como los demás. Es tiempo de que sus caminos se separen para que ellos comiencen su jornada.

## LAS TRAVESÍAS DE ELIZABETH Y JUAN

De niño, Juan aprendió las maneras de purificación del alma a través de un maestro rabino. Este rabino le preguntó a Elizabeth si Juan lo podía acompañar a la gran fiesta de Jerusalén. Le enseñó a Juan todo acerca del servicio de los judíos y el significado de sus sacrificios y sus rituales. A Juan le costaba trabajo entender cómo los pecados de los hombres se podían perdonar por medio del sacrificio de animales. El rabino le decía:"El Dios del cielo y de la Tierra no necesita el sacrificio. Esta cruel ceremonia fue tomada de los paganos que veneraban ídolos en otras Tierras.

Ningún pecado ha sido perdonado por medio del sacrificio." Le enseñó también, que los actos de sacrificio y las buenas acciones son las que complacen a Dios. Le enseñó que uno puede realizar un acto simbólico que signifique la purificación de los pecados en nuestra alma a través de la limpieza por agua, esto se llama rito bautismal. De esta manera, preparó a Juan para ser el precursor, diciéndole: "Los profetas te ven y dicen 'Él es Elías, y vendrá antes de la venida del Señor para preparar el camino y preparar a la gente a recibir a su Rey."

Para que a uno se le perdonen sus pecados, debe regresar y purificar su corazón con amor y honradez, entonces será perdonado; es como pagar una deuda. El hombre que ha hecho mal a otro hombre, no puede ser perdonado a menos que corrija lo que hizo mal; sólo el que hizo el mal puede corregirlo. Los profetas te ven, Juan, y dicen 'él es Elías, y vendrá antes del Mesías a preparar el camino y preparar a la gente para recibir a su Rey. Los hombres comprenden la vida interior por las cosas que ven y hacen; se acercan a Dios por medio de ceremonias.' Juan, tu harás que los hombres sepan que los pecados se pueden lavar por medio de la pureza de la vida. Lava en agua los cuerpos de las personas que se alejan del pecado y que se esfuerzan por obtener pureza. Éste es el ritual de la limpieza, los que han sido limpiados serán los hijos de la pureza y serán perdonados. Éste es el camino que debes seguir, pues tú Juan, eres pureza.

## MARÍA Y JOSÉ REGRESAN A CASA

María y José regresaron a Nazaret, donde Jesús creció, en Galilea. De niño, Jesús conoció a muchos maestros de la fe judía y fue un estudiante muy devoto; con el tiempo se volvió maestro. Era muy sabio para su edad, sorprendía a los ancianos con la sabiduría que poseía de Dios. Pasaron los años y llegó el día en el que Jesús le dijo a su madre que debía viajar más allá de Galilea y ver toda la Tierra de su Padre.

Le dijo: "conoceré gente que no será judía, pues todas las personas son hijos de mi Padre Dios." Durante sus travesías, Jesús vio multitudes de personas de diferentes razas y diferentes religiones; la gente se acercaba a Jesús para escuchar su palabra. Jesús le dijo a la gente que en los ojos de Dios todos los hombres son iguales. "Mi Padre es el único Dios que ha sido, que es y que será; el que sostiene la balanza de la justicia, cuyo ilimitado amor ha creado a todos los hombres igual; todos sin importar si son blancos, negros, rojos o amarillos pueden verlo a la cara y decir Nuestro Padre Dios."

Jesús enseñó que hay un solo Dios y que nuestro Padre Dios es conocido como el Dios Universal. Enseña como todo está conectado al Uno, que cada fibra es Dios. Conoció a hombres que eran conocidos por sus malas obras y les dijo que ante los ojos de Dios, Él todavía los consideraba sus hijos. Jesús les describía cómo el cuerpo físico es sólo temporal, nuestra alma vive para siempre.

**"Toda la gente venera al Único Dios,** pero no toda la gente lo ve de la misma manera. En Egipto es Toth, en Grecia es Zeus y su nombre para los judíos es Jehovah. No deben temer a Dios ni tratarlo como un extraño. No necesitan a ningún hombre ni a ningún sacerdote para hablar con Dios; no deben venerar ídolos ni hacer sacrificios para complacer a Dios. Den su vida en servicio, desde su alma y Dios estará contento. El Dios Universal es uno y sin embargo es más de uno."

**"Todas las cosas son Dios y todas las cosas son uno.** Las flores y los pájaros y las bestias todas son Dios. Cada fibra de cada cosa viva es Dios. El Dios del que hablo está en todas partes, no sólo en un templo y no tiene límite alguno. El Dios Universal es sabiduría y amor. El reino de Dios no está lejos, no está en las estrellas, no es un país al que hay que ir, es un estado mental."

**"Los hombres con ojos mortales no pueden ver el reino de los cielos, porque está dentro de ellos.** Dios nunca hizo un cielo ni un infierno para el hombre; nosotros somos los creadores de nuestro propio cielo. Dejen de buscar el cielo, abran su corazón y sepan lo que hay adentro; es luz que se desborda, felicidad sin límite, este cielo es el reino que buscan. Para entrar a este reino de Dios deben dejar al ser inferior; en espíritu uno puede entrar al reino del cielo."

Incluso los hombres que eran conocidos por ser ladrones y extorsionistas, buscaban al hombre llamado Jesús para aprender las leyes de Dios. Un hombre de uno de estos grupos le dijo a Jesús: "Este será un mal día para ti mi Señor, pues serás visto entre nosotros." Y Jesús le contestó:

"Un maestro nunca se esconderá de aquellos que lo buscan. Los hombres juzgan a otros hombres por lo que son, no por lo que parecen ser. Los hombres que han pecado, son niños todavía a los ojos de mi Padre Dios. Sus almas son igual de preciadas para Él que las de los hombres honestos. Todos somos parte de la hermandad humana."

Estaba escrito que Jesús encontraría a Juan. Primero, viajó por la campiña de Persia hacia Babilonia y de Grecia a Egipto. Mientras viajaba, enseñaba las leyes de su Padre y curaba a los enfermos. Cuando regresaba de Egipto hacia Galilea, en el Río Jordán, Jesús encontró a Juan, el Precursor, purificando almas en perdón de sus pecados. Jesús se acercó a Juan que estaba bautizando en el río. Jesús se detuvo y gritó: "¡Mirad a Juan, el hombre de Dios! ¡Mirad al más grande profeta! ¡Mirad! ¡Elías ha regresado!" Juan miró a la multitud que seguía a Jesús y supo que Él era el Rey de Paz. "¡Mirad!" gritó. "¡Mirad al Rey que viene en nombre de Dios!"

Jesús puso sus manos en los hombros de Juan, sonrió y dijo: "Seré lavado en el agua como símbolo de limpieza del alma." Y Juan le contestó: "Tu no necesitas ser lavado, pues tu eres puro de pensamientos y acciones. Yo no soy digno de realizar este ritual." A lo que Jesús le contestó: "Vengo como ejemplo para que todos los hijos del hombre lo sigan. Si el hombre va a seguir mis pasos, entonces debo caminar siguiendo los suyos. Yo debo hacer lo que les pido a los hombres que hagan. Todos los hombres deben ser lavados, pues es una manera simbólica de limpiar el alma. El lavado debe ser establecido como un ritual, un ritual bautismal. Tu, Juan, debes lavar a las multitudes en el nombre de Cristo. Esto se hará para borrar el pecado; pero primero debes bautizarme a mi en el nombre de Cristo."

Mientras Juan bautizaba a Jesús, una paloma bajó del cielo y se posó en la cabeza de Jesús. El Arcángel Gabriel miró desde los cielos y anunció:

"Este es el hijo bien amado de Dios, el Cristo. Él es el amor de Dios en forma de hombre."

Al ser yo un psíquico en el sur, he recibido varias confrontaciones de grupos cristianos quienes están rezando por mi alma. Me dicen que si no soy cristiano arderé en el infierno; que me arrepienta ahora y que haga del Señor Jesucristo mi salvador. También yo me pregunto acerca de las otras religiones, en especial del judaísmo. La Biblia cristiana comparte el Antiguo Testamento con la Biblia hebrea. Jesús era judío y sin embargo la Biblia dice que nadie entrará al reino de los cielos a menos que sea a través de Jesucristo.

¿Entonces qué pasará con todos los que no son cristianos? Su mensaje se ha malinterpretado durante generaciones. El siguiente mensaje canalizado podrá ayudar a entender cómo Jesús y Cristo son dos de un mismo ser. Jesús fue el hombre físico que experimentó la vida como hombre y sintió amor, dolor y sufrimiento. El Cristo, que es amor y pureza, es la Luz de Dios. Para que nuestra alma entre en el reino de Dios debemos seguir la Luz, que es Cristo. Así que es acertado decir que si quieres ir al cielo debes entrar a través de Cristo, pero la malinterpretación sucede cuando la gente cree que esto se refiere al hombre Jesús. Jesús mismo dijo esto del reino del cielo:

"**Hombres de Israel, escúchenme.** El reino está cerca. Mirad al guardián de las llaves que está frente a ustedes junto con el espíritu de Elías, que es Juan. Mirad; cuando la llave dé vuelta, las puertas se abrirán y todos podrán darle la bienvenida al Rey. Mirad; en efecto, el Rey ha venido. Pero no me vean como su Rey."

"**Sí, el reino de verdad está muy cerca,** pero el hombre no lo puede ver con sus ojos físicos, pues éste es el reino del alma. Nuestro Padre Dios es este reino. Los hombres no deberán tener miedo de este mensajero que manda Dios. No he sido mandado para sentarme en un trono para mandar sobre las cosas materiales; no debo gobernar como César ni reclamar el trono judío."

"**Los hombres me llaman Cristo, pero Cristo no es un hombre.** El Cristo es el amor universal y el amor es el rey. No vean su carne pues esa carne no es rey. Vean al Cristo que está dentro, que se formará en cada uno de ustedes, así como se ha formado en mí. Cuando hayan purificado sus pensamientos y sus acciones, se limpiará el templo de carne. Cuando purifiquen sus corazones por medio de la fe, entrará el Rey."

"**Todos pueden tener a este Cristo morando en su alma,** así como el Cristo mora en la mía. El cuerpo es el templo del Rey. Como hombre de Dios, veo las cosas con los ojos del alma. Cuando el hijo del hombre se eleve al plano de la Consciencia Crística, sabrá que él mismo también es rey. Pues el rey es el amor y el amor es Cristo; todos ustedes hijos del hombre, prepárense para conocer a su Rey."

"**Como regla de oro, deben hacer a otros lo que les gustaría que les hicieran a ustedes.** Cada alma es un reino, hay un rey por cada hombre. Este es el reino del amor y el amor es el más grande poder en la vida. Es el Cristo, así que el Cristo es el Rey." El mundo está lleno de tentaciones; el vivir en un mundo de dualidad, nos ofrece muchas opciones en la vida. Yo me he dado cuenta de que vivir bajo la Regla de Oro trae cosas buenas a mi vida. Jesús, como hombre, experimentó tentaciones cuando vivió en la Tierra.

La Biblia describe cómo Jesús se preguntaba a sí mismo si tenía la fortaleza para ser el Mesías. Tuvo que enfrentar las tentaciones de la vida y determinar y resolver sus emociones. Para hacer esto, tuvo que aprender a confiar en su Padre. El siguiente mensaje canalizado reflexiona acerca de cómo Jesús enfrentó la tentación.

Conforme más tiempo pasaba Jesús viviendo como un hombre mortal, más cansado se sentía. Su mente necesitaba no tener pensamientos negativos, por consiguiente, se fue solo al desierto para consultar a su Padre. Mientras hablaba consigo mismo, le decía a su Padre que su ser inferior era fuerte, había muchas cosas que lo ataban a la vida carnal. Se preguntaba: "¿Tendré la fortaleza y la voluntad de pararme frente al hombre? ¿Y cuándo me pregunte si tengo prueba de que soy el Mesías, qué le responderé?

De pronto se escuchó una voz desconocida en medio de la tranquilidad de la noche. Era la voz de la tentación, estaba tratando de tentar a Jesús a la vida carnal. "Si fueras a Jerusalén y te tiraras del pináculo del templo, ¿no está escrito que: 'los ángeles que manda el Padre para que te cuiden, te atraparían para que no toque tu pie la piedra ni la Tierra?' Da el salto de fe y verifica si las manos de tu Padre te salvarán." Jesús le contestó a la tentación:

"Está escrito, no pongas a prueba al Señor tu Dios." Pero la tentación trató de seducir de nuevo a Jesús: "Mirad la Tierra, mirad su fama y su honor; mirad su riqueza y sus placeres. Todo eso te lo daré si me veneras a mí y no a tu Padre." Jesús le gritó: "¡Retírate con tus pensamientos de tentación; mi corazón es inamovible, pues está escrito, venera a Dios nuestro Señor y sirve sólo a Él! ¡Ahora vete; regresa al lugar siniestro de que saliste; tus tentaciones no son bienvenidas aquí, vete!" Durante sus travesías, Jesús enseñaba las parábolas a las multitudes para ayudarles a entender más fácilmente sus lecciones. Alimentaba a los que tenían hambre y sanaba a los que estaban enfermos. Tenía el don de hacer que el ciego viera de nuevo.

Le decía a su gente: "Como fue escrito por el profeta antes de que yo naciera, abriré mi boca para decir parábolas, proclamaré lo que ha sido escondido de los ojos ciegos de la humanidad. Ayudaré a los ciegos a ver." Jesús no se refería a los que estaban físicamente ciegos, sino a las personas que estaban ciegas y no veían la iluminación. Los que dudaban de Jesús pronto creyeron en Él.

La lección más difícil que debemos aprender en esta vida es la de tener fe y confianza en Dios. Parecería que siempre le estamos pidiendo ayuda, pero siempre estamos desilusionados por la manera en que recibimos la ayuda. Esperamos milagros en lugar de esperar lo obvio. Me gustaría compartirles una historia.

El gran río Mississippi se desbordó e inundó la mayor parte de las casas que estaban en la orilla. Un hombre que quedó atrapado en el techo de su casa le pidió ayuda a Dios. Se sentó en el techo de su casa durante horas, hasta que un helicóptero llegó y le aventó una cuerda. El hombre le gritó: "¡Estoy esperando a que Dios me ayude!" Entonces el helicóptero se fue. Al día siguiente un bote llegó a salvar al hombre, pero éste rehusó la ayuda diciendo: "Dios va a venir a salvarme." Al tercer día nadie vino y el hombre le gritó a Dios: "¿Por qué no me has salvado?" y Dios le gritó: "¿Qué quieres de Mí? ¡Te mandé un helicóptero y un bote!" La moraleja de la historia es que cuando le pedimos ayuda a Dios, debemos estar abiertos a recibir las respuestas.

En la Biblia dice, que Jesús enseñó a sus discípulos a tener fe y confianza en Dios. Un día los discípulos estaban en un bote y se vieron atrapados en una tormenta, cuando Pedro se dio cuenta de que había una silueta en forma de hombre moviéndose sobre las olas. Llamó a los otros y les dijo: "¡Mirad, es un fantasma, señal de cosas malignas!" Todos se llenaron de terror y lloraban de miedo. La voz de Jesús se escuchó a lo lejos: "no se preocupen, soy yo, no tengan miedo." Pedro le gritó:

"Mi Señor, mi Señor, ¿podrá ser esto cierto?" Jesús tomó su mano y le dijo: "Ven, camina sobre las olas." Cuando Pedro pisó en el agua, la sintió como si fuera de piedra sólida; caminó sobre el agua hasta que el miedo de hundirse entró en su mente. Tan pronto como Pedro tuvo pensamientos de caer en el agua, estos pensamientos se volvieron realidad y se hundió en el mar. "¡Oh Dios sálvame!" pidió Pedro. Jesús agarró a Pedro por la mano y lo llevó al bote, "¡Oh hombre de poca fe! ¿Por qué dudas de mí?"

La manifestación es uno de los regalos que nos ha dado Dios al vivir en este plano terrenal. Nuestras mentes son herramientas para crear nuestra realidad aquí en la Tierra. Jesús trató de enseñarles eso a sus discípulos al hacerlos usar sus mentes para manifestar una realidad donde pudieran caminar sobre el agua; Pedro creyó, hasta que la duda entró en su mente. Los mayores contratiempos que tenemos en la vida, son resultado de que el miedo y la duda conduzca nuestra vida. Mediante el principio de manifestación, Jesús realizó muchos milagros. Uno de los discípulos fue testigo de la resurrección de Lázaro, lo que sin duda, fue una experiencia inolvidable. Aun así por alguna razón, los escritores de los otros evangelios decidieron que no iban a hacer mención de esto. ¿Por qué, si la resurrección de Lázaro fue tan importante, no se menciona en los otros evangelios? Jesús lo explica en una canalización. "Mirad, pues Lázaro vivirá de nuevo; Yo soy la resurrección y la vida. El que tenga fe en Mí, aunque esté muerto, vivirá. Y el que esté vivo y tenga una fe viva en Mí, nunca morirá." En esta parábola, creo que Jesús ayudó a que Lázaro ascendiera. El cuerpo físico ya no existe y ahora es espiritual y nunca morirá. Es por eso que no se hace mención de Lázaro después de su resurrección, porque se volvió un ser ascendido.

Mucha de la gente que Jesús conoció en sus viajes, lo amaba; Él también los amaba y no le importaba quiénes eran, qué eran o qué habían hecho. En uno de sus viajes, se topó con una situación que involucraba a una mujer a quien los fariseos habían condenado por adulterio. Al enfrentarse con los retos de superar la vibración negativa de nuestro ser inferior, mucha gente juzga a los demás rápidamente en lugar de verse a sí mismos; es muy fácil culpar a los demás por malas conductas. La presión social también tiene gran influencia al juzgar a los demás. Ése era el caso, sin duda, del hombre que estaba a cargo de cumplir la sentencia de lapidar a la mujer a muerte. "Esta vil mujer ha sido acusada de adulterio y las leyes dictan que tal comportamiento sea castigado con la lapidación hasta la muerte," dijo el hombre. Jesús vio a la mujer a los ojos y pudo sentir su remordimiento. De manera tranquila, se dirigió al enojado y juicioso grupo: "¿Quién les da el poder de tomar una vida? ¿Qué pecado ha cometido esta mujer que merezca la muerte? Aquel que no haya pecado, que sea el que lance la primera piedra. Aquellos que no han pecado, no participarían en tal acto. Me quedaré junto a esta mujer y sufriré el mismo castigo que ustedes le infrinjan." Jesús cerró los ojos y esperó a que empezara la lapidación, pero cuando abrió los ojos se dio cuenta de que todos los que la habían condenado se habían retirado. La mujer cayó al piso y le rogó a Jesús que la perdonara. Él le dijo: "no te condeno, sigue tu camino y no peques más."

Las noticias de Jesús se difundieron rápidamente y mucha gente estaba ansiosa por escucharlo. Él sabía que Él solo no podía viajar a muchos lugares, así que les pidió a sus discípulos que le ayudaran con la misión. De igual manera, hoy en día, yo siento que los trabajadores de luz están despertando para el regreso de la Conciencia Crística, para ayudar a Jesús en la venida de la Nueva Era. En las enseñanzas del Kabbalah, una disciplina del misticismo judío, se dice que la raza humana sólo utiliza el uno por ciento de su potencial espiritual.

Jesús era un kabbalístico y pudo dominar y utilizar el resto de este potencial, dándole la habilidad de realizar milagros asombrosos. En el siguiente mensaje canalizado, describe cómo trató de inculcar en los discípulos éste poder para que ellos también pudieran usar el resto de su porcentaje espiritual, dándoles la habilidad de sanar a los enfermos, alimentar a los hambrientos y poder canalizar las palabras de Dios

**"En los tiempos de los grandes faraones de Egipto,** mi Padre infundió a Moisés y a Josué para que defendieran las necesidades de la gente. Yo también les doy la autoridad, mis discípulos, para que vayan con los borregos perdidos de Israel, para alimentar a los hambrientos y curar a los enfermos. Vayan y proclamen las buenas nuevas que el Reino de los Cielos está cerca. No reciban ni oro ni plata, hagan esto por amor y en honor a nuestro Padre. Estoy mandando ovejas a los lobos, sean sabios como la serpiente e inocentes como las palomas. Si hay alguien que no les dé la bienvenida, sacúdanse la tierra de los pies y sigan adelante. Serán llevados frente a gobernantes y reyes, pues ustedes son muy cercanos a mí. No tengan miedo de hablar, pues les serán dadas las palabras, las palabras de nuestro Padre, que hablara a través de ustedes. Ahora vayan y proclamen que el Reino de los Cielos está cerca."

Mientras Jesús estaba en Tierras distantes, los fariseos en Jerusalén estaban planeando cómo atraparlo. Decidieron que esto debería hacerse de manera secreta, deberían llevarse a Jesús cuando estuviera lejos de las multitudes para evitar una revuelta, incluso una batalla. De casualidad escucharon a uno de los hombres que viajaban con Jesús, Judas, le encantaba el dinero. Por lo que pensaron que por una cantidad de dinero este hombre los podía llevar al lugar donde Jesús se encontrara solo. Encontraron a Judas y le dijeron que los gobernantes y los sumos sacerdotes de Jerusalén querían consultar a Jesús. Le dijeron: "Ellos saben que Él se está proclamando como el Mesías y si lo puede probar lo defenderán. Esto debe hacerse en privado, lejos de las multitudes y de sus discípulos. Si llevas a los sacerdotes con tu maestro te pagaremos una cantidad en plata.

La Biblia retrata a Judas como un hombre malicioso con una gran avaricia; yo pienso que nosotros escogemos cómo vivimos nuestra vida antes de nacer, porque podemos ver el panorama completo y lo que es mejor para nosotros y para los que nos rodean. Siguiendo esta lógica, Judas se hizo voluntario para representar el papel de traidor hacia Jesús antes de encarnar. Tenía que pasar de la manera en que pasó de acuerdo con la profecía; la traición de Judas puso en movimiento el legado de Jesús. Cuando Judas se dio cuenta de que los fariseos le habían mentido y que se iban a llevar a Jesús, no pudo con el remordimiento de su traición y se quitó la vida. Esto es lo que me canalizaron acerca de Judas:

Judas razonó consigo mismo y se dijo que seguramente sería lo mejor, darle la oportunidad al Señor de hablar con los sacerdotes, en caso de que ellos le quisieran hacer daño, Él tenía el poder suficiente para desaparecer, como lo había hecho antes. Treinta piezas de plata era una suma muy buena para poder comprar comida y techo durante las jornadas. "Sí", les dijo Judas, "yo los llevaré; y sepan sin error alguno que un beso en la mejilla les revelará quién es el Señor." La noche siguiente, Jesús se sentó con sus discípulos y con María Magdalena a su lado para la cena. Le sonrió, tocó su mano y dijo: "Mirad la lección de esta hora; esta es la hora en que de verdad alabo el nombre de Dios, pues ésta es la última vez que cenaré con ustedes

La próxima vez que cenemos juntos será en el reino de mi Padre. Les digo que uno de ustedes va a traicionarme." Los discípulos sumamente afligidos empezaron a decir unos y otros: "¡por supuesto que yo no mi Señor!" Pedro le preguntó a María, quien estaba sentada junto a Jesús, "¿a quién se refiere? ¿Quién de nosotros es tan depravado que traicionaría a su Señor?" "Miren este plato que tengo en las manos y fíjense quién comparte conmigo el último pedazo," dijo el Señor.

Todos voltearon a ver a Judas mientras éste retiraba la mano del plato y Jesús le dijo: "los profetas no se pueden equivocar; el hijo del hombre debe ser traicionado. Ay de aquél que traicionará al Señor. Has rápido lo que tienes que hacer." Judas corrió a la puerta; Pedro dijo: "esto no debe pasar mi Señor, por mi espada te prometo que nadie te hará daño." "Sí mi Señor, nos iremos de este lugar y nos esconderemos, nada te dañará si nos vamos," dijo María. Jesús dijo: "ha sido escrita la manera en que he de morir. Alégrense, pues voy a estar en el reino de mi Padre."

## LA ÚLTIMA CENA

La última cena, de acuerdo con la creencia cristiana, es la comida final que Jesús compartió con sus doce apóstoles en Jerusalén antes de su crucifixión. La pintura de Leonardo Da Vinci, de la 'Última Cena', muestra a una mujer como una de los doce apóstoles, se cree que es María Magdalena sentada a la derecha de Jesús, la 'Última Cena' tiene la base bíblica de la Eucaristía o Comunión o la Cena del Señor. Me gustaría compartirles la interpretación metafísica de la última cena canalizada por Cristo.

"**Compartamos esta hogaza de pan.** Vean al pan como símbolo de mi cuerpo y véanlo también como símbolo de vida. Al tomar esta hogaza de pan y romperla, así mi carne será rota para que el hombre vea el sacrificio que hice para que todos los hombres sean libres. Coman de este pan de vida eterna y recuérdenme."

"**Al beber este vino,** tomarán en fe. El vino es la línea de sangre de la uva, así como la sangre del hombre es la línea de sangre de su ser carnal. El vino es símbolo de vida; beberán este vino y lo mantendrán puro, como si fuera el Cristo. Y que las líneas de sangre de todos los hombres sean tan absolutas como el Hijo del Hombre. Este es el festín de vida, nuestra última cena."

**"Este día será recordado** y de ahora en adelante este pan y este vino será un recordatorio de mí. Beban este vino, coman este pan y recuérdenme. Les he dado un nuevo mandamiento para que se lo aprendan. Así como yo los amo y doy mi vida por ustedes, así deberán amar a su mundo y dar su vida para salvarlo. Ámense unos a los otros como se aman a sí mismos, entonces el mundo sabrá que son hijos de Dios, discípulos del Hijo del Hombre que Dios ha glorificado."

La película 'El Código Da Vinci', cuenta una historia en la que Jesús y María Magdalena eran marido y mujer. Jesús amaba a María y Él sabía que ella lo amaba también y que sacrificaría su vida por salvarlo; Él le pidió que se fuera con su madre. En este mensaje canalizado Jesús les dice a sus discípulos que retrocedan y que dejen que la profecía de su muerte se cumpla. "Hoy en la noche todos ustedes se volverán desertores por mi culpa. Sólo tú María, estarás a mi lado, pero te lo prohíbo, pues de lo contrario te harán daño. Ve al refugio de mi madre y quédate ahí hasta que pase cierto tiempo."

Alardeando Pedro dijo: "Yo daría mi vida por ti. Nunca te abandonaría mi Señor." Jesús le contestó: "No debes alardear de tu valentía, mi amigo, no eres lo suficientemente fuerte para estar conmigo hoy en la noche. De verdad te digo, esta misma noche antes del canto de los gallos me negarás tres veces. Todos se alejarán de mí esta noche; no dejen que se entristezcan sus corazones, todos ustedes creen en Dios, creen en mí. Mirad, que hay muchas mansiones en el reino de mi Padre. Yo iré a la Tierra de mi Padre y les prepararé un lugar."

**"Yo soy el camino, la verdad de la vida; yo manifiesto el Cristo en Dios. Nadie llega al Padre sino a través de mí. El Cristo es Luz, el Cristo es Amor. Estas son las palabras y los hechos de Dios que viven en mí como yo vivo en Él".**

Debo hacer una pausa; como había mencionado, Jesús dice que cuando uno entra al Reino de Dios, es a través de la Luz (que es Cristo). El Cristo no es un hombre, es la Luz. Por lo que deben seguir al Cristo para poder entrar al Reino de los Cielos. Ha llegado la hora en la que llorarán y los malvados se regocijarán porque me iré. Pero me levantaré y sus penas se volverán alegrías. Se regocijarán como cuando le dan la bienvenida a su hermano, cuando regresa de la muerte. Es hora de que se vayan y se dispersen. Los hombres malvados pronto estarán aquí. No estaré solo pues mi Padre está aquí conmigo. Vayan, que es tiempo de que sean juzgados por sus semejantes."

Judas llegó al jardín donde Jesús se había quedado para rezar. El sacerdote principal, junto con una multitud de personas con espadas, iban con Judas para encontrar a Jesús. Judas ya les había dicho cuál era la señal; se acercó a Jesús y mientras lo besaba le dijo: "Mi Señor, ¿qué he hecho? Te han dado poderes para desaparecer, ¿por qué no lo haces?" Jesús le respondió: "Amigo mío has lo que tienes que hacer, pues está escrito que me darás el beso de la muerte. Hazlo y sigue adelante."

La multitud tomó a Jesús y lo ataron con cuerdas. Jesús les preguntó: "¿Por qué vienen en la oscuridad de la noche con espadas y palos para sacarme de este lugar sagrado? ¿No he hablado en lugares públicos en Jerusalén? Me podían haber encontrado cualquier día."

De pronto apareció Pedro, trató de salvar al Señor, sacó su espada e hirió a uno de los sacerdotes. Cuando Jesús lo vio le dijo: "Guarda tu espada, pues todo aquel que use una espada morirá por la misma. ¿Crees que no puedo llamar a mi Padre para que mandara legiones de ángeles para salvarme? Todo esto debe suceder para que las escrituras de los profetas se cumplan; ahora vete mi querido amigo y deja que me juzguen sólo a mí."

Jesús se acercó al sacerdote herido y puso sus manos sobre su herida diciendo: "Por favor disculpa a Pedro por lo que ha hecho. El amor de mi Padre te sanará. Ahora vete, has sido sanado." En efecto el sacerdote había sido sanado y estaba anonadado por el milagro, pero el sacerdote principal lo llamó blasfemia, pues ningún hombre tiene la supremacía de hacer semejante hecho. Jesús era un buen hombre, un hombre de paz. Cuando el sacerdote principal trató de acusarlo, no encontró nada que pudiera usar en su contra. En este mensaje canalizado podemos escuchar que incluso los que eran considerados líderes religiosos honestos, se apartaron de la verdad sólo para que no pareciera que se habían equivocado.Los que arrestaron a Jesús lo llevaron ante el sacerdote supremo. A la distancia y escondido de la multitud, Pedro miraba para ver si le hacían daño al Señor. Se reunió el consejo y buscaban algún testimonio en contra de Jesús para poder sentenciarlo a muerte.

Se acercaron varios testigos falsos, pero no había pruebas de blasfemia. Mientras Pedro estaba sentado afuera del patio tratando de ver lo que pasaba, llegó una sirvienta, se le acercó y le dijo: "Tú también estabas con Jesús de Galilea." Sin embargo Pedro negó conocer a Jesús y se fue a otro lado. Otra vez, otra muchacha le dijo a alguien que él estaba con Jesús de Nazaret; de nuevo Pedro negó conocerlo. Por último, una persona se le acercó, "claro que tú eres uno de los seguidores de Jesús, tu acento te traiciona." Entonces Pedro empezó a usar malas palabras y a jurar: "¡Yo no conozco a ese hombre!" En ese momento, los gallos empezaron a cantar y Pedro se acordó de lo que Jesús le había dicho, que antes de que cantaran los gallos lo iba a negar tres veces. Pedro corrió al desierto avergonzado de lo que había hecho.

## EL JUICIO

Poncio Pilato era un ciudadano romano, un prelado escogido por el emperador para supervisar la provincia de Judea. Él fue el responsable de la crucifixión de Jesús, aunque su intención fue liberarlo. Pilato se asombró por lo que Jesús le dijo y les dijo a los judíos que no encontraba nada que lo pudiera culpar. Le ofreció a la multitud liberar a Jesús, pero la multitud escogió liberar a Barrabás (Mateo 27:12-23). Pilato les dijo a los judíos que él se lavaba las manos de este asunto, así que no les quedó más a los judíos, que crucificar a Jesús ellos mismos. Al amanecer, los sacerdotes llegaron a la conclusión de que Jesús debía ser condenado a muerte. Lo amarraron y lo llevaron ante el gobernador Poncio Pilato; él les preguntó:

"¿Qué es lo que pasa aquí esta mañana?" Los sacerdotes contestaron: "Traemos a un hombre malvado y sedicioso. Ha sido juzgado por el consejo supremo judío, pues se ha demostrado que es un traidor. Hemos rezado para que condenes a muerte a este hombre blasfemo." Pilato les contestó: "¿Por qué me lo traen a mí? Vayan y juzguen ustedes mismos a este hombre, ustedes tienen sus propias leyes judías y de acuerdo con las leyes romanas, ustedes tienen el derecho de juzgarlo y condenarlo. Nosotros no tenemos el derecho de ejecutar a este hombre; de acuerdo con la ley romana, ningún hombre será culpable hasta que se hayan escuchado todos los testimonios y el acusado se haya podido defender." Pero los sacerdotes insistieron: "Culpamos a Jesús como enemigo de Roma; Él dice que Él es rey." Pilato se acercó a Jesús y le preguntó: "¿Qué contestas al escuchar de lo que se te acusa? ¿Están diciendo la verdad o mienten? ¿Es cierto que dices que eres rey?"

La respuesta de Jesús fue: "¿Por qué razón debería yo defenderme ante las cortes humanas? Estos cargos fueron hechos por perjurios de estos hombres. Sí soy rey, pero los ojos físicos no pueden ver el reino de Dios, pues está dentro de los hombres.

Si yo fuera rey como los reyes humanos, traería a mis ejércitos para que me defendieran. No me rendiría ante súbditos de las leyes judías; no tengo ningún testimonio. Dios es mi testigo y mis palabras y acciones son prueba de la Verdad. Cada hombre que comprende la Verdad escuchará mis Palabras y sus almas serán testigos míos; ésta es la Verdad que sé."

"Este hombre no es culpable de ningún crimen; no lo puedo condenar a muerte," dijo Pilato. "¡Pero debe ser crucificado! ¡Este hombre falsificará al pueblo judío!" Exclamaron los judíos. Pilato salió a hablar con la multitud. "Hay tres hombres sentenciados a morir crucificados; unos son asesinos. De acuerdo con la costumbre judía, al final del año, ustedes vierten todos sus pecados en una persona. Esta persona sirve como chivo expiatorio y cuando lo sueltan hacia el desierto ustedes se libran de sus pecados. De acuerdo a su costumbre, hoy debo soltar al prisionero de nombre Barrabás, quien ha sido sentenciado a muerte. Ahora escúchenme, les pido que dejen libre al hombre llamado Jesús y dejen que Barrabás pague sus culpas en la cruz. Manden a Jesús al desierto y líbrense así de Él." La multitud se enfureció al escuchar lo que decía Pilato y empezaron a planear cómo destrozar el palacio romano y sacar a Pilato.

Prócula, la esposa de Poncio Pilato, tuvo una gran influencia en la decisión de Pilato de liberar a Jesús. Ella había visto en sus sueños, la muerte de Jesús y su resurrección. Le advirtió a su esposo que no fuera parte de su muerte, porque Jesús era el Hijo de Dios. Le dijo: "Mirad lo que haces a esta hora, no toques a este hombre de Galilea, pues Él es en verdad un hombre sagrado. Lo he visto caminar sobre las aguas y resucitar a los muertos; vi a Jerusalén cubierta con sangre y un velo cubriendo el cielo. La Tierra en la que yo estaba parada se movió y el día se volvió noche; te digo esposo mío, no llenes tus manos con la sangre de este hombre. Si le haces daño, le haces daño al Hijo de Dios."

Pilato le dijo a la multitud: "Este hombre a quien han acusado, es el Hijo del Sagrado Dios. Proclamo mi inocencia. Si ustedes deciden matarlo, su sangre está en sus manos no en las mías. Tomo esta agua en señal de que me lavo las manos de esta transgresión. ¡Son unos tontos al estar tan ciegos! ¡Éste es su Rey, el Rey que han estado esperando, el Mesías, y lo quieren matar!" Pilato les dio instrucciones a sus Soldados de que no le hicieran daño a Jesús y que lo regresara a los judíos. Su sangre no iba a estar en manos romanas.

"¿Qué se supone que debamos hacer? Crucificar a un hombre va contra las leyes judías, pero está permitido lapidarlo a muerte." Dijo el líder de los judíos. La multitud gritó: "¡Que sea lapidado!" De modo que Jesús fue arrastrado al lugar donde se lapidaba a la gente. En el camino, un grupo de soldados romanos del Rey Herodes se acercó a la multitud. Un fariseo le gritó a los romanos: "Este hombre es un traidor. Dice que él debería ser el rey. Seguramente, por eso, lo crucificarán." Estos eran soldados que no tenían remordimiento alguno y que lejos de eso, sentían placer al poder crucificar a algún judío, así que estuvieron de acuerdo. Le ordenaron a la multitud que hicieran que Jesús cargara su propia cruz hasta el lugar de la crucifixión. A lo que todos gritaban: "¡Que sea crucificado!" Jesús recorrió el camino a Calvary, tratando de cargar la cruz mientras la multitud le lanzaba piedras y lo golpeaban. Durante el trayecto, un hombre llamado Simón, amigo de Jesús, corrió hacia Él y le dijo: "Mi Señor, ¿por qué quieren hacerte daño? Eres un buen hombre, un hombre de paz." Sin poder contestarle, Jesús cayó al suelo exhausto; los romanos le gritaban: "¡Levántate o morirás en este lugar!" Simón les pidió: "Déjenme ayudar a este hombre, pues no tiene la fuerza para cargar la cruz.

Yo la llevaré por él." Y así lo hizo; Simón llevó la cruz en sus hombros hasta Calvary. Entre la gente estaba Judas, esperando que el Señor usara sus poderes y así demostrara el poder de Dios. Sin embargo cuando vio a su Maestro tirado en el suelo cubierto de sangre se dijo a sí mismo: "¡Oh Dios, qué he hecho, he traicionado al Hijo de Dios!"

Corrió lejos de ese lugar y fue al templo donde le habían dado el pago en plata por traicionar a Jesús. "¡Tomad, les regreso su chantaje, he traicionado al Hijo de Dios!" Lanzó las monedas de plata al suelo y trepó las paredes del templo; amarró una cuerda a su cuello e hizo su última plegaria: "Por favor Señor perdóname, yo sé que nunca me será permitido entrar en el reino de tu Padre, iré a un lugar de sufrimiento." Y así, Judas se colgó de una de las perchas de las paredes del templo.

La multitud se empujaba hacia Calvary y los soldados romanos ya habían crucificado a los otros dos prisioneros. Eran cuatro los soldados escogidos para crucificar a Jesús; estos hombres habían sido los que le habían puesto la corona de espinas en la cabeza y se habían burlado de Él por decir que era rey. En lugar de usar una cuerda para amarrar a Jesús a la cruz, le clavaron clavos a través de las manos y los pies y levantaron la cruz en medio de las otras dos cruces. Cuando terminaron, se sentaron entre la multitud para ver morir a Jesús.

## LA PROMESA

Jesús volteó a ver al cielo y le suplicó a su Padre: "Padre, por favor perdónalos, pues no saben lo que hacen." Y le dijo a la gente:

**"Moriré, para que todos los pecados de la Tierra sean perdonados. Por favor recuérdenme como un canal de amor de nuestro Padre Dios. Recuérdenme como portador del bien, no me recuerden sufriendo en esta cruz. Regresaré después de mi muerte; regresaré en espíritu, uno de los cuerpos del espíritu, no en carne. Entonces serán testigos de la promesa, de la promesa de vida eterna que da Dios; la promesa de que su alma vivirá por siempre con el Padre."**

La multitud judía se volvió salvaje, gritaban: "¡Mirad a nuestro falso rey, que dice ser el Mesías! ¡Si de verdad eres el hijo de Dios, libérate de la cruz!" Incluso los soldados romanos se unieron a las burlas: "¡Nuestra lealtad está con César! ¡Él es nuestro rey! ¡Todos alaben a César, rey verdadero del Imperio Romano!" Poncio Pilato se enteró de que los hombres del Rey Herodes iban a crucificar a Jesús. Fue tanto su enojo, que encargó una placa para que se pusiera en la parte de arriba de la cruz. La mandó con el más rápido de sus hombres para que la pusiera y decía: "Jesucristo, Rey de los Judíos".

Los sacerdotes se enojaron al ver la placa y exigieron que la quitasen. Sin embargo el mensajero les dijo las palabras que había mandado Pilato: "Lo que he escrito lo he escrito y se queda. Hoy es el día en el que matan a su Rey." Uno de los hombres que estaba crucificado a un lado de Jesús también le hizo burla, "si tú eres Cristo, entonces tienes el poder de golpear y herir a estos hombres.

¿Por qué no te salvas y me salvas a mí?" El otro hombre que estaba crucificado también, reprendió al primero: "¿Qué no le temes a Dios? Este hombre no ha cometido ningún crimen, ¿por qué lo están castigando de la misma manera que a los ladrones y asesinos? Nosotros hemos sido crucificados por lo que hicimos, tenemos que pagar la deuda. Pero tú Señor, nunca has cometido ningún crimen, es una injusticia todo el dolor y sufrimiento que te han causado. He escuchado tus enseñanzas, ¿es verdad que el Reino está cerca? ¿Que nuestros pecados serán perdonados? ¿Habrá lugar en el Reino de tu Padre para mí?" Jesús le contestó: "Mirad, me reuniré contigo el día de hoy en el Reino de mi Padre. Hoy me sacrificaré para que los hombres sean perdonados."

La madre de Jesús, su hermano Jaime y María Magdalena estaban al pie de la cruz, inquebrantables, entre la revoltosa multitud. María lloraba: "Mi querido hijo, ¿por qué te están haciendo esto? Es una injusticia lo que han hecho contigo. Se irán al purgatorio por lo que le han hecho a mi hijo." Jaime trataba de consolarla. María Magdalena lloraba al ver así a su Señor, pues lo amaba como una esposa ama a su marido y le dijo: "Me has preparado para este día mi Señor, y aun así no estaba preparada para lo que he visto hoy. ¿Por qué debes sufrir de esta manera? ¿Por qué te has rendido ante estos malditos? ¿Qué tu Padre no desaprueba a aquellos que se contentan con hacer daño a Su hijo amado? ¿Por qué no lanza Su ira y golpea a los transgresores?"

Jesús le dijo a las dos Marías: "Ha sido ordenado que pasaría de esta manera, pues éste será el día en el que seré recordado. También será sabido cuando me levante otra vez. Búsquenme al tercer día y verán lo que es ser un alma libre de los lazos de la carne."

El día se volvió noche, aunque el sol había salido unas horas antes, la multitud se preguntaba, ¿"Qué brujería es esta?" Prendieron varias fogatas para poder seguir viendo sufrir al Señor en la cruz. El sol no volvió a salir en todo el día y el Señor gritó: "¿Padre, me has abandonado? ¿Por qué el sol no brilla más?" Las horas pasaron y en ese oscuro día sin sol, la Tierra empezó temblar. Finalmente, un rayo de luz dorada apareció sobre la cabeza de Jesús. Él levantó la cabeza hacia el cielo y dijo: "Padre te entrego mi alma." La tierra empezó a moverse más intensamente y las rocas se partían en dos al abrirse la tierra. Las tumbas se levantaron del suelo; algunos pensaron que podían ver muertos caminando por las calles. Un soldado que había estado observando a Jesús durante la crucifixión exclamó: "Este hombre era en realidad del Hijo de Dios"

El odio es una forma de negatividad, que detiene al alma de su camino hacia la iluminación. He visto gente que ha dejado que el odio llegue al punto en el que no dejan que nada se interponga en su camino; se vuelve una obsesión, no importa a quien le hagan daño o qué tengan que hacer para dañar a alguien, no se pueden detener. Es muy común, que se den cuenta de lo que han hecho, hasta que sufren las consecuencias. En el mundo del karma, el mundo de causa y efecto, el karma empieza a afectar la vida de esa persona cuando es demasiado tarde. Yo pienso que los judíos de hace dos mil años, tenían tanto odio hacia Jesús y hacia el hecho de que decía que era el Mesías, que estaban ciegos a su generosidad y a su sabiduría. Jesús sólo quería traer a Dios a nuestras vidas, no gobernar al mundo. Es lamentable, si la humanidad hubiera escuchado sus palabras y hubieran acogido sus enseñanzas en ese tiempo, es posible que la humanidad hubiera podido llegar antes a la ascensión; pero no sucedió así.

## LA RESURRECCIÓN

La muerte de un soberano puede causar una inmensa tristeza a una nación; muchos pierden el deseo de vivir y otros entran en una gran depresión nacional. Imagínense cómo se sintieron los seguidores de Jesús al ver al Hijo de Dios llevado a la muerte. Lo más probable es que hubiera una gran confusión acerca de cómo era posible que muriera una deidad. Algunos pudieron hasta perder la fe en que Jesús era el Mesías. Los líderes judíos tenían miedo de que los seguidores de Jesús trataran de robar su cuerpo para hacerlo un mártir. La historia revela que el cuerpo no fue robado y que sí hubo una resurrección. En este mensaje canalizado serán testigos del dolor de aquellos que amaban a Jesús. He mencionado antes que la película 'El Código Da Vinci' cuenta la historia de Jesús y María Magdalena como marido y mujer. En este mensaje María le dice a Jesús que está embarazada de su hijo y que su línea de sangre seguirá viviendo. En el último párrafo, Jesús les da los últimos mandamientos a sus discípulos.

Al caer la tarde, el cuerpo sin vida de Jesús todavía estaba clavado en la cruz. María suplicaba a los soldados que liberaran a su hijo. Un hombre llamado José de Arimatea se acercó a los guardias y les dijo: "Por permiso de Pilato, mi trabajo es el de preparar el cuerpo para enterrarlo." María lo reconoció como amigo y gran admirador de Jesús, un hombre conocido por su generosidad. Hubiera podido ser uno de los discípulos, pero su vida en familia lo mantenía cerca a su hogar.

Sin embargo, cuando Jesús visitó Jerusalén, el hogar de José era el refugio de Jesús y sus discípulos. José consoló a María y lloró con ella. "¿Qué le han hecho a mi hermano y fiel amigo? Estos hombres serán jugados por los crímenes infligidos hacia el Señor en este día; no habrá misericordia para sus almas cuando se reúnan con Dios." José bajó a Jesús de la cruz y puso su cuerpo en el regazo de su madre.

María Magdalena lavó la sangre seca de la cara, manos y pies de Jesús. "Nunca te olvidaré mi Señor. Siempre estarás conmigo en carne y espíritu. La línea de sangre de tu verdad está dentro de mí y se multiplicará con el paso del tiempo." José envolvió el cuerpo de Jesús en telas de lino limpias y lo trajo a la tumba que había sido hecha para cuando José muriera. Con profundo dolor José suspiró, "mi Señor, te brindo mi lugar de descanso final; que encuentres paz y descanso. Algún día nos reuniremos en tu pacífica morada y me darás la bienvenida como yo te di la bienvenida a mi corazón. Te dejaré aquí y cerraré la tumba para que nadie destruya este lugar sagrado." Una vez afuera, José buscó la ayuda de por lo menos veinte hombres para rodar una gran piedra para cerrar la entrada de la tumba. "Nadie puede entrar a este lugar; éste es el último lugar donde descansa nuestro Señor. Que encuentre paz y amor en el Reino de Su Padre y que olvide el dolor y el sufrimiento que le infligieron los hombres."

El sacerdote responsable por la crucifixión de Jesús tenía miedo de que los amigos de éste robaran el cuerpo de la tumba. Tenía miedo de que si la gente creía el rumor de que el Nazareno se levantara de entre los muertos, podrían abolir las bases de las creencias judías de que iba a venir el Mesías.

El sacerdote le pidió a Pilato que pusiera unos guardias romanos para proteger la tumba; la respuesta de Pilato fue: "Los judíos tienen soldados, así que usa tus propios soldados para proteger la tumba. Yo me he lavado las manos de este acto inmoral que has cometido. Ahora debes asumir toda la responsabilidad." Así que los soldados judíos fueron a proteger la tumba, pero antes, los sacerdotes querían cerciorarse de que el cuerpo del Nazareno estuviera ahí adentro, así que los soldados rodaron la piedra de la entrada de la tumba y cuatro sacerdotes entraron. Irrumpieron en sus mentes pensamientos espantosos mientras llegaban a la parte trasera de la tumba.

'Si éste hombre se ha levantado, puede estar esperando en la oscuridad para vengarse de lo que se le hizo.' Pensaba uno de los sacerdotes. Otro pensaba, 'si regresa como fantasma, ¿nos atormentará hasta nuestra muerte?' Cuando llegaron hasta donde estaba el cuerpo de Jesús, uno de los sacerdotes pensó que había visto al Nazareno caminando y salió corriendo hacia los soldados, lleno de miedo gritando: "¡Es verdad, es verdad, se ha levantado!" Pero siguiéndolo de cerca, salieron los otros sacerdotes negando que se hubiera levantado. Uno de ellos dijo: "Su cuerpo yace sin vida sobre una piedra, está envuelto en tela. Sellaremos esta cueva y la vigilaremos para que nadie pueda robarse el cuerpo de esta tumba." Pasaron dos días y todo había estado tranquilo; los sacerdotes vigilaban la tumba junto con los soldados. Ya estaban convencidos de que los seguidores del Nazareno habían abandonado la idea de robarse el cuerpo. Hicieron que los soldados juraran que iban a proteger la tumba con sus vidas; y también como parte del trato les pagaron una cantidad adicional de plata.

## La Promesa

La tercera noche, pasadas las doce, una llamarada de luz descendió de los cielos y despertó a los soldados. La luz rodeó la tumba y la tierra empezó a temblar como el día en que había muerto Jesús. Aparecieron figuras fantasmales alrededor de la tumba y la piedra de la entrada empezó a moverse, abriendo la tumba. Se escuchó una voz desde el cielo: "El hombre que una vez fue conocido como Jesús, ya no está aquí. Se ha levantado como El Cristo; la Luz de Cristo los rodea. Por consiguiente, éstas son buenas nuevas. ¡Cristo ha resucitado! Está sentado a la derecha del Padre en el Reino del Cielo."

Los soldados estaban aterrados; fueron corriendo con los sacerdotes: "¡Se ha levantado! ¡La piedra ya no está en su lugar; una legión de ángeles lo han liberado! ¡En verdad decimos, que es el Hijo de Dios!" Los sacerdotes les recordaron la promesa que habían hecho: "Nadie debe saber lo que ha pasado esta noche. Como no está el cuerpo ustedes dirán que alguien robó el cuerpo de la tumba. Ahora vayan, no digan nada; de esto no se volverá a hablar jamás. Si se supiera que Jesús se ha levantado, los hombres creerían que es el Hijo de Dios." Los sacerdotes hicieron un juramento de no decir lo que había sucedido.

A la mañana siguiente, María y María Magdalena fueron a visitar la tumba; para su sorpresa, vieron que la gran roca no estaba cerrando la entrada a la tumba. "Alguien ha profanado la tumba de mi hijo," dijo María mientras corría hacia adentro. Cuando llegó a donde el cuerpo de Jesús debía estar, se dio cuenta de que la tela en la que había estado envuelto, estaba cuidadosamente doblada.

"¿Qué ser tan brutal pudo haberse llevado el cuerpo de mi hijo?" De entre las sombras apareció un hombre y María le preguntó: "¿Has sido tú el que se ha robado el cuerpo de mi hijo?" la respuesta fue: "¡Mirad madre! Te dije que me iba a reunir contigo en este día en esta tumba." María Magdalena se acercó al hombre y al hacerlo cayó de rodillas sin poder creer lo que veía.

"¡Mi Señor! Dime que es cierto que has regresado de entre los muertos." Jesús les dijo: "No busquen a los vivos entre los muertos y no busquen mi cuerpo. ¡He resucitado! Mi alma y mi cuerpo son uno. No habrá restos de mi cuerpo físico que puedan encontrar; soy Uno con el Padre. Ahora vayan por los otros para que sean testigos de que he resucitado."

María Magdalena fue a encontrar a Pedro y le contó lo de la resurrección; Pedro reunió a los discípulos para ir a la montaña que Jesús les había dicho que debían ir cuando se enteraran de su resurrección. Tomás dudaba de que el Señor hubiera resucitado, "hemos visto con nuestros ojos que nuestro Señor murió." Una voz de entre las sombras le contestó: "¿Por qué dudas, cuando no habías dudado antes? ¿No he sido sincero? ¡Sí Tomás, he resucitado!" Dijo Jesús y les dio la bienvenida, al tiempo que les dio su última tarea.

*"Me ha sido dada toda la autoridad del cielo en la Tierra. Por lo tanto vayan y hagan discípulos en todas las naciones. Enséñenles todo lo que yo les enseñé a ustedes. Bauticen a los hombres en el nombre del Padre, del Hijo y del Espíritu Santo; y recuerden que Yo estaré siempre con ustedes, hasta el fin de los tiempos."*

# LA NUEVA ERA

## *CAPÍTULO DIECISEIS*

**La** vida es sólo una actuación. Buen día, soy yo, Índigo. Sí, sabemos que han escuchado esto antes. La vida que se vive en la Tierra es lo que llamamos 'el juego de la vida'. Verán queridos míos, antes de que escojan vivir en la Tierra, ustedes determinan qué tipo de vida beneficiará su crecimiento espiritual. Ustedes son los escritores y los creadores de su propio destino. Así que si alguien se pregunta: "¿Por qué no soy millonario?" O "¿Por qué tengo esta enfermedad terminal o esta deformidad? ¿Por qué la vida es tan difícil? ¿Por qué no hacer la vida fácil?"

En un principio, su alma es una vibración de devoción y privilegio. Ustedes son una forma de Dios creada a su imagen y semejanza. El ser ascendido es un honor. ¿Cómo va uno a crecer espiritualmente cuando nuestro ser ya es puro? Es entonces cuando su ser se divide en muchos, se divide en muchos seres inferiores aunque sigue conectado al verdadero Ser, el Uno. Esto sucede para que puedan vivir como seres no ascendidos y puedan experimentar la adversidad, el dolor, la miseria, la devoción, la tranquilidad y la satisfacción.

La realidad de su ser, el que reside en la Tierra, es de una vibración más baja que la de los seres que han ascendido a los reinos superiores de existencia. Nosotros sentimos la angustia de su reino a través de Joseph y sentimos pena por la resistencia por la que deben pasar para su crecimiento. La manera en la que viven, es el camino que han escogido para su crecimiento espiritual. Entre más difíciles sean los obstáculos en su camino, más crecimiento tendrán en su camino a la iluminación. Durante muchos años, los seres de la Tierra han vivido sin armonía, resistiendo invasiones y matanzas, por razones equivocadas y perjudiciales. Esto ha tenido como resultado, el desperdicio de la vida por dinero y por poder. Este ego debe terminar, pues está destruyendo la verdadera esencia de su ser y lo que los rodea. El comienzo de la era de Piscis fue cuando Jesús entró al reino terrenal hace dos mil años. Él prometió que al final de esta era regresaría a la Tierra, al comienzo de la era de Acuario, para cumplir la profecía de que nuestras almas vivirían por siempre en el Reino del Padre hasta la eternidad.

**DEFINICIÓN DE 'ERA'**

¿Qué significa 'era'? Le toma veintiséis mil años a la Tierra y a los demás planetas del sistema Solar completar una vuelta alrededor de la órbita eclíptica, llamada Zodiaco Astrológico; y éste se divide en doce signos (que podemos encontrar a continuación). Le toma como dos mil cien años a su sistema solar pasar a través de uno de esos signos; esto se llama una Era Astrológica. Cuando se pasa de un signo hacia otro, es una Nueva Era. En este caso, es muy claro que estamos terminando la era de Piscis y estamos empezando la Nueva Era de Acuario.

**SIGNOS ASTROLÓGICOS, los doce signos en el calendario zodiacal: Acuario (portador de agua) Enero 20-Febrero 18; Piscis (pez) Febrero 19-Marzo 20; Aries (carnero) Marzo 21-Abril 19; Tauro (toro) Abril 20-Mayo 20; Géminis (gemelos) Mayo 21-Junio 20; Cáncer (cangrejo) Junio 21-Julio 22; Leo (león) Julio 23-Agosto 22; Virgo (virgen) Agosto 23-Septiembre 22; Libra (balanza) Septiembre 23-Octubre 22; Escorpión (escorpión) Octubre 23-Noviembre 21; Sagitario (arquero) Noviembre 22-Diciembre 21; Capricornio (cabra) Diciembre 22-Enero 19.**

Cuando se completa un ciclo completo de doce signos, se llama Año Cósmico o Yuga. Le toma como veintiséis mil años a la Tierra completar una vuelta alrededor de todos los signos. En este momento, la Tierra está entrando a un nuevo Año Cósmico, así como a una Nueva Era Astrológica, la Era de Acuario. Cuando comienza un nuevo Año Cósmico se dice que son los Años de Oro porque es el principio de un nuevo ciclo. A estos ciclos se le dan los nombres de los metales de la Tierra y estos metales están relacionados con la conciencia espiritual de los seres.

En un principio, cuando la Tierra se manifestó, empezó el primer Yuga; se le conoce como Satya Yuga, que quiere decir pureza, simbolizada por el oro y fue la Era de Oro. La humanidad en aquel tiempo todavía tenía la inocencia divina; era cuando nuestro ser estaba completo, era un espejo de Dios.

Al paso del tiempo, como en el año seis mil quinientos, se pasó a la Era de Tetra, la Era de Plata. La conciencia espiritual había disminuido y algunos hombres se habían separado de Dios. El materialismo se volvió importante para unos cuantos; se perdieron algunas mentes espirituales y la realidad física se volvió real. Cuando el Dvapara Yuga, la Era del Cobre, llegó, la negatividad se apoderó de la conciencia humana. La Tierra entró en un tiempo de oscuridad, la Era Oscura.

La Luz de Dios estaba dividida entre los hombres y la oscuridad crecía al paso del tiempo. Actualmente la Tierra está en el Kali Yuga o Era de Hierro, conocido como la escoria del tiempo, comenzó en el año 3102 A.C.; alrededor del noventa por ciento de la humanidad se había apartado de la Luz. Dios mandó mensajeros de esperanza para que los siguieran los hombres, como Moisés, Josué y Jesús, por nombrar a algunos. Estos grandes hombres trajeron la luz a los ojos del hombre. La humanidad ha tenido tiempo de recibir la enseñanza de estos grandes mensajeros de Dios; los que han aceptado estos mensajes, estarán mejor preparados que los demás para pasar a la siguiente etapa de vida, que ocurrirá en la Gran Conjunción. La Gran Conjunción es la alineación de las tres eras; la Nueva Era de Acuario, el Nuevo Año Cósmico y la Era de Oro. La convergencia de las tres Eras sucederá en un futuro cercano, haciendo que los humanos sean divinos de nuevo.

## INVESTIGACIÓN DE LA PROFECÍA DEL 2012

¿Será el 21 de Diciembre de 2012 el último día de la Tierra? De acuerdo con muchos estudiosos, que han estudiado el Calendario Maya, los antiguos mayas creían que esta fecha iba a ser el último día de la humanidad como la conocemos en la Tierra. Según algunos astrólogos y algunos pensadores 'New Age', es en este día que sucederá un apocalipsis o alguna revolución global parecida.

La creencia es que al final del calendario, en Diciembre 21 del 2012, el mundo llegará a un abrupto final. Aunque no hay pruebas definitivas en las predicciones de cómo será el fin del mundo, los que han estudiado este calendario, afirman que el extenso calendario fue creado para que correspondiera con una predicción astronómica a largo plazo, hecha por los mayas y que hizo que algunos pensaran que el fin del mundo podría tener varios escenarios.

## EL PLANETA X / LA TEORÍA DE LAS LLAMARADAS SOLARES

¿Será nuestro Sol la causa del fin de la humanidad? Algunos astrólogos que entienden el sistema solar, creen que el fin se dará por las llamaradas solares que tendrán lugar en el año 2012, de acuerdo con la profecía. Estas llamaradas tendrán lugar debido a un trastorno en la órbita de los planetas de nuestro sistema solar, causado por la órbita de un planeta externo que los científicos llaman planeta X, el décimo planeta. La teoría del planeta X no es de ninguna manera nueva, la gente del mundo antiguo creía en un misterioso cometa-planeta que pasaría cerca de la Tierra en intervalos, a lo largo de miles de años. Los sumerios llamaban a este cometa- planeta Nibiru. Los egipcios lo llamaban 'El Planeta de Un Millón de Años', y las personas de la Antigua Babilonia lo llamaban Marduk, el nombre de su dios. Este planeta fue descrito hace seis mil años por los sumerios, su descripción está escrita en una tableta de piedra y afirma que nuestro sistema solar incluye a un planeta más, llamado Nibiru que quiere decir 'Lugar de Transición.'

Hoy día, hay quien cree la teoría de que el planeta X transita a través de nuestro sistema solar una vez cada tres mil seiscientos años. Aunado esto, a la profecía del fin del mundo, que afirma que cuando el planeta X vuelva a entrar a nuestro sistema solar, causará una destrucción masiva a los planetas cercanos, causando que Júpiter gravite más cerca del Sol, haciendo que sus gases se enciendan, volviéndolo un sol secundario. Combinado con esto, las llamaradas solares liberadas por el Sol llegarán a su máximo en el 2012, sumergiendo partes de la Tierra; esto causaría que los satélites se dañaran o se perdieran, que hubiera interferencia en las telecomunicaciones y apagones que durarían meses. Se cree que estos eventos, en combinación con el ciclo del planeta X, causarán un gran daño al planeta a un nivel nunca antes visto.

## TEORÍA DE LA ALINEACIÓN PLANETARIA

Otra teoría de la profecía del 2012, tiene relación con una alineación planetaria muy extraña que ocurrirá en el mes de Diciembre del 2012, conocida como el Ecuador Galáctico. Imaginen que todos los planetas de la Vía Láctea se alinearan, incluyendo la Tierra y el Sol; eso es lo que se llama Ecuador Galáctico. Esta alineación es tan rara que sólo sucede cada veintiséis mil años. Se piensa que esta alineación planetaria podría ser una señal de un desplazamiento en los polos magnéticos. ¿Es esta la primera alineación de la Tierra? No existen documentos que hablen de este gran evento, pero como la Tierra tiene 4.5 billones de años, se puede suponer que este desplazamiento ha ocurrido en el pasado. ¿Si sucediera ahora, causaría una destrucción masiva en el planeta?

Uno se puede preguntar, si la Tierra tiene billones de años, ¿por qué es que no hay evidencia alguna de que hubiera vida antes de la era prehistórica? La Tierra crece en un ciclo, cuando se desequilibra, se purga, desplazando las masas continentales. Es entonces, cuando parte de la Tierra se hunde en el océano ocultando al mundo antiguo y otras partes salen a flote creando nuevos continentes. Algunos afirman, que la razón por la que el extenso calendario Maya termina exactamente el 21 de Diciembre del 2012, es porque esto sucederá en combinación con la alineación de los planetas y junto con el regreso del planeta X.

## LA VISIÓN DEL COLECTIVO DEL 2012

¿Tendremos que despedirnos de nuestros amigos y familiares en el 2012 o será sólo el comienzo de la evolución de la humanidad? Al final de esta era, la Tierra misma se moverá hacia una vibración superior que se convertirá en una utopía para la raza humana. ¿Será el 21 de Diciembre de 2012 el último día de la humanidad en la Tierra? ¡La respuesta es no!

El año de 2012 será un año recordado como el año del Despertar Espiritual; lo que solía ser mundano no lo será más. Los datos científicos confirmarán que el planeta X sí existe y que entrará a la Vía Láctea con una trayectoria impredecible, sin poder seguir su trayectoria a través del sistema solar. ¿Chocará con la Tierra el planeta X? ¡De nuevo la respuesta es no! Causará estragos en su sistema solar, provocando desequilibrios en los planetas vecinos y en sus polaridades, ocasionando desplazamientos también en los polos magnéticos de la Tierra, haciendo que se hundan continentes.

## UN MENSAJE DE SPARROW HAWK

Bienvenidos, yo soy Sparrow Hawk, el protector de la Madre Tierra. El tiempo del cambio está cerca. La Tierra no llorará más, pues se conectará al universo y se reunirá con su familia de nuevo. La Tierra siempre había mantenido su equilibrio, hasta el siglo pasado. Los ocupantes de la Tierra la han devastado; el alguna vez faro azul del espacio ya no es tan pura como era. ¡La Tierra está enferma! Es tiempo para que la Tierra se ayude a sí misma, para que pueda volver a ser el planeta que una vez fue. Ha empezado su transición, con cambios climáticos, tormentas, temblores e inundaciones; estas condiciones planetarias serán peores, antes de que mejoren. Cuando esté lista, la Tierra dará un giro sobre un costado y empezará a rotar hacia atrás; esto causará la destrucción de sus habitantes. Grandes continentes se hundirán para siempre y nuevos continentes limpios y puros surgirán.

## UN MENSAJE DE PATRICK

Saludos, éste es Patrick. La profecía de la venida de la Nueva Era sucederá, pero no exactamente el 21 de Diciembre del 2012. La humanidad tendrá que pasar por su jornada final para poder lograr la iluminación. ¿Cuándo sucederán estos cambios en la Tierra? Nadie sabe, podrían ser meses, años, incluso décadas después del 2012. Depende de Dios determinar cuándo sucederá el cambio.

## ¿Hay Algo Más Allá de la Vida Que lo Que Sabemos?

La humanidad está en la última etapa de su jornada y es tiempo de que cada uno de ustedes enfrente sus demonios y sus miedos. Enfrentarán retos difíciles en su vida; también aprenderán a confiar unos en los otros y a poner toda su fe en Dios. El mundo está cambiando y está listo para terminar con el karma, pero antes de que suceda el cambio en la Tierra, muchos morirán y la vida como la conocen no existirá más.

Sentirán que Dios los está castigando; sin embargo recuerden, Dios los ama. Los años que vienen serán los más difíciles para la humanidad y los que son espirituales, se beneficiarán con la recompensa de una verdadera ascensión hacia la iluminación. Lo que puede parecer como el final de las cosas, es realmente el principio. Mucha gente sobrevivirá el cambio; estos seres, escogieron estar en la Tierra en este tiempo por esta razón. El A.D.N. humano, empezará a cambiar durante la transición. Pronto todos podrán ver lo que el universo les tiene preparado. Los maestros allanarán el camino para que todos vayan hacia la nueva forma de vida.

Los que no sobrevivan, entenderán lo que ocurrió, cuando lleguen al plano astral. Serán testigos de la ascensión de la humanidad y de la Tierra hacia un plano superior de iluminación. La Tierra será ahora parte del cielo; todos los seres serán de luz pura, no habrá entidades físicas. Los que se fueron a los planos astrales, ahora podrán visitar y vivir en la Tierra. Podrán reunirse con sus seres queridos, para compartir juntos la eternidad y la Tierra será ahora de la quinta dimensión.

¡Ahí lo tienen! Todas las cosas vivientes en la Tierra pasarán por una evolución y el A.D.N. humano cambiará. Una vez que su ser sea divino, será tiempo para que la humanidad regrese a su forma energética original; es tiempo de regresar a casa. La palabra energía es una palabra muy poderosa, no es la energía a la que ustedes están acostumbrados, es la fuerza universal de vida. El Cristo es de esta energía y a través de Él se hicieron todas las cosas.

Imaginen que su ser no es de carne, si no de pura energía y que sus pensamientos se hacen realidad. Pueden escoger su apariencia, lo que los rodea y la comida ya no es necesaria para la nutrición. Las enfermedades, deformidades y la muerte ya no existirán; pues este es el tiempo del 'no ego'. Como van a ser de energía pura, llenos de amor y felicidad, la importancia de esta vida es la bondad que les brindan a los demás.

*"Si queridos míos, éste es el tiempo para el que nos hemos estado preparando, la unión de su ser superior con su ser inferior. Ahora serán uno. Si, ahora la Tierra será el cielo, pero antes de que la Tierra se convierta en el paraíso, todas las cosas en la Tierra deberán pasar por una transformación. Este evento sucederá para su crecimiento espiritual. Lo que puede parecer como el fin, es en realidad, un hermoso principio."*

# DIFERENTES PERSONAS, DIFERENTES LUGARES

## CAPÍTULO DIECISIETE

¿**Alguna** vez se han preguntado si hay vida en otro lugar, a parte de la Tierra? ¿Serán verdaderos o serán un engaño los objetos voladores no identificados (OVNI) que la gente dice ver? Las antiguas ruinas de Perú son un misterio, la gente cree que hay un poderoso vórtice de energía conectado a ellas. Los patrones marcados en la Tierra, en Perú, sólo pueden ser vistos desde el aire. La mayor parte de los peruanos ha tenido o sabe de alguien que ha tenido una experiencia con objetos voladores no identificados (OVNI); ellos creen que son reales y que no son nada extraordinario. ¿Habrá seres extraterrestres que viven en diferentes lugares del universo, incluso algunos aquí en a Tierra? Es difícil creer que somos los únicos seres vivientes que Dios creó, más, cuando al parecer el universo es infinito.

## ¿Hay Algo Más Allá de la Vida Que lo Que Sabemos?

Existe evidencia de que una civilización avanzada pudo haber vivido o visitado la Tierra; sin embargo, no hay pruebas contundentes. Por ejemplo, las pirámides de Egipto; el templo que se encuentra cerca de la Esfinge de Giza, se construyó de bloques de piedra caliza, cada bloque pesa aproximadamente dos mil kilogramos. Estos bloques fueron levantados y puestos unos encima de otros a una altura de más de ciento veinte metros sobre el nivel del desierto, perfectamente nivelados. Es una de las más altas estructuras de la Tierra, de hecho, caben tres canchas de fútbol americano en una de estas pirámides.

Los pasillos que llevan a las cámaras en las pirámides, se ven como si hubieran sido cortadas con una herramienta para corte fino, como un cuchillo caliente cortaría mantequilla. Estas estructuras se construyeron hace más de cuatro mil quinientos años. Los egipcios fueron una raza única, pero, ¿fueron las pirámides construidas en el tiempo del primer faraón? ¿O heredaron estas estructuras de visitantes que eran mucho más avanzados que la humanidad de aquel tiempo?

Es posible que estos visitantes hubieran traído con ellos el conocimiento de su civilización y dejaron evidencia de quiénes eran. Los egipcios adoptaron sus costumbres y los veneraron como dioses. Cuando los visitantes regresaron a su lugar de origen, dejaron atrás los monumentos que les habían servido como recordatorio de su mundo. Los egipcios conservaron la memoria de estos visitantes durante muchas dinastías; fue hasta Ramsés II de la dinastía diecinueve, que los egipcios empezaron a dudar de sus dioses. Esto sucedió cuando el único y verdadero Dios, escogió a Moisés para liberar a los judíos.

Así mismo, Perú muestra evidencia de una civilización antigua que quedó en ruinas. ¿Dónde están los incas que construyeron las misteriosas pirámides peruanas? ¿Puede una civilización desaparecer de la faz de la Tierra sin rastro alguno?

De igual manera, los dibujos creados por la cultura Nazca entre 200 A.C. y 600 D.C. sólo se pueden ver desde las alturas. Estas líneas se hicieron al quitar las piedras cubiertas de óxido de hierro, que cubren la superficie del desierto. Cuando se quitó la grava, se generó un contraste con el color claro de la tierra que está debajo. Hay muchas líneas simples y patrones geométricos en la planicie de Nazca; hay más de setenta figuras que son diseños de animales, insectos y figuras humanas. Una de ellas incluso, pareciera ser un astronauta. La figura más grande mide 275 metros; todas las figuras están en una superficie de 322 kilómetros cuadrados aproximadamente. ¿Eran líneas para dar la bienvenida a ciertos visitantes? ¿De otro modo, por qué hicieron estas figuras tan grandes que sólo se pueden ver desde las alturas?

**"Los Annunnaki, los que vinieron del cielo a la Tierra."**

La cultura sumeria, es la primera civilización de la cual se tienen registros y la más antigua de la que sabemos que tenía conocimiento basado en artefactos y monumentos que aún permanecen. Sumeria, además de haber sido la tierra de los sumerios, en otros periodos de la historia, también fue Babilonia y Mesopotamia; hoy día la conocemos como Iraq. Los antiguos escritos de los sumerios, que datan de hace seis mil años, hablan de los dioses que les enseñaron un conocimiento extraordinario. A sus dioses les llamaban 'Annunnaki', que quiere decir 'los que vinieron del cielo a la Tierra'.

¿Eran los Annunnaki dioses o visitantes de otro planeta? De acuerdo con los sumerios, los Annunnaki vivían en un planeta llamado Nibiru. Fueron los Annunnaki los que le dieron a los sumerios la información de qué distancia había entre la Tierra y sus planetas vecinos y los colores de los planetas; información que ha probado ser certera. La cultura sumeria, ha sido conservada a través de los pasajes bíblicos que se encuentran en el Antiguo y Nuevo Testamento.

## ¿Hay Algo Más Allá de la Vida Que lo Que Sabemos?

La versión hebrea de la biblia, el Antiguo Testamento, viene de las historias de la cultura sumeria. Hablan del tiempo en que los dioses vivían entre los hombres aquí en la Tierra. La historia de la gran inundación está escrita en una tableta de piedra, cuenta cómo uno de los dioses escogió a uno de los sumerios y le dio el conocimiento para que construyera una embarcación que pudiera aguantar la gran inundación. En la Biblia a este hombre se le conoce como Noé.

Todas las referencias académicas concernientes a los orígenes de la escritura, matemáticas, ciencia, medicina y astronomía nos llevan a la cultura sumeria y a sus increíbles artefactos. Inclusive hoy día, todavía usamos el mismo sistema matemático, el mismo calendario y el mismo sistema para medir el tiempo que crearon hace tanto tiempo. En Iraq, en 1850, el arqueólogo Austen Henry Layard encontró algunas tabletas sumerias de barro en una de sus excavaciones. Estos descubrimientos históricos fueron de suma importancia, porque arrojaron evidencia de especies avanzadas que descendieron a nuestro planeta.

El texto sumerio, fue descifrado por un maestro de muchas lenguas del este, Zacarías Sitchin, lingüista escolástico familiarizado con los sumerios, los hebreos y los arameos. Su traducción reveló, que los Annunnaki eran considerados dioses viviendo entre los humanos, que habían descendido de los cielos. A este texto se le conoce como 'Enoch' y describe a los dioses como los 'observadores'. De acuerdo con este texto, los Annunnaki vinieron de un planeta muy lejano llamado Nibiru. Este planeta acababa de ser descubierto por los astrónomos, estaba más allá de Plutón y lo llamaron planeta X. Los Annunnaki no son dioses mitológicos, sino que son considerados por la cultura sumeria, como algunos de los primeros humanos con forma de dios.

Existe un impactante hecho que podría generar fuertes controversias en el mundo, es la afirmación en los textos sumerios de cómo el 'homo sapiens', la raza humana, fue creada por los Annunnaki. En la traducción, se afirma que los Annunnaki vinieron al planeta hace aproximadamente cuatrocientos cincuenta mil años para sacar oro, que se encontraba en lo que hoy conocemos como Zimbabwe. Todo ese oro lo transportaron a su planeta. Investigaciones recientes han confirmado, que en efecto, hubo una extracción extensiva e importante de oro en esa área. En aquel tiempo, hubo una rebelión entre los Annunnaki, por lo que resolvieron crear una clase trabajadora para que sacara el oro por ellos. Para poder crear esa clase trabajadora, esclavos, los Annunnaki unieron sus genes con los genes de los neandertales, en tubos de ensayo, para crear una nueva raza; el homo sapiens, el humano de ahora. Éste es el primer concepto de esclavitud humana en la historia; esto puede sonar inverosímil, no obstante, la ciencia moderna dice, que hace doscientos mil años hubo un abrupto cambio en la forma humana llamado el eslabón perdido.

Las tabletas también señalan que el cerebro del homo sapiens creció de manera abrupta, en comparación con su ancestro, el neandertal. Desde el principio de la creación, esta nueva raza era capaz de entender y comunicarse con un lenguaje complejo. La aparición del homo sapiens, como nos vemos ahora, sucedió hace treinta y cinco mil años. Según los biólogos, ese repentino crecimiento del cerebro es imposible, pues debería haberse tardado millones de años. No hay ninguna explicación lógica para este hecho; sin embargo, la teoría de que los Annunnaki hicieron experimentos con los genes humanos parece una posible explicación.

## ÍNDIGO HABLA ACERCA DE LA VIDA EN OTROS PLANETAS

¿Quiénes son los Bejianes? ¿Es verdad que los guías de Deborah son extraterrestres y que Índigo es extraterrestre? ¿Son estos seres una amenaza para la raza humana o sólo están aquí para observar y ayudar? Éstas son algunas de las preguntas que yo me he hecho y a lo mejor ustedes también. Índigo es realmente una energía diferente; cuando lo canalizo, la gente puede ver un cambio muy particular en mi apariencia. Mi cara adquiere una forma diferente y mi sonrisa es muy amplia, es como si mi cara se hiciera grande para poder acomodar la apariencia de otro ser. Los movimientos de mis manos son hacia a dentro y siento como si moviera energía. Como Índigo, hablo con una voz suave y gentil, moviendo las manos con los dedos en forma de triángulo. Le hice varias preguntas a Índigo: "¿Quién eres? ¿Cuál es tu propósito? ¿Hay una vida diferente a la que conocemos en la Tierra?" Y esto es lo que me contestó:

"Cuando el Creador hizo la Tierra, el plan era que ella se pareciera al universo. Las lecciones que debían aprender las personas que la habitaran, era que hubiera paz, amor y armonía entre ellos. Dios pretendía que la Tierra tuviera una diversidad de herencias, culturas y creencias; su lección de vida para los humanos era el aprender a vivir en armonía unos con otros, más allá de las diferencias que hubiera entre ellos. Si funcionaba la mezcla de habitantes, la Tierra estaría lista para unirse al resto del universo al tener paz y armonía. Desde que la Tierra ha sido habitada por humanos, seres de otros mundos han estado canalizando información. De la misma manera, seres han estado viajando a otros planetas desde el principio de los tiempos.

No todos los seres de otros mundos son tan diferentes de ustedes. La fibra de su ser es muy similar a la de aquellos que habitaban la Tierra hace miles de años. Sus hermanos están en una vibración más alta que la de la Tierra; son de partes del universo que ustedes no saben que existen. Estos humanos de los que hablamos, son sus ancestros; ustedes han sido creados del mismo molde del que Dios los creó a ellos. La diferencia es que ellos son de una vibración más alta que la de ustedes y están directamente conectados a la Fuerza de Vida Universal, Dios.

En su existencia no hay lugar para la duda; sólo existe la verdad en la manera en la que viven su vida. De su semilla, viene el prototipo del ser humano actual; se puede decir que ése es el eslabón perdido. En la Nueva Era la vibración estará de nuevo en armonía con sus ancestros. Éste es el tiempo en el que se unirán con sus antepasados y se podrán comunicar con ellos directamente.

Ellos ayudarán a reorganizar a la Tierra y a los seres que la habitan. Les enseñarán que hay otros seres que habitan el universo. Cuando sean visitados por seres que sean como los humanos no se sentirán amenazados y con el tiempo éstos traerán a la raza de seres hecha por Dios. Después de reunirlos con sus antepasados y de reconstruir la Tierra, será tiempo de que conozcan otros mundos que son parte de la nueva vibración. Será cuando conozcan otros seres de Dios como la especie a la que pertenece Índigo.

## LA ESPECIE DE ÍNDIGO, LOS ACTURIANOS

Yo, Índigo pertenezco a los Acturianos. Cuando nos describimos, siempre usamos el 'nosotros' en plural, lo hacemos en reconocimiento a la unidad. Nuestras leyes dictan que debemos actuar de acuerdo a la norma del grupo.

## 241 ¿Hay Algo Más Allá de la Vida Que lo Que Sabemos?

Cuando nos referimos al 'yo' es solamente para que ustedes puedan entender la unidad. Acturus es una de las más avanzadas civilizaciones en esta galaxia; pertenece a la quinta dimensión y es el prototipo del futuro de la Tierra. Su energía es una sanación emocional, mental, y espiritual para la humanidad; y es también un portal de energía por el que los humanos pasan durante la muerte y el renacimiento. Funciona como una estación intermedia para la conciencia, no física, que le ayuda a acostumbrarse a lo material. Acturus es la estrella más brillante en la constelación de Boötes, que se encuentra como a treinta y seis años luz de la Tierra.

Trabajamos de cerca con los maestros ascendidos a los que llamamos La Hermandad del Todo. Nuestro mensaje es que el ingrediente fundamental para poder vivir en la quinta dimensión, es el amor. Deben superar la negatividad, el miedo y la culpa y sustituirlos por amor y luz. Nosotros somos uno con la luz, esto quiere decir que somos uno con el espíritu; somos lo que realmente somos. Nuestra especie es una fuente de luz, nosotros podemos proyectar la Luz del Creador a donde se necesita, pues somos creados de luz pura.

No existe la competencia en Acturus, somos juzgados por nuestra habilidad de levantar nuestra vibración y acercarnos cada vez más a Dios. La frecuencia vibratoria de una persona se relaciona directamente con el control que tiene sobre su cuerpo, emociones, pensamientos, acciones y creaciones. Los acturianos tienen control total de estos aspectos del ser. El éxito sólo se juzga en términos de medición de la frecuencia de la luz. Las profesiones en Acturus se determinan por la frecuencia vibratoria y los colores del aura en cada persona.

.

Yo, Índigo, trabajo como maestro para enseñar a elevar la frecuencia intuitiva, por eso el color que proyecto es el índigo. Estamos completos en nuestra forma de luz, nuestro ser inferior y ser superior se han fusionado en uno. Somos parte del Cristo, que quiere decir que somos parte de la Conciencia Crísitca. Nuestra energía es de muchos colores. Es como cuando ven a través de un prisma de colores, así es como pueden presenciar los verdaderos colores del arcoíris de la especie de Índigo. Los acturianos, son los seres más amorosos y sin prejuicios que se puedan imaginar. Nosotros también tenemos familias y trabajos como ustedes; yo, Índigo, soy un sanador y un maestro de las leyes de Dios. Utilizo mi don de proyección para dar información, a los que son como Joseph, para que puedan enseñar a otros, como ustedes, acerca del Creador.

Nuestra forma física es agradable, hasta podían ustedes llamarla bella. Nuestro ciclo de vida es de trescientos cincuenta a cuatrocientos años; el tener una naturaleza espiritual tan elevada nos permite no envejecer, pues tenemos la habilidad de trascender el tiempo y el espacio. No hay enfermedad en Acturus, la eliminamos hace siglos. Todos somos similares, lo que nos hace felices pues esto elimina la mezquindad de compararnos físicamente, que es lo que tanto sucede en la Tierra. Somos de estatura corta, medimos de 90 cm. a 1.20 cm., somos delgados, con cabeza grande, enormes sonrisas y con una voz llena de alegría. Tenemos dos brazos, tres dedos, dos piernas, nariz, boca y nuestra piel tiene un aspecto verdoso. Nuestros ojos son grandes y en forma de almendra de color café oscuro o negro. No dependemos de nuestros ojos físicos para ver, pues predomina en nosotros la telepatía; nuestro sentido del oído trasciende incluso, nuestra naturaleza telepática. También tenemos la habilidad de sentir con la parte trasera de nuestra cabeza y la habilidad de mover cosas con nuestra mente. Nuestra fuente de nutrición es una forma líquida muy elevada en energía; nos vemos un poco diferentes a ustedes, sin embargo ustedes también se ven diferentes a nosotros.

## ¿Hay Algo Más Allá de la Vida Que lo Que Sabemos?

Por favor, no nos confundan con los extraterrestres llamados 'los grises'. Estos seres no son de la luz, son moradores de la oscuridad. Tienen pequeños cuerpos grises y miden entre 1.20 cm. y 1.50 cm., tienen una cabeza grande y sus ojos son grandes, negros en forma de una almendra triangular. Ellos son responsables por los avistamientos de ovnis y por los secuestros de sus seres queridos y aun por la mutilación de animales.

De nuevo les decimos, estos seres extraterrestres no son de la luz. Nos pesa decir, que hay un lado oscuro y que la Tierra está sujeta a la experimentación por parte de estos seres. Los grises son más avanzados tecnológicamente que la raza humana de la tercera dimensión. Ellos fueron los invasores de su mundo; alguna vez fueron parte de la luz, pero ahora sólo existen en la oscuridad. El Creador les ha prohibido regresar a la Tierra; sin embargo, tienen mucho interés en la raza humana porque no pueden entender el sentimiento de los que pertenecen a la luz. Los humanos que han sido secuestrados por ellos, describen a estos seres como sus secuestradores. Los grises han experimentado con los humanos por miles de años; como ellos son seres de la tercera dimensión, como ustedes, han creado una nueva raza mezclando su A.D.N. con el de ellos. Han creado una raza de seres de media luz; esto es, que estos seres pueden sintonizarse parcialmente con la luz porque son mitad humanos. Los grises no pueden entender a esta nueva especie, porque no entienden la luz. Estos nuevos seres están tratando de hacer contacto con los humanos, porque quieren ser salvados de vivir en la oscuridad, pues se sienten solos y abandonados. No entienden ese lado que quiere vivir en la oscuridad y quieren ser parte de la luz. Cuando llegue el tiempo de que sus ancestros regresen a la Tierra, estos medios hermanos suyos regresarán también; esta nueva especie quiere amor por parte de los seres humanos, pues los grises nunca se lo han dado.

¿Está preparada la raza humana para recibir a estos refugiados de la oscuridad? ¿Estarán los humanos preparados para conocer a sus ancestros cuando éstos regresen a la Tierra? Conforme se va acercando el tiempo en que la Tierra cambie, habrá muchos avistamientos de ovnis de seres de luz.

Extraños entre ustedes se mostrarán, a propósito, para que los humanos se hagan conscientes de que hay más en la vida de lo que saben, de que hay vida allá afuera. Habrá extraterrestres que visiten su planeta, así que por favor denles la bienvenida; tendrán apariencia humana y ustedes no sabrán si han conocido a un extraterrestre o no. No somos invasores, nuestro propósito es el de ayudar a los habitantes de la Tierra a sobrevivir los cambios venideros y el de enseñarles las nuevas leyes del universo. Somos conocidos como 'los amistosos'.

## UN COMENTARIO DE JOSEPH ACERCA DE LAS NAVES ACTURIANAS

Hice una investigación acerca de los acturianos y encontré mucha información de sus naves. Las naves acturianas son las mejores del universo; tienen cristales, que son los que toman energía del gran Sol central para accionar sus naves. Una de las razones por las que la Tierra no ha sido atacada por extraterrestres negativos, es porque estos seres le temen a estas naves tan avanzadas. Las naves acturianas tienen la mejor tecnología, es mucho más avanzada que cualquier otra nave en la galaxia. Una de las naves que se encuentra dando vueltas alrededor de la Tierra se llama Atenas, en honor a la diosa griega. Sus naves son redondas y las utilizan para activar puntos energéticos y redes energéticas en la Tierra que han estado inactivas durante siglos.

Los acturianos han estado trabajando con la Tierra desde que la vida se inició en ella. Muchas de sus bases están dentro de montañas. Los acturianos se pueden manifestar de manera física, sin embargo también existen de forma etérea por eso la forma física no representa ningún problema para ellos.

Muchas almas son llevadas a las naves acturianas durante sus sueños, pero a diferencia de los grises, los acturianos nunca invaden el libre albedrío de las personas. Ellos están aquí para ayudar a los humanos a entrar a la cuarta y quinta dimensión y para ayudar a levantar su frecuencia vibratoria. Están como guardias y protectores de la conciencia superior en el universo.

### UNAS ÚLTIMAS PALABRAS DE ÍNDIGO

Débora nos ayudó a configurar tu arquetipo, Joseph; en otras palabras, ella nos ayudó a sentar la base para mantenerte en equilibrio, para que el Colectivo pudiera transmitir mensajes a través de ti. Ella te dijo que sus guías eran extraterrestres pero, ¿nunca se te ocurrió pensar que ella era una de 'los amistosos'? Eso es algo en lo que tienes que pensar, Joseph; no todos los guías son de tu planeta. El universo es muy grande, y hay muchos maestros alrededor. Todos somos parte de Dios; el Creador nos hizo a su imagen y semejanza. Él es un Ser de Luz.

### UNAS PALABRAS DE JOSEPH

Ahora puedo ver que fui puesto en esta jornada desde que era un niño. Es tiempo de que sea el promotor de Dios, que se me ha ordenado ser. Durante años, El Colectivo me ha estado preparando para canalizar al Guía Maestro. Ahora es tiempo de que 'El Anciano' sea escuchado y nos enseñe las palabras que Dios le ha dado.

God is the Creator of many Universes,
Earth is not Alone
Indigo

Dios es el Creador de muchos Universos,
la Tierra no está Sola.
Índigo

# EL ANCIANO

## Capítulo dieciocho

**Bienvenido** Joseph, bienvenido. Estamos aquí para hacerte consciente de Quién es y siempre fue, el Yo Soy. El Yo Soy es lo que Soy, todos los cuerpos de luz son el Yo Soy; todo lo que existe es el Yo Soy. El Yo Soy es de amor y de armonía, es de poder y pensamiento. El Yo Soy es tuyo, mío y de todo lo que ha sido creado. El universo es de Uno; y el Uno creó todo. El Yo Soy es lo que Yo Soy. Sí, Joseph, Yo Soy que Yo Soy. Recuerda esas palabras y no tengas miedo de usarlas. ¡Yo Soy Dios!

¿Por qué es tan difícil para los habitantes de la Tierra decir las palabras Yo Soy Dios? El Creador los hizo a Su imagen y semejanza. ¿Si son hechos a la imagen del Uno, entonces no son ustedes parte de esa imagen? Si el Uno ha sido hecho a imagen de Dios, el Uno es Dios. Por lo tanto no tengan miedo de decir Yo Soy que Yo Soy, lo que Yo Soy es Yo Soy.

**¡Yo Soy Dios!**

La Biblia fue escrita en base a una compilación de muchas pequeñas historias en un solo libro. Muchos hombres escribieron los mensajes que se encuentran en la Biblia, a través de dieciséis mil años. Estos hombres eran conocidos como profetas y como tú, Joseph, tenían el don de canalizar los pensamientos de Dios en palabras. Eran médiums que profetizaron el futuro de los eventos espirituales.

Había muchos consejeros mandados por Dios, para ayudar a las almas de la Tierra, a encontrar la verdadera iluminación. Moisés y Josué fueron mandados para liberar a una nación de la esclavitud. Jehová, canalizó a través de Moisés los Mandamientos para que las personas del Yo Soy las siguieran. Jehová es el nombre hebreo de Dios. Moisés hizo que los hombres temieran a Jehová, para que lo respetaran. Cuando terminó su misión, la gente del Yo Soy era libre. Le pasó la batuta a Josué, dándole instrucciones de dejar el desierto y guiar a la gente hacia la Tierra Prometida. Le dijo: "El Señor nuestro Dios te guiará al lugar final donde nuestra gente se multiplicará y trabajará las riquezas de ese lugar."

Dios vistió a su único hijo, Jesús, con carne para que la gente del Yo Soy supiera cómo deberían sacrificarse y ser uno con Él. Jesús traía consigo las nuevas enseñanzas de Jehová; enseñó a la gente que Jehová era nuestro Padre y Éste lo mandó para que nos enseñara el amor.

Jesús era el verdadero Hijo de Dios, el Hijo del Padre. Dijo: "Nuestro Padre Dios viene con amor, no con odio. No debemos temer a Dios, al contrario debemos acogerlo, pues Él es amor. Todo es creado a Su imagen. El alma humana es tan perfecta como nuestro Padre Dios. Moraremos en el Reino de nuestro Padre como almas y nuestra vida será eterna.

" Dios, el Padre, es de Espíritu. El Yo Soy es una energía más fuerte que cualquier otra fuente que existe. Vemos la vida desde diferentes niveles. El Yo Soy está en la cima y nunca puede ser igual para nadie. El Hijo, que es el Cristo, es la Luz de Dios desde la que todas las cosas fueron hechas. Y el Espíritu Santo es la fuerza vital de Dios, es la energía que es canalizada para todos.

No hay otros dioses. El Yo Soy, es el único y verdadero Dios. Es misericordioso, indulgente, generoso y bueno. Hay muchas religiones, de diferentes creencias y fe, sin embargo, todos veneramos al mismo Dios. Tengan cuidado con las falsas religiones que afirman que sus enseñanzas son de Dios y que sólo a través de ellas llegarán a ser uno con Dios. Dios entiende el amor de sus hijos que representan sus enseñanzas. Dios anima a aquellos que desean dar las gracias, a aquellos que los han guiado a la iluminación. Grandes tareas les fueron dadas a Moisés, Josué y Jesús. Así como los profetas escribieron la Biblia; ahora están siendo canalizados nuevos mensajes a los llamados mensajeros de Dios. Estas personas son mandadas por Dios para la Nueva Era. Jesús los llamó su 'pequeño rebaño'. Ellos son los escogidos para ayudar al Cristo a preparar a los seres de la Tierra para la venida de la Ascensión.

Todos tendrán la marca de la virtud; su misión es allanar el camino para toda la humanidad. Ayudarán al Cristo a preparar a los que están listos para regresar a casa, al Reino de los Cielos; pues así será en la Tierra como en el Cielo. Sí, la Tierra ascenderá al plano de la luz radiante; los que sobrevivan la transición, evolucionarán en seres de Luz, un reflejo de Dios. Toda la Tierra vivirá en Su Reino. Morirán los malvados, es decir, que los que tengan una influencia negativa, los que se rehúsan a cambiar, no les será permitido reencarnar en la Tierra como seres evolucionados. Se quedarán con los que han fallecido y serán parte del reino celestial.
Cuando llegue el tiempo para que reencarnen, irán a un lugar que sea parecido a la Tierra tridimensional en su etapa primitiva, donde la tentación y la negatividad eran parte de la realidad. Entonces esas almas vivirán y reencarnarán en su nuevo mundo hasta que completen su karma y les llegue el tiempo de Ascensión.

Aquellos que fallecieron serán recibidos, pues son seres ascendidos. Los seres queridos que han fallecido en el pasado y los que fallecerán durante la transición serán parte de la nueva Tierra. Las otras realidades que no son de esta Tierra, están sintonizadas con las nuevas vibraciones que están llegando y podrán venir a la nueva Tierra. Hay nuevas lecciones que aprender junto con un nuevo modo de vida.

Joseph, tú eres uno de los escogidos para allanar el camino para la gran reunión de los hijos de Dios. Has recibido el don de canalizar para que cumplas tu misión. No debes dar por hecho estos regalos de Dios; debes enseñar a los que han eludido este conocimiento y ayudar a los que sufren.

No debes dejar que la tentación del ego interfiera con nuestro trabajo; necesitas ser ministro de la gente, pues la gente tiene miedo de lo desconocido. Debes enseñarles las cosas de Dios y ayudarlos a descubrir su propósito en la Tierra. Tienes un gran trabajo por delante, serás un mensajero, un mensajero de Dios; será un trabajo que harás con amor y alegría.

La información te llegará en forma y pensamiento; usa esta información para iluminar y enriquecer a la mente, al cuerpo y al espíritu. Vendrá nueva información escrita; este nuevo material será para la Nueva Era. Pertenece a la nueva ley y orden que entrará en vigencia. Estos serán los nuevos Mandamientos de las leyes de Dios. Ahora ve con la gente que está dispuesta a escucharte y diles que El Cristo está aquí, ahora y por siempre.

Tú me conoces como 'El Anciano', Joseph, pero es tiempo de que realmente entres en ti mismo y sientas la vibración de quién soy en realidad. Al principio de la creación Dios dijo: "¡Hágase la luz!" Y así es, la Luz de Cristo trae la fuerza vital para crear la Tierra y el Universo. La Luz de Cristo mora en mi para ayudar a Dios en el nacimiento de su universo; esto es parte de quién Soy. Cuando Jehová creó a Adán, le puso carne a la Conciencia de Cristo, para que fuera testigo y glorificara la belleza de la Tierra.

Ésta es la segunda parte de quién Soy. Jehová en hebreo es Dios; y las palabras Yo Soy quieren decir Dios adentro. El nombre Josué en hebreo es igual a Jesús en griego. Ambos, Josué y Jesús simbolizan la divinidad en el hombre. Josué y Jesús son derivados de la palabra Jehová que quiere decir Yo Soy que Yo Soy. Su nombre hebreo es Yehoshua, que se conoce como Josué, el descendiente del gran héroe nacional José. Jesús, el hombre, era descendiente de José, hijo de Jacobo; un carpintero de oficio en Galilea. ¿Qué es lo que estos tres hombres tienen en común? Que compartían la Conciencia Crística; es por esto que somos conocidos como la voz del Yo Soy.

La fuerza Crística encarnó en Josué, para liberar a la gente del Yo Soy. Como hombre de guerra, su fuerza era guiar a los ejércitos hacia Tierras hostiles para conquistar y buscar la Tierra Prometida. Josué es parte del Yo Soy. Su nombre hebreo es Yeshúa y en griego se le conoce como Jesús, el Cristo, que era lo opuesto de Yehoshua, encarnado para que los hombres fueran testigos de la gloria de Dios. Era un hombre de paz y amor; Jesús acogía a la vida y compartía todo lo que tenía. Ambos hombres eran mensajeros del Yo Soy, ambos compartían la Consciencia Crística; son del Cristo. Esta es la segunda parte de quien Yo Soy. ¿Joseph, preguntaste quién soy? ¡Yo Soy el Cristo! Yo Soy la luz de Cristo que creó el universo; el Cristo que fue parte del primer Adán y el Cristo que mora en Yehoshua y en Yeshúa. Las palabras de Dios pasan a través de Mí y a través de Cristo se realizan todas las acciones. Les traigo este mensaje a todos, estas son las palabras de nuestro amado Dios. ¡Yo Soy que Yo Soy!

**Que el Señor los bendiga y los proteja. El Anciano.**

**El Yo Soy es lo que Yo Soy
El Anciano**

## PALABRAS DEL COLECTIVO

Recuerden lo que Cristo es...esa es la fuerza vital que es creada y dirigida por Dios. Dios usó la Fuerza Crística para crear el universo y todas las cosas; es la Luz donde todo es hecho. Cuando Dios creó la Tierra, vistió a la Fuerza Crística con carne y lo llamó Adán. Dios lo hizo para que glorificara y fuera testigo de la belleza de la Tierra. La Fuerza Crística es universal, es la fuerza que creó a la Tierra.

Sparrow Hawk es una vibración de la Fuerza Crística y comparte la misma vibración que la Tierra. Fue creado para mantener la ley y el orden y fue asignado como protector de la Tierra. Esto es parte del Gran Diseño de la Creación. Bienvenidos, soy Sparrow Hawk. Recuerden que todos los seres están relacionados, es decir, que todos somos del Uno; del Yo Soy. La Tierra, la luna, las estrellas han sido creadas por el Uno. El Uno es el Gran Espíritu todo poderoso. Escuchen la sabiduría del Gran Espíritu, Él está en el aire; Él es nuestro Padre así como la Tierra es nuestra Madre. Denle el respeto que merece y ella les dará la vida.

Los animales fueron los primeros en respirar y multiplicarse en la Tierra. Ella favorece a estas criaturas como verdaderos seres de la Tierra; y les pide a los humanos que los respeten y los traten con bondad. Yo, Sparrow Hawk les pido a todos los humanos que por favor cuiden a nuestra Madre; Ella ya no puede aguantar más el castigo a la que la han sometido. Yo soy el protector de la Tierra y no permitiré que le hagan más daño. Abran sus mentes y sientan el dolor al que ha sido sometida en el último siglo.

**¡Yo soy Sparrow Hawk, protector de la Madre Tierra!**

La Fuerza de Dios es dirigida a todo lo que existe. La Fuerza Crística, crea todos los niveles de vida y mora entre cada cosa viva. Cuando uno está abierto a esta fuerza, uno se ha conectado con el universo. Los seres de Índigo ayudan a dirigir la Fuerza Crística hacia los seres que están despertando a esta fuerza.

Buen día, soy yo, Índigo. Recuerden que el universo está conectado al Uno. El Yo Soy creó todo lo que es. Uno de estos días nos reuniremos como cuerpos de luz y ustedes descubrirán cómo se siente ser Dios. Somos del Cristo y nuestras energías son de muchos colores. Si ustedes ven a través de un prisma de colores, podrán ser testigos de los verdaderos seres ascendidos de la gente Índigo. Nuestra raza es la base para la Luz, es decir, nosotros podemos proyectar la Fuerza Crística hacia donde se necesite. Así es como estamos conectados a la Fuerza Crística; dirigimos la Luz a donde necesita ir. Somos los que dirigimos la luz para el despertar de Joseph.

**Buen día tengan todos y que Dios los bendiga.   Índigo**

Los Mensajeros de Cristo son los que dan información y enseñan las cosas de Dios y de todo lo que es. La razón por la que Patrick y Genevieve fueron mandados con Joseph, es para crear un despertar. Patrick ayuda a Joseph a levantar la vibración y conectarse con el Colectivo. Y Genevieve es la que expresa el amor que sentimos por Joseph y por el trabajo que realizará. Saludos a todos, soy Patrick. No olviden que la risa eleva las vibraciones. Ha sido un placer ser parte de este libro y ser parte de la jornada de Joseph. Hace un poco más de un siglo, fui ascendido a Ser de Luz. Yo era un mensajero para el Cristo en la Tierra, así como ahora lo es Joseph en este siglo. Ahora vengo a Joseph a través de sus pensamientos.

Recuerden que el cielo está en el plano astral; y se le llama el lugar para aprender. No se dejen engañar, no está más allá de las estrellas y la luna, está a un respiro de distancia. Si susurran los vamos a poder escuchar. El Reino del Cielo lo pueden ver todos en estos tiempos. A través de la Fuerza Crística podremos entrar al Reino de nuestro Padre. Aprendan a entrar realmente dentro de ustedes, pues ahí es donde encontrarán a nuestro Padre Dios.

**Que Dios los bendiga.   Patrick**

No podemos olvidarnos de Genevieve, ni del amor que siente por Joseph, ni del trabajo que ha otorgado. Es el ángel de la guarda de Joseph y lo conoce muy bien. Le gustaría expresar algunas palabras antes de que terminemos este libro:

**"Ha llegado el tiempo para que la humanidad termine con la ira y el odio. Debemos tener amor y armonía como destino final. Deben escoger un camino, el camino final en el que puedan corregir sus errores. Será suya la búsqueda de la sabiduría y la fortuna, más allá de las puertas del cielo."**

Es una maravillosa sensación el poder ser parte de su Tierra, una vez más. El calor del Sol y la fragancia de las rosas es lo que anhelaba; el sabor de la miel en mis labios y el sentir el rocío de las montañas. Anhelaba sus vibraciones y el ser parte de ustedes. Hola, soy Genevieve y soy un ángel. Por fin nos hemos conectado con Joseph, así que no sería justo decir adiós. Así que en lugar de eso, diremos hola, hasta que nos volvamos a encontrar.

**"Todo mi amor para todas las personas ahora y por siempre." Genevieve.**

## UN COMENTARIO FINAL DE JOSEPH

*"El mantenerme en guardia, el ser Observador...*
*Ser un Maravilloso Reportero... Éste es tu propósito. Pues tú*
*serás prueba y siempre has sido prueba,*
*en el pasado del Cristo."*

Este fue el mensaje que recibí del guía de Marilyn, Gene, en 1994. Cuando lo recibí, yo pensé que iba a ser un mensajero de Jesús. Pero conforme han pasado los años, el nombre Yehoshua junto con Yeshúa, han estado presentes constantemente en mi cabeza; estaba confundido acerca de quién era 'El Anciano', que quería comunicarse conmigo. Cuando me enteré de que Yeshúa era el nombre de Jesús en hebreo, pensé que a lo mejor Jesús era 'El Anciano'.

No hace falta decir, que entraron muchas dudas a mi mente de porqué este gran hombre me escogería a mí para ser su mensajero. Mi prima Marylou me corrigió al recordarme el mensaje de Marilyn, de que yo había sido un reportero para el Cristo; y también el mensaje de Deborah de los Bejianes, de que yo estaba en una misión importante. Canalizaría la información escrita perteneciente al Cristo. ¿Así que quién es 'El Anciano'? Si no es Yeshúa, entonces debe ser Yehoshua. Eventualmente me di cuenta de que eran uno y el mismo. Jesús era Josué en una vida pasada y en ambas vidas la Fuerza Crística moraba en ellos.

Ahora tengo claridad. El Anciano es la Fuerza Crística; es la Fuerza Vital de Dios que me canaliza información. Han pasado muchos años desde que me conecté por primera vez al Colectivo. En ese tiempo viví mi vida, e hice lo que tenía que hacer para cumplir mi karma.

Ahora estoy en un punto en mi vida, en el que necesito dedicar más de mi tiempo al Colectivo y a ser el promotor de Dios, que se me ha ordenado ser. Empezaré a trabajar en el nuevo escrito, practicaré mi canalización y continuaré ayudando a la gente a conectarse con sus seres queridos que han fallecido. Me enfocaré también en usar mis habilidades psíquicas; cuando eres un canal, debes dedicar tiempo a la meditación. Debo aprender y practicar para ser el mejor que pueda ser. Debo conquistar mis temores y las dudas que me limitan. Espero que un día mi canalización pueda ayudar a traer paz y armonía a la humanidad. Gracias por ser parte de mi jornada y volveremos a estar en contacto en la continuación de este libro, 'Nuestra Eterna Jornada de Vida'.

**Amor y muchas bendiciones.    Joseph**

**PALABRAS FINALES DEL COLECTIVO**

Nos gustaría agradecer a los lectores, por permitirnos expresar la sabiduría de la verdad. La sabiduría que ha sido plasmada en este libro, proviene de los seres del Colectivo. Venimos a ustedes de todas partes del universo, para expresar la sabiduría y verdad del Yo Soy, pues Yo Soy es el Creador de todo lo que es. Nos retiramos por el momento, en este final de '¿Hay Algo más Allá de la Vida que lo que Sabemos?' Y continuaremos con nuevas enseñanzas en 'Nuestra Eterna Jornada de Vida'. Hay muchos maestros del Colectivo; Joseph estará en contacto con esta hermosa fuente de verdad y les enseñará sus lecciones. Parecerá que estamos al final, o al principio, de nuestra jornada de vida; sin embargo, si la vida es eterna, entonces, ¡no hay ni principio ni fin, sólo continuación!

**Dios los bendiga.    El Colectivo.**

## GLOSARIO

**Adán:** El primer hombre de la Biblia creado por Dios.

**Acturianos:** Son los seres de la quinta dimensión más avanzados de la galaxia. Se encuentran bajo la densidad de la quinta dimensión. Ellos nos dan una idea de cómo podría ser nuestro futuro. Para nosotros, ellos son los sanadores espirituales, mentales y emocionales de la humanidad.

**Acturus:** Es un súper gigante rojo localizado en la constelación Boötes. Acturus es también la estrella más brillante de esa constelación y se encuentra a treinta y seis años luz de la Tierra.

**Alma:** Es el ser superior; es la imagen y la sabiduría de Dios. La parte espiritual de un ser humano que continúa existiendo cuando se muere el cuerpo.

**Ángel:** Un ser divino que actúa como mensajero de Dios.

**Ángel de la Guarda:** Un ángel que cuida a un individuo en particular.

**Año Cósmico:** Un año cósmico son 129,600 años del calendario actual.

**Apariciones:** Una aparición de algo que se supone es un fantasma o algo fantasmal.

**Árbol Sagrado:** Sus ramas son todas las naciones. Las ramas crecerán en todas direcciones, al norte, sur, este y oeste. Esto conecta a todos los humanos a la Tierra. Las ramas que apuntan hacia el cielo, traerán al universo; al Gran Espíritu.

**Ascensión:** El proceso de transformación por la que han pasado seres espirituales iluminados.

**Atlantes:** Las personas que vivían en la Atlántida

**Atlantis:** Descrito como el gran misterio histórico. Platón, más o menos en 350 A.C. fue el primero en hablar de la gran isla en el Océano Atlántico que había desparecido sin rastro 'en un día y una noche'. Se sumergió bajo las olas del Atlántico.

**Aura:** La fuerza que rodea al cuerpo físico de las personas y que rodea todas las cosas vivas. Normalmente se ve como un halo de colores.

**Bautismo:** Una ceremonia religiosa en la que alguien es salpicado o sumergido en agua, simbolizando una purificación.

**Bejianes:** Una raza de seres de una dimensión más alta que la de la Tierra. Son parte de la Conciencia Crística. Están aquí para ayudar a la raza humana a encontrar su código original de prototipo y para encontrar su verdadero yo; para asegurar su iluminación.

**Biblia:** Considerada el libro sagrado de la religión cristiana y las escrituras hebreas del libro sagrado de la religión judía.

**Bíblico:** Relacionado con la Biblia o que está escrito en la Biblia.

**Buda:** Alguien que ha alcanzado el estado de iluminación perfecta.

**Budismo:** Una religión o filosofía basada en la enseñanza de Buda, sosteniendo que el suprimir los deseos mundanos nos puede llevar a la iluminación.

**Calendario Maya:** Un sistema de diferentes calendarios y almanaques usados por la civilización maya precolombina de Mesoamérica.

**Camino de Iluminación:** La jornada que uno hace para llegar a la realización de un entendimiento espiritual, especialmente cuando resulta en la trascendencia del sufrimiento y deseo humano; teniendo claro que Dios es todo lo que hay.

**Canalización:** En espiritualismo, la práctica de ser médium para recibir mensajes del mundo espiritual, de guías y de maestros de las leyes de Dios.

**Canalización por Trance:** El estado de semi inconciencia. En el espiritismo, es la práctica que usa un médium para recibir mensajes y expresiones del mundo espiritual.

**Carnal:** Lo relacionado con el cuerpo, necesidades o apetitos físicos; en especial cuando contrastan con cualidades intelectuales o espirituales.

**Chacra:** Centros energéticos de poder espiritual en el cuerpo.

**Chamán:** Persona que actúa como intermediario entre el reino físico y el reino espiritual; se dice que tiene poderes especiales como sanar y profetizar.

**Cielo:** Un lugar de suprema alegría y paz, donde el alma va después de la muerte. La morada de Dios.

**Ciencia Metafísica:** Una parte de la filosofía que trata la naturaleza fundamental de la realidad, incluyendo el estudio de lo supernatural como el espíritu, fantasmas, extraterrestres y fenómenos psíquicos.

**Círculo de Vida:** Donde empieza toda la vida. Las cosas vivientes, todas, tienen un momento en el que empiezan a vivir. Ese comienzo de vida marca el primer punto del círculo de vida. Cada familia de cosas vivas tiene su propio ciclo de vida.

**Clariaudiencia:** Es la habilidad psíquica de escuchar más allá de los rangos normales auditivos humanos.

**Claricogniscencia:** Es tener un conocimiento claro, es la habilidad de saber cosas sin haberlas aprendido o escuchado por ningún medio, ni por ninguna persona. Sólo se saben.

**Clarisentencia:** Sentimiento claro. El sentir emociones y personalidades de los que han fallecido.

**Clarividencia:** La habilidad psíquica de ver cosas más allá de los rangos normales de visión humanos.

**Colectivo:** Una hermandad de Guías Espirituales de la Consciencia Crística, trabajando como un pensamiento, cuyas enseñanzas son de Dios y de la Vibración de Cristo.

**Conciencia:** Estar consciente de que Dios existe, porque nos damos cuenta de que Dios es todo lo que es.

**Conciencia Crística:** Seres hechos y sintonizados con la Energía Crística. Esta energía es de muy alta vibración, muy cerca de Dios.

**Consagrado:** El oficialmente hacer algo sagrado y poderlo usar para ceremonias religiosas.

**Cristo:** Al principio de la creación Dios dijo: ¡Hágase la Luz! Y así es, la Luz de Cristo trae la fuerza de vida para crear la Tierra y el Universo. Esta energía era parte de un maestro llamado Jesús, por eso se le conocía como Jesucristo.

**Convergencia Armónica:** Este evento sólo sucede cada 24,000 años. Llegará en esta Nueva Era, unirá a la gente para rezar por la paz y la sanación de la Tierra y para elevar la vibración.

**Cuerpo Astral:** Un segundo cuerpo, no percibido directamente por los sentidos humanos. Se cree que co existe con y sobrevive la muerte del cuerpo físico; el espíritu.

**Despertar:** Un súbito reconocimiento o realización de iluminación.

**Dimensión:** Un nivel de conciencia, de existencia o realidad.

**Dios:** El Ser en el que se cree en las religiones monoteístas como el judaísmo, el islam y el cristianismo. Es todopoderoso, todo sabiduría, creador del universo; venerado como el único Dios.

**Divino:** El tener las cualidades y la bondad de ser la imagen de Dios.

**Dvapara Yuga:** La tercera Era de cuatro en un Yuga.

**Elías:** Un mensajero de Dios de la primera mitad del siglo 9 A.C.

**Elizabeth:** En hebreo quiere decir 'venerador de Dios'. Esposa de Zacarías y madre de Juan el Bautista.

**Emanuel:** El Mesías; se habla de Él en las escrituras cristianas y judías. Los cristianos creen que es Jesucristo.

**Energía:** La capacidad de un cuerpo de traer la energía de Dios.

**Energía Crística:** Ver Vibración Crística.

**Energía de Dios:** La Fuerza Vital de Dios.

**Energía Universal:** Lo mismo que Fuerza Vital de Dios.

**Entidad:** El estado de tener existencia.

**Equinoccio de Primavera:** Este equinoccio sucede cuando el Sol está en uno o dos puntos opuestos en la esfera celeste, donde el ecuador celeste y la elíptica se interceptan. En un sentido más amplio, los equinoccios son los dos días del año en que el centro del Sol pasa el mismo tiempo por encima y por abajo del horizonte en toda la Tierra.

**Era Astrológica:** Un período de tiempo en astrología que se cree que causa cambios importantes en el desarrollo de los habitantes de la Tierra. Difícilmente corresponde con el tiempo del equinoccio de primavera al moverse a través de uno de las doce constelaciones del zodiaco. Las eras, en astrología sin embargo, no corresponden a los límites actuales de la constelación, pues el equinoccio de primavera ocurre cualquier momento.

**Era de Oro:** El tiempo de iluminación.

**Escriba:** Persona que copia o escribe documentos; en especial los que copian manuscritos; como la Tora y otros manuscritos religiosos, usando plumas y pergaminos.

**Esfera Celeste:** Una esfera imaginaria que rota, con un concéntrico radio gigante y un co axial con la Tierra. Todos los objetos en el cielo pueden pensarse descansando en una esfera. Se pueden proyectar, desde su equivalente geográfico, en el ecuador celestial y los polos celestiales. La proyección de la esfera celestial es una herramienta muy útil para la astrología posicional.

**Espíritu:** Ser supernatural que no tiene un cuerpo físico, por ejemplo un fantasma o un ángel.

**Espiritualidad:** No es sinónimo de religión. Las diferentes religiones tienen varias doctrinas y sistemas de creencias acerca de la naturaleza de Dios y la relación que tiene con la humanidad. Por otro lado, la espiritualidad es la experiencia en común de estos puntos de vista.

**Espíritu Santo:** En la religión cristiana, la tercera persona de la Trinidad; entendida como la fuerza espiritual de Dios.

**Estado Etéreo:** Todo en la realidad física existe en dos estados, el físico y el etéreo. La materia física y su doble etéreo, co existen en el mismo tiempo y espacio, pero desfasados uno con otro en dos planos diferentes de realidad. La anti materia es el doble etéreo de la materia física.

**Evolución del Alma:** El crecimiento espiritual del alma.

**Existencia:** Todas las cosas vivas.

**Expiación:** El hacer reparación por un pecado o un error.

**Extraterrestre:** Que existe o que viene de algún lugar fuera de la Tierra y su atmósfera.

**Fantasma:** El espíritu de alguien que ha muerto; se supone que se ve como una sombra con forma y hace sonidos o mueve objetos.

**Fenómeno:** Alguien o algo a lo que se le considera extraordinario o maravilloso.

**Físico:** Relacionado con el cuerpo más que con la mente, el espíritu o los sentimientos.

**Fotografía Kirlian:** Semyon Kirlian descubrió, por accidente, que cuando se somete una placa de metal a un campo eléctrico de alto voltaje, se crea una imagen en la placa. La imagen se ve como un halo de colores o una descarga coronaria. Esta imagen es la manifestación física del aura o fuerza vital que rodea a todos los seres vivos.

**Fuerza de Vida Universal:** La Fuerza Vital de Dios.

**Fuerza Negativa:** Lo opuesto a la Luz; la separación de Dios.

**Fuerza Vital de Dios:** La Luz de Dios de la que todo fue hecho.

**Glándula Pineal:** Se encuentra en el centro del cerebro, por esto parece ser muy importante; y esto ha llevado a que sea una glándula muy misteriosa y legendaria, envuelta en superstición y teorías metafísicas relacionadas con su funcionamiento.

**Gran Conjunción:** La ocurrencia simultánea de estos eventos: de la Nueva Era, el Año Cósmico y la Era de Oro.

**Gran Espíritu:** El todopoderoso, todo sabiduría, Creador del universo.

**Grises:** Una raza de seres del lado oscuro. Dados a someter a las criaturas de la Tierra a sus experimentos. Sus cuerpos son pequeños, grises que miden como 1.50 cm. tienen una cabeza grande y sus ojos son negros en forma de almendra triangular. Los Grises son tecnológicamente más avanzados que los humanos de la tercera dimensión. Son invasores de la Tierra.

**Guía Espiritual:** Maestros ascendidos que forman un grupo de seres espiritualmente iluminados; alguna vez fueron mortales y han pasado por un proceso de transformación espiritual. De acuerdo con estas enseñanzas, están al pendiente de las necesidades de la humanidad y desempeñan el papel de superintendentes para su crecimiento espiritual.

**Guía Maestro:** El guía principal que trae información espiritual.

**Hermandad:** Los hermanos espirituales de una fuerza colectiva, trabajando en unión, sus enseñanzas, vienen de Dios.

**Hinduismo:** La religión que se sigue en India, la más antigua de todas las religiones. Se caracteriza por su creencia en la reencarnación y la teoría básica de unidad de formas.

**Hipnoterapia:** El uso de la hipnosis para tratar alguna enfermedad, por ejemplo, el tratar un dolor físico o tratar problemas psicológicos.

**Holístico:** Al tratar una enfermedad, el incluir o involucrar el todo de algo, en especial el todo físico, mental y condiciones sociales de una persona. No sólo los síntomas físicos.

**Humanos Galácticos:** La fibra de su ser, es similar a aquellos que habitaron la Tierra hace miles de años. Sus hermanos viven en una vibración más alta que la de la Tierra. Son de partes del universo en este tiempo y espacio, partes que ustedes no saben que existen. Estos humanos de los que hablamos son sus ancestros. Ustedes han sido creados del mismo molde con el que Dios los creó a ellos.

**Iluminado:** El haber alcanzado la realización de un entendimiento espiritual, especialmente cuando resulta en la trascendencia del sufrimiento y deseo humano; teniendo la claridad de que Dios es todo lo que hay.

**Ilusión:** Algo que engaña a los sentidos de la mente, por ejemplo, el parecer que algo existe cuando en realidad no, o el parecer algo que no es.

**Índigo:** Un ser parte del Colectivo, el control de Joseph, maestro y voz interior; tiene habilidades de sanación.

**Intuición:** Algo que se sabe o se cree de manera instintiva, sin tener evidencia.

**Jehová:** El ser que la religión judía cree que es todopoderoso, que todo lo sabe, el Creador del universo; venerado como el único Dios.

**Jesús:** Su nombre en arameo es Yeshúa y se le conocía como Jesús de Nazaret, el hombre de Galilea, a quien más tarde se le conoció como Jesucristo. Simboliza la divinidad dentro del hombre. Su nombre deriva de Jehová que quiere decir Yo Soy que Yo Soy.

**Jornada de Vida:** La jornada del espíritu interior de una persona.

**José:** Escogido por Dios para ser el padre de Jesús en la Tierra. Dios sabía que Jesús necesitaría un padre que lo enseñara y lo criara. La Biblia nos dice que era un hombre justo, es decir que era un hombre bueno, honesto, justo y amaba a Dios.

**Josué:** Su nombre en hebreo es Yehoshua. El nombre Josué es lo mismo que Jesús en griego. Simboliza la divinidad en el hombre. Su nombre deriva de Jehová que quiere decir Yo Soy que Yo Soy.

**Juan el Precursor:** Juan el Bautista; un primo de Jesús al que se le ordenó anunciar la venida del Salvador. Conocido por bautizar a la gente, un rito de limpieza, y aquellos que eran limpiados se volverían hijos de la pureza y serán perdonados.

**Kali Yuga:** La era de la oscuridad, es una de las cuatro etapas de desarrollo por la que pasa el mundo como parte del ciclo de Yugas.

**Karma:** Quiere decir todo el efecto de las acciones o conducta de una persona en sus fases de existencia. Otra manera de ver el karma es causa y efecto.

**Kristo:** De la palabra griega 'Kristos' que quiere decir 'ungido'; Cristo. Tiene la misma definición que la de Mesías.

**Kundalini:** Palabra en sánscrito que quiere decir enrollado. Un despertar, madurez espiritual.

**Lado Oscuro:** La caída de gracia; el ángel caído o demonio. La vibración de energía negativa.

**La Luz:** La Fuerza de Dios, el Cristo, por el que todo es hecho.

**Libre Albedrío:** La habilidad de actuar o hacer elecciones como ser libre y autónomo, no sólo como el resultado de una compulsión o predestinado.

**Mandamientos Universales:** Las leyes de Dios para todos los seres del universo.

**María:** Madre de Jesús; el ángel Gabriel le anunció que iba a concebir a Jesús por medio del Espíritu Santo. María la Virgen.

**María Magdalena:** Aparece con mucha más frecuencia que cualquier otra mujer en los evangelios como una seguidora muy cercana a Jesús. Su presencia en la crucifixión y en la tumba de Jesús coincide con el papel de esposa y viuda en duelo.

**Materialismo:** Devoción hacia la riqueza material y las posesiones materiales, a costa de los valores intelectuales y espirituales.

**Matriz:** Un conjunto de circunstancias o una situación que permite o impulsa el principio, desarrollo o crecimiento de la espiritualidad.

**Meditar:** Vaciar la mente de pensamientos; concentrar la mente en una cosa para poder desarrollar la mente y el espíritu.

**Médium:** Persona que tiene un don especial que le permite recibir mensajes de los espíritus que están en el más allá. El objetivo de un médium es probar que la personalidad del ser humano sobrevive después de la muerte y así ayudar a las personas afligidas a lidiar con su pérdida. Las sesiones con médiums no son de adivinación, son sesiones para dar evidencia de la supervivencia. Un médium no utiliza muletas, como las cartas de tarot o sus habilidades interpretativas. Una lectura mediumnística es un eslabón intuitivo directo con el mundo espiritual, con el objetivo probar que nuestros seres queridos sobrevivieron la muerte.

**Mensajero:** Es un portador de los mensajes de Dios para la humanidad.

**Mentalidad:** Una manera habitual de pensar o interpretar eventos peculiares de un individuo, o de cierto tipo de persona, especialmente cuando se relaciona al comportamiento que esto produce.

**Mesías:** En el cristianismo, Jesucristo era el Mesías. En la biblia hebrea se anunció como un Rey Ungido que guiaría a los judíos a Israel, la Tierra prometida y establecería la justicia en el mundo.

**Moisés:** Profeta hebreo y hermano de Aarón. Guio a los judíos a la Tierra prometida y los liberó de la esclavitud egipcia. Fue el portador de los Diez Mandamientos.

**Nativo Americano:** Miembro de la gente indígena del norte, sur y Centroamérica. Perteneciente al grupo de los Mongoles.

**Niño de las Estrellas:** Almas que no son de la Tierra sino de otras galaxias o universos que quieren experimentar la vida en la Tierra.

**Niveles:** Planos de existencia de diferentes logros espirituales.

**Nueva Era:** Se relaciona al movimiento cultural durante los años 80, que enfatiza la conciencia espiritual; normalmente incluye la creencia en la reencarnación, la astrología y la práctica de la meditación, vegetarianismo y medicina holística.

**Ovni:** Objeto Volador No Identificado. Un objeto volador que se piensa que es una nave extraterrestre.

**Padre:** En la religión cristiana, Dios, en especial cuando es considerado como la primera persona de la Santísima Trinidad; Padre, Hijo y Espíritu Santo.

**Patrick:** Es parte del Colectivo que trae la risa para elevar la vibración. Trae las enseñanzas de Dios y del Cielo.

**Péndulo:** Un pesa colgada por un cordón que cuelga en un punto y que se mueve libremente bajo la influencia de la gravedad. Permite la conexión con el pensamiento subconsciente o con el espíritu.

**Percepción Extrasensorial:** Se le llama comúnmente el 'sexto sentido'. Es la información sensorial que recibe un individuo que viene más allá de los cinco sentidos físicos. Esta percepción puede dar al individuo información del pasado, presente y futuro; parece ser originado en una segunda realidad o realidad alterna. Sus siglas en inglés son E.S.P.

**Plano.** Un nivel de existencia de logro espiritual.

**Plano Astral:** Un nivel de existencia donde el espíritu va cuando está entre la muerte y la entrada al mundo espiritual.

**Profeta:** Alguien que puede predecir el futuro.

**Progresión de Vida Pasada:** El hacer que la mente, cuerpo y espíritu progrese en esta vida en base a experiencias que se recuerdan de vidas pasadas. No necesariamente se trata del pago del karma por vidas pasadas malas; más bien se trata del desarrollo del ser completo, pues todas las vidas pasadas son importantes para este proceso.

**Proyección Astral:** La habilidad de mandar al cuerpo astral, espíritu, fuera del cuerpo físico manteniendo una conexión.

**Psicometría:** La habilidad de obtener información de una persona o evento al tocar un objeto perteneciente a dicha persona o evento.

**Psíquico:** Persona que tiene una segunda visión, una percepción extra sensorial (ESP). Pueden 'leer' el aura de las personas; usan sus dones junto con sus habilidades de interpretación y su conocimiento de adivinación. Da una visión del pasado, presente y futuro probable de las personas. Hay quienes utilizan las cartas de tarot, runas, cartas o que leen la mano.

**Psíquico Médium:** Persona que trabaja como psíquico y como médium. Todos los verdaderos médiums tienen habilidades psíquicas, el término psíquico médium es un poco malinterpretado. Todos los médiums son psíquicos.

**Reencarnación:** El regreso cíclico de un alma, en el que vive varias vidas en varios cuerpos diferentes.

**Reiki:** Tratamiento de medicina alternativa en la cual una persona canaliza energía sandora al paciente para aumentar su energía, reducir estrés, reducir dolor y fatiga.

**Reino de Dios:** El Reino de Dios: El Cielo.

**Regresión de Vidas Pasadas:** Es el método para poder recordar eventos y vidas pasadas en sí.

**Renacimiento:** El revivir ideas o fuerzas importantes como parte de grandes y extensos cambios.

**Resurrección:** El levantamiento de Jesús de entre los muertos después de su muerte.

**Rueda de la Medicina:** Una manifestación física, nativa americana, de la energía espiritual. Es una rueda de protección que nos ayuda a reunir las energías que nos rodean hacia un punto específico uniendo al espíritu, al yo y a la naturaleza; todas fuerzas elementales de la creación.

**Sabiduría:** Acumulación de conocimiento de vida o de alguna actividad o esfera que se ha adquirido a través de la experiencia.

**Sanadores Espirituales:** La canalización de energía sanadora de la fuente espiritual hacia alguien que la necesita se llama sanación espiritual. La persona que sirve de canal, el sanador, transfiere la energía sanadora a través de las manos. La sanación no viene del sanador, pasa a través del sanador.

**Satya Yuga:** Cuando la humanidad es gobernada por Dios y cada manifestación o trabajo se encuentra en la pureza ideal; y la humanidad permite intrínsecamente que la bondad gobierne de forma suprema. Se le conoce como la Era de Oro.

**Ser:** El estado de existir, algo viviente, especialmente uno concebido como sobrenatural o que no vive en la Tierra.

**Ser Inferior:** La parte del espíritu que está en la Tierra, está conectado al ser superior, que es su alma localizada en un nivel superior.

**Ser Superior:** Es la parte de su alma que se encuentra en un plano superior.

**Sesión:** Reunión en la cual un espiritualista intenta recibir comunicación de los espíritus de los muertos.

**Signos Astrológicos: : Acuario (portador de agua) Enero 20-Febrero 18; Piscis (pez) Febrero 19-Marzo 20; Aries (carnero) Marzo 21-Abril 19; Tauro (toro) Abril 20-Mayo 20; Géminis (gemelos) Mayo 21-Junio 20; Cáncer (cangrejo) Junio 21-Julio 22; Leo (león) Julio 23-Agosto 22; Virgo (virgen) Agosto 23-Septiembre 22; Libra (balanza) Septiembre 23-Octubre 22; Escorpión (escorpión) Octubre 23-Noviembre 21; Sagitario (arquero) Noviembre 22-Diciembre 21; Capricornio (cabra) Diciembre 22-Enero 19.**

**Sintonía:** El hacerse receptivo o responsivo a una frecuencia vibratoria.

**Sobrenatural:** Eventos atribuidos o relacionados con fenómenos que no pueden ser explicados por las leyes naturales.

**Sueño:** Una secuencia de imágenes que aparece involuntariamente en la mente de una persona dormida; a menudo es una mezcla de personajes, lugares o eventos reales e imaginarios.

**Tetra Yuga:** Se le conoce como la Era de Plata. La conciencia espiritual es menor y algunos hombres se han separado de Dios. El materialismo es lo importante para algunos, se han perdido algunas mentes espirituales y la realidad física se convierte en lo que es real.

**Trance:** El estado de semi-conciencia en el que entra un médium para comunicarse con los muertos.

**Transición:** El final de la vida y cruzar hacia otra vida. Fallecer.

**Trompeta:** Instrumento usado por los médiums, se usa para que los espíritus se comuniquen con su voz a través del cono.

**Viaje Astral:** La habilidad de mandar al cuerpo astral, espíritu, fuera del cuerpo físico manteniendo una conexión, a viajar a otros lugares.

**Vibración:** El movimiento de los electrones y los protones de cada átomo, cada molécula, cada sustancia crea vibración.

**Vibración Crística:** Es el Hijo, la mano derecha de Dios. Es el nivel más alto, es estar junto a Dios.

**Vidente:** Persona que puede ver el futuro.

**Yehoshua:** El nombre de Josué en hebreo.

**Yeshúa:** El nombre de Jesús en hebreo.

**Yo Soy:** El Ser en el que se cree en las religiones monoteístas como el cristianismo y el judaísmo, como todopoderoso, que todo lo sabe; el Creador del universo venerado como el único Dios

**Yuga:** En hinduismo, cualquiera de las cuatro etapas en cada ciclo de la historia, cada uno peor que el anterior.

**Zacarías:** El padre de Juan el Bautista.

**Zodiaco:** Una carta que relaciona doce constelaciones, con las doce divisiones del año; es utilizado por los astrólogos como herramienta principal para analizar el carácter de la gente y para predecir el futuro.

**Zodiaco Astrológico:** Es un zodiaco que divide la elíptica en doce signos astrológicos de igual longitud.

# JOSEPH III
## HEALING THE MIND* BODY * & SOUL *

**Nuestra Jornada de Vida**
De la Serie: La Eterna Jornada de Vida.

www.OurJourneyOfLife.com

Libro Uno
¿Hay Algo Más Allá de la Vida...
que lo que Sabemos?

Una Jornada Espiritual y un Despertar al Encuentro de Dios

Made in the USA
Columbia, SC
21 December 2022